就業服務乙級技術士檢定 PASS V

許朝茂　編著

灃禾管理顧問股份有限公司 X 紅人學院

作者簡介

許朝茂

一、學歷： 中國文化大學 - 勞工研究所畢業
　　　　　成功大學 - 工業管理系畢業

二、經歷： 經濟部國營事業 - 企劃師
　　　　　新北市政府勞工局 - 外勞業務督導
　　　　　輔導會桃園縣榮民服務處 - 就業站站長
　　　　　文化、元智等 4 家大學推廣教育中心 - 就業服務技術士班講師
　　　　　志光補習班高考勞工行政 - 講師
　　　　　東元綜合醫院 - 人資長
　　　　　永裕顧問管理股份有限公司 - 協理

三、證書： 就業服務專業人員證書 (就專字第 01845 號)

四、專長： 就業服務技術士證與勞動條件法規與實務教育訓練、中高齡者退休規劃及高齡者
　　　　　職涯展延規劃、勞動契約及契約特別約定擬訂、員工薪資及工時設計、退休金與
　　　　　勞工保險制度規劃、工作規則規劃及擬訂、勞工相關事務等

五、著作： **就業服務技術士出版品**
　　　　　1. 就業服務技術士捷徑 (康林出版)
　　　　　2. 外國人就業服務 (康林出版)
　　　　　3. 就業服務技術士應試快易通 (傑報出版)
　　　　　4. 就業服務技術士檢定 PASS (岩熊仕出版)
　　　　　5. 就業服務技術士檢定 PASS II (岩熊仕出版)
　　　　　6. 就業服務技術士檢定 PASS III (岩熊仕出版)
　　　　　7. 就業服務技術士檢定 PASS IV (灃禾出版)

　　　　　勞工法規出版品
　　　　　1. 勞工行政及勞工立法讀書力 (101 年 1 月保成出版)
　　　　　2. 勞工法典 (103 年 8 月一品)
　　　　　3. 就業安全制度 (106 年 3 月金榜函授)
　　　　　4. 勞資關係 (106 年 1 月志光補習班)
　　　　　5. 勞工法規宏觀 (112 年 9 月、111 年 8 月及 106 年 9 月志光補習班)

序

　　PASS V 迎接龍年，持續服務讀者取得就業服務證照，PASS 系列年年以新版問世亦以此為己任。

　　國發會 111 年 9、11 月連續二次宣布：112 年起 8 年內，將引進外國人 40 萬，補充國內人力結構改變且少子化引發勞動力逐年下跌新趨勢。易言之，未來就業市場愈加多元化，本國勞力、外國人、留學外籍留學生及華僑留學生皆增加出現於未來之職場，而人力市場順其自然更趨國際化。

　　人力市場國際化趨勢，不但人力引進、聘僱、入境生活及工作管理，上述業務都需要從事外國人就業服務之業者依法提供法定相關服務，以穩定上述外國人居留台灣從事工作。國發會對人力補充政策，隨之外國人、華僑留學生、外籍留學生在台工作增多，從事外國人就業服務之業者勢必隨之增加家數或資深業者加深服務品質，方足以因應未來趨勢所需服務。

　　PASS V 內容第一篇講義，按照就業服務檢定大綱摘要其檢定範疇，鎖定檢定大綱範圍，為讀者摘要式整理，為檢定準備可收事半功倍之效。第二篇檢定練習，包含學科單選 300 題、學科複選 100 題、術科 100 題，促使讀者熟悉檢定各種題型及重點，促進其功力大增之秘笈。

　　出版此類用書者，首重出版之盈餘；但首見堅持者以「創新優質出版品」之紅人學院二度特為 PASS V 再次出版，且使它頻繁出現網頁商品欄上，頗令吾敬佩及十足謝意。

許朝茂 敬上

113.2

目　錄

第二篇　就業服務檢定模擬題 (500 題)

A 就業服務相關法規

B 就業服務與職業訓練法規

C 就業市場、心理測驗及職業選擇論

D 就業諮商、生涯決定、溝通、情緒、壓力

第一章 勞動契約類型、契約特別約定

壹、勞動契約類型（按僱用、工作之屬性分類）

一、企業人力結構策略

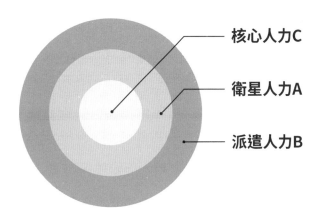

繪圖製作：自繪製 人力體系

（一）T(total 總人力)=C+A(製造業產品製程中非核心技術，經由 A 製造或加工，A 稱之衛星工廠)

（二）T(total 總人力)=C+B(製造業產品非核心部分，委由 B 製造或加工，或商業非核心服務部分，經由 B 提供，B 稱之派遣公司)

基於工作（勞動）彈性化，有利於企業經營人力布置，其內部人力進行結構調整，重新定義核心，其替代先有衛星工廠（人力）。而後刪減人力保險及退休金壓力，派遣人力進入企業非核心人力隊伍，補充性味道十足。

時期 \ 項目	總和人力	C 核心人力	衛星工廠或派遣人力
2010 前（勞動）彈性化	T=C+A	C	A
2010 後人力保險及退休金壓力	T=C+B	C	B

二、完全僱用（勞動基準法 §2)(按僱用分類)(a 雇主＝完全雇主)

繪圖製作：自繪製 雇主與勞工間關係圖

（一）雇主：僱用勞工之事業主、事業經營之負責人或代表事業主處理有關勞工事務之人。

（二）勞工：受 a 雇主僱用從事工作獲致工資者。(參 工資之定義)

（三）勞雇關係：勞工**受僱於 a 雇主**，遵從其**指揮監督**而提供勞務。

企業不因其生產規模而備足其核心人力，在緊急或計畫人力需求，緊急使用經由派遣事業單位派駐之派遣人力，以滿足其生產 (出) 需求。

三、非完全僱用 (勞動基準法 §2)(以僱用分類)(b 雇主＝非完全雇主)

（一）派遣事業單位：從事勞動派遣業務 b 雇主或企業。

（二）派遣勞工：受 b 雇主僱用，並向**要派單位**提供勞務者。

（三）要派單位：依要派契約，實際指揮監督管理**派遣勞工**從事工作者。

（四）要派契約：要派單位與 b 雇主就勞動派遣事項所**訂立契約**。

（五）勞雇關係：勞工受 b 雇主僱用，而實際遵守**要派單位**之指揮監督而為其提供勞務。

完全與非完全契約雇主與受僱勞工比較表 (1)

雇主 & 勞工 相關事項	a 雇主 & 正職勞工	b 雇主 & 派遣勞工要派雇主
僱傭關係	受僱 a 雇主 (定期、不定期)	受僱 b 雇主 (不定期)
受指揮監督	受 a 雇主	**受要派雇主**
勞務提供	為 a 雇主提供	**為要派雇主提供**
工資給付	a 雇主發給	b 雇主發給

表格製作：自創表 a 雇主＝完全雇主、b 雇主＝非完全雇主

四、勞動契約類型 (勞動基準法 §9、中高齡及高齡者就業促進法 §28)

依勞工的「**工作之屬性**」，分為 (1) **定期契約**及 (2) **不定期契約**。

五、不定期勞動契約 (勞動基準法 §9)

有繼續性工作應為不定期契約。

雇主應與「派遣勞工」簽訂不定期契約。(108.5.15 增修)

勞動契約類型表 (2)

類型	分類	工作屬性	工作期間	契約特徵
不定期	全職	有繼續性工作	自受僱日至辭職、資遣、退休、解僱而**勞務結束日**止	(起日，YY) 本契約自 / 年 / 月 / 日起生效
	派遣	有繼續性工作		

表格製作：自創表 「**工作屬性**」＝**工作時間之長短 (性質)**

六、定期勞動契約 (勞動基準法 §9、施行細則∫6)

勞工受僱從事 (1) **臨時性**、(2) **短期性**、(3) **季節性**及 (4) **特定性**工作得為**定期契約**。

勞動契約類型表 (3)

類型	分類	工作屬性	工作期間	契約特徵
定期契約	臨時性	**無法預期**且**非繼續性**工作	6 月	（起日，迄日） 本契約有效自 / 年 / 月 / 日 至 / 年 / 月 / 日止
	短期性	可預期且非繼續性工作	6 月	
	季節性	受季節性原料來源或市場銷售影響之非繼續性工作	9 月	
	特定性	在**特定期間**完成非繼續性工作	依工作計畫或施工日期	
	高齡者	年滿 65 歲以上且非繼續性工作	除**特定性**外得簽 1 年以下	

表格製作：自創表 「工作屬性」＝工作之促成＋工作時間之長短（性質）

七、定期勞動契約種類 (勞基法施行細則∫ 6、3 要素 - 理由、屬性、期間)

(一) **臨時性**工作實例

113 年若 ÖÖ 國某半導體業廠房失火，部分產線停工整修，台灣半導體業者突然接獲國際轉單而須加速生產，業者 HR 部門緊急招募臨時勞工 110 名，告知僱用期間 4 個月，並與簽訂「臨時性定期契約」。

(二) **短期性**工作實例

113 年 3 月 AI 公司財務部女性 F1 勞工預計產假後，打算緊接申請育嬰留職停薪 6 個月，HR 人員於 113 年 1 月底已預先招募已退休高齡財務 F2 勞工，告知僱用期間 6 個月，以替代 F1 勞工職務，並與 F2 簽訂「短期性定期契約」。

(三) **季節性**工作實例

113 年 2 月花蓮**柚子契作農戶**與 ÔÔ 集團簽訂柚子契作合約，以供應 113 年中秋節集團各店應景的柚子，113 年 2 月契作農戶與僱用柚子農務工簽訂「季節性定期契約」，春節過後，即施作柚子園農務，以達成 113 年中秋節 (113.9.17) 前夕能供應集團全省各店足夠數量柚子上市。

(四) **特定性**工作實例

左營高鐵站得標營造廠，按興建高鐵站之工程進度 (1. 地基、2. 車站營建工程、3. 儀電工程、4. 裝潢、5. 會計及 HR 各類工作子計畫)，開工前分別於各階段按不同工程、期限與僱用勞工，簽訂不同工 (時) 期「特定性定期契約」。

八、特定性定期勞動契約終止 (勞動基準法 §15)

「特定性**定期**契約」**期限逾 3 年者**，屆滿 **3 年**後，**勞工**得**終止契約**。但應於屆滿 **3 年前 30 日**預告雇主。

九、視為不定期契約 (勞動基準法 §9)(運用 A+B、A-B 二要件)

(**臨時性**、**短期性**) 定期契約屆滿後，經另訂**新約**，且有 (一) 及 (二) 情形者，「**視為不定期契約**」；惟**特定性**或**季節性**之定期工作不適用之：

(A+B 要件)：前後勞動契約之**工作期間**超過 **90 日**、

(A-B 要件)：前後契約**間斷期間**未超過 **30 日**者。

A、B 契約組合表 (4)

組合	(A 約，B 約)	組合	(A 約，B 約)
01	(T，S)	03	(S，S)
02	(T，T)	04	(S，T)

表格製作：自創表【註】臨時勞契 T，短期勞契 S

十、工作年資併計算 (勞動基準法 §10)

(1) **定期契約**屆滿後，未滿 3 個月而訂定新約或 (2) **不定期契約**因故停止履行後，未滿 3 個月而繼續履行原約時，勞工前後二階段工作年資，應合併計算。

十一、工作年資併計算 (勞動基準法 §20)

事業單位改組或轉讓時，除新舊雇主商定留用之勞工外，其餘勞工應依規定期間預告終止契約，並應發給勞工資遣費。

其留用勞工之工作年資，應由新雇主繼續予以承認。

A、B 契約之工作年資合併計算表 (5)

前約 (A 約)	後約 (B 約)	A 約 -B 約 (中斷)	Yj 合併計算
A	B	A 約 -B 約 <3 個月	Yj=A+B
A	B	A 約 -B 約≧ 3 個月	Yj=B

表格製作：自創表 Yj= 工作年資

十二、勞工名卡 (勞動基準法 §7)(取代企業自訂晉用之履歷表)

雇主應置備勞工名卡，登記勞工姓名、性別、出生年月日、本籍、教育程度、住址、身分證統一號碼、到職年月日、工資、勞工保險投保日期、獎懲、傷病及其他必要事項。

勞工名卡，應保管至勞工離職後 5 年。

貳、勞動契約之特別約定 (派遣勞動、最低服務年限、調動工作、離職後競業禁止約定)

一、要派公司禁止行為 (勞動基準法 §17 之 1)【108、110-2】

「**要派單位**」不得於「派遣事業單位」與「派遣勞工」簽訂勞動契約**前** (注意：無如前 **3 個月、前 6 個月等**期間之限制)，有 (1) **面試**該派遣勞工或 (2) 其他**指定特定**派遣勞工之**行為**。

要派單位違反 (1)、(2) 規定之一，且 (3) 已受領派遣勞工勞務者，派遣勞工**得於提供勞務日起 90 日內**，向其 (指「要派單位」) 提出訂定**勞動契約**之意思表示。

要派單位應自派遣勞工**意思表示到達之日起 10 日內**，與其 (指「派遣勞工」) 協商訂定**勞動契約**。逾期未協商或協商不成立者，**視為**雙方自期滿翌日**成立勞動契約**。

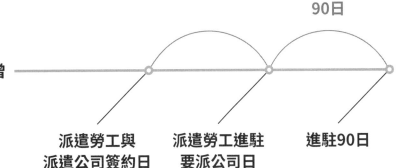

90日

要派公司不得與派遣勞工曾
1. 面試
2. 指定行為(特別約定)

派遣勞工與　　派遣勞工進駐　　進駐90日
派遣公司簽約日　要派公司日

繪圖製作：曹孝中繪製

※ (a) 派遣事業單位及 (b) 要派單位不得因派遣勞工提出簽訂勞動契約意思表示，而予以 (1) **解僱**、(2) **降調**、(3) **減薪**、(4) **損害其依法令、契約或習慣上所應享有之權益**，或 (5) **其他不利之處分**。

※ 派遣勞工因上述規定與要派單位成立勞動契約者，其 (1) 與**派遣事業單位**之勞動契約**視為終止**，且不負 (2-1) 違反**最低服務年限**約定或 (2-2) 返還**訓練費用**之責任，請參表 (6)。

派遣事業及要派單位可能損失表 (6)

	派遣事業及**要派單位**不得對派遣勞工之處分	派遣事業不得要求派遣勞工賠償
不利處分	**解僱、降調、減薪**	1. 違反「**最低服務年限約定**」（不負「違約金」賠償責任）
	損害依法令享有之權益	2. 返還「**訓練費用**」責任

表格製作：自創表 不得對派遣勞工不利處分或賠償

二、最低服務年限約定 (勞動基準法 §15 之 1)(綁約)【105】

未符合下列規定之一，雇主不得與勞工為最低服務年限約定：

(一) 為勞工進行**專業技術培訓**，並提供該項**培訓費用者**。(未取得證照)

(二) 為使勞工遵守最低服務年限約定，提供**合理補償**者 (已取得證照者、雇主應按月發給專業津貼)。

勞動契約因不可歸責於**勞工事由** (如自行離職、提前終止提供證照等) 而於最低服務年限屆滿前終止者，勞工**不負** (1) 違反**最低服務年限約定** (違約金) 或 (2) 返還**訓練費**責任。

三、調動勞工工作 (勞動基準法 §10 之 1)【105】

雇主調動勞工工作，不得違反**勞動契約**之約定 (調動工作之前提，以「職務組合」替代**單一職務**)，並應符合下列五項原則：

(一) 雇主基於**企業經營**上所必須，且不得有**不當動機**及**目的**。

(二) 對勞工之工資及其他勞動條件，未作不利之變更。

※(三) 調動後工作為勞工 (1) **體能**及 (2) **技術**可勝任。

（四）調動**工作地點過遠**，雇主應予以必要之協助。

※（五）考量勞工及其家庭之**生活利益**。

四、離職後競業禁止約定（勞動基準法 §9 之 1、細則∫ 7 之 2、3）【105、109-3】

未符合下列規定者，雇主**不得**與勞工為「**離職後競業禁止**約定」：

（一）雇主有應受保護之**正當**營業利益。（排除不正當營業利益）

（二）勞工擔任之**職位**或職務，能接觸或**使用**雇主之營業**秘密**。

※（三）競業禁止之**期間、區域、職業活動**之範圍及**就業對象**，未逾合理範疇。

（四）雇主對勞工因不從事**競業行為**所受損失有**合理補償**。

每月補償金額不低於勞工離職時**一個月「平均工資」50%**。合理補償，應約定離職後 (1) 一次預為給付或 (2) 按月給付。

競業禁止之期間，不得逾越(1)**營業秘密**或(2)**技術資訊**之生命週期，且最長**不得逾 2 年**。

參、工作規則訂定及效力

※ 一、工作規則內容及效力（勞動基準法 §70)

雇主僱用勞工人數在 **30 人**以上者，應依其**事業性質**，就下列事項訂立工作規則，並於 **30 日**內報請主管機關**核備**後並公開揭示之：

（一）工作時間、休息、休假、國定紀念日、特別休假等。

（二）工資之標準。

（三）延長工作時間。

（四）津貼及獎金。

（五）應遵守之紀律。

（六）考勤、請假、獎懲及升遷。

（七）受僱、解僱、資遣、退休。

（八）災害傷病補償及撫卹（非職災）。

二、工作規則的效力（勞動基準法 §71)

工作規則，違反下列情事**無效**：

(1) 法令之強制或**禁止**規定、（如勞動基準法 §30、§44)

(2) 有關該事業適用之**團體協約**規定者。

三、工作規則修正（勞動基準法施行細則 ∫ 37)

工作規則應依據下列情形適時修正：

(1) 法令。

(2) 勞資協議。

(3)（事業單位）管理制度變更。

(4) 主管機關認為有必要時，得通知雇主修訂前項工作規則。

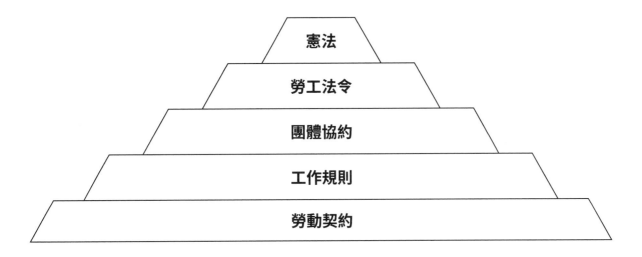

繪圖製作：自繪製《工作規則位階圖》

【實例 1】

博客來 統一金雞 (2022-12-25 經濟日報 / 魏鑫陽)

網路書店「博客來」驚爆勞資爭議，工作 20 多年女清潔工無端被解僱，引發網路熱議。
業內人士：無法理解假承攬真僱傭狀況。(節本)

【實例 2】

美光聲明 裁員有優離方案 (2023/02/21 工商時報 / 涂志豪)

美光公司、谷歌公司精簡人力表

	美光公司	谷歌公司
精簡方式	優惠離職	「合意」離職
資遣費	按《勞基法》再加發 3 個月	外傳高達 2N(N= 服務年資)〔註〕以 2 倍 Yj 計算資遣費
失業給付	按勞工就保 Winsa80% 發給「失業給付」6 個月	......

表格製作：自行整理

第二章 勞動契約終止、預告與資遣費

壹、勞動契約終止層級（勞動基準法、大量解僱勞工保護法）

一、雇主終止勞動契約（勞動基準法§11、§13、§20、大解法§2）

雇主與勞工終止契約依其終止因素、人數規模可分出下列層級（圖）：

大量解僱
改組歇業
解僱
資遣

繪圖製作：自繪製 雇主終止契約層級圖

貳、勞動契約終止類型（勞動基準法、勞動基準法施行細則）

一、終止勞動契約：「資遣」歸責雇主理由（勞動基準法§11）【102】

非有下列情形之一者，**雇主不得**預告勞工終止勞動契約：

（一）**歇業**或**轉讓**時。

（二）虧損或業務緊縮時。

※（三）不可抗力暫停工作在一個月以上時。

（四）業務性質變更，有減少勞工之必要，又無適當工作可供安置時。

二、終止勞動契約限制（勞動基準法§13、50、59）【102】

終止勞動契約特別限制表 (1)

保護、例外 / 勞工別	保護規定	例外規定
女性勞工	因妊娠、分娩，在產假期間	(1) 天災 (2) 事變 (3) 不可抗力
職災（病）勞工	因職災（病），在醫療期間	

表格製作：自創表

三、終止勞動契約：解僱，歸責勞工理由（勞動基準法§12）【112-3】

勞工有下列情形之一者，雇主得**不經預告**終止契約：

（一）訂立勞動契約時為**虛偽意思表示**，使雇主誤信而有受損害之虞者。

（二）對於雇主、雇主家屬、雇主代理人或其他共同工作之勞工，實施暴行或有重大侮辱之行為者。

（三）受有期徒刑以上刑之宣告確定，而未諭知緩刑或未准易科罰金者。

（四）違反**勞動契約**或**工作規則**，情節重大者。

※（五）故意損耗機器、產品，或故意洩漏**雇主技術上**、**營業上**之**秘密**，致雇主受有損害者。（【離職後競業條款】）

※（六）無正當理由繼續**曠工 3 日**，或一個月內曠工達 6 日者。

※ 雇主應**自知悉其情形之日起**，**30 日**（稱「除斥期間」）內為之。

四、勞工離職後發給「服務證明書」（勞動基準法 §19）

勞動契約終止時，勞工如請求發給**「服務證明書」**（指《就保法》第 11 條之「非自願性離職證明」應勾選依據適當條文），雇主或其代理人不得拒絕。

參、終止契約預告期（含工資）、資遣通報、資遣費

一、終止契約之預告（勞動基準法 §16）【101】

雇主依《勞動基準法》第十一條或第十三條但書終止勞動契約者，其預告期間：

預告期間及資遣通報表 (2)

工作年資	預告期間	資遣通報
1. 繼續工作 3 個月以下	不須預告……	1~4(不)須預告，均應於勞工離職前 10 日**資遣通報**。
2. 繼續工作 3 個月以上 1 年未滿	雇主 10 日前預告	
3. 繼續工作 1 年以上 3 年未滿	雇主 20 日前預告	
4. 繼續工作 3 年以上	雇主 30 日前預告	
5. 特定性定期契約滿 3 年，勞工主動終止契約時	**勞工** 30 日前預告雇主	……………

表格製作：自創表

預告期間勞工另謀工作，得請假**每星期**不得**超過 2 日**，且**工資照給**。

二、預告期及工資（勞動基準法 §16）(109.10.29 解釋令)

預告期以雇主告知勞工**次日**起（起日）、**最後上班**日為止（迄日）。

依照解釋令，預告期間的工資應採 2 種計算方式，擇優發給：

（一）以契約終止前一個月「正常工作時間」（指無加班情況）薪資並除以 30 之「日薪」。

（二）以近 6 個月所得**工資總額**除以該期間總**工作日數**（日）「平均工資」。

預告期間起訖日計算表 (3)

	起日	迄日	合計日數
起訖日計算	告知勞工**次日**	**最後**上班日	起、迄日加總
勞工 Yj 未滿 3 年，雇主 3 月 1 日預告勞工終止契約	3 月 2 日起算	勞工工作至 3 月 21 日止	預告期滿 20 日

表格製作：自創表

假設甲勞工的工作年資為 2 年 10 個月，雇主依法須提前 20 日預告勞工，若雇主未依法預告，須補發 20 日預告期間工資：

（一）甲勞工最近一個月「正常工作時間」所得月薪 30,000 元，預告期間為 20 日，則預告期間工資 20 乘以 1,000 元等於 20,000 元；

（二）甲勞工「平均工資」經計算每日 1,100 元，則預告期間工資 20 乘以 1,100 元等於 **22,000 元**。

三、資遣通報（就業服務法 §33）

雇主資遣員工時，應於員工**離職之 10 日前**，將被資遣員工之姓名、性別、住址、擔任工作、資遣事由及需否就業輔導等事項，列冊通報 (1) 當地主管機關及 (2) 公立就業服務機構。

但資遣係因天災、事變等，應自被資遣員工離職日起 **3 日**內為之。

※ 四、資遣費（勞動基準法 §17、勞工退休金條例 §12）

資遣費，應於**終止**勞動契約後 **30 日內**發給，分述如下：

（一）適用《**勞動基準法**》（稱「舊制」）

雇主按其工作年資，每滿一年發給**一個月平均工資**。

（二）適用《**勞工退休金條例**》（稱「新制」）

雇主按其工作年資，每滿一年發給 **1/2 個月平均工資**，不適用《勞動基準法》第十七條規定。

資遣費發給比較表 (4)

給付標準 退休制度別	發給標準	最高發給限制
適用 **勞動基準法**	按勞工 **Yj**，每滿一年發給 **1Wa**	按 Yj 發給，未有最高限制。
適用 **勞工退休金條例**	按勞工 **Yj**，每滿一年發給 **1/2Wa**	最高發給 **6 個月 Wa**（平均工資） 計算勞工適用新制退休之**資遣費時，採計工作年資 (Yj)** 限 12 年，**超過 12 年者**，不計。
（一）舊制 **YjA=16 年 (Yj= 工作年資)** P（資遣費）=1×Wa×16（年）=16Wa。 ……(O)		
（二）新制 YjB=16 年 **(Yj= 工作年資)** **P（資遣費）=1/2Wa×16（年）=8Wa。** ……**(X)** P（資遣費）=1/2Wa×(16-4) 年 =6Wa。 ……(O)		

表格製作：自創表，YjB= 勞工 B 之工作年資、Wa= 平均工資、Yj= 工作年資。

雇主未發給資遣費處分表 (5)

§78 未依：第 17 條（雇主依第 16 條終止勞動契約者，應發給勞工資遣費）第 17 條之 1(派遣事業單位應依本法或勞工退休金條例，發給資遣費)	處 30 萬元以上 150 萬元以下罰鍰，並限期令其給付，屆期未給付者，應按次處罰。

表格製作：自創表

【實例 1】

員工可以 想離職就離職嗎？

2022/11/28 工商時報

何宗霖寰瀛法律事務所合夥律師、前桃園地方法院法官

根據人力銀行網站統計，79.8％的上班族 111 年 10 月 13 日國門「邊境解封」後，有「找工作的計畫」；55.2％表示：「已經開始尋找」。

《勞動基準法》勞工自請離職前須向雇主「預告」，依勞工之工作年資「預告期間」，其目的在於讓企業因應人力變動安排或招募新員工。

司法實務認為勞工離職時對於雇主之業務承接應負有交接之義務，包括返還業務上經手之文件資料、財產物件、應交付承接業務之人等。勞工忽略交接工作，亦恐有遭請求損害賠償或違約金之虞。(節本)

【實例 2】

2022/12/19 104 人力銀行 職場萬象

【每週一許朝茂勞動法令專欄】當你的契約型式變動，也影響權益之增減

勞動契約是維持僱傭關係穩定，雖分為定期性、不定期勞動契約，二者都可維持長短不一勞務期間及權益。然契約性質不同，也造成勞工權益之變化 (不同)。

勞動契約是僱傭關係的表層顯示，實則表層下反映雇主重視勞工之實力，而選定適當的契約加以留才。

勞動契約變動型態，權益也變動

一、臨時、短期契約符合「視為不定期契約」，獲得進階保障

　　臨時性及短期性定期契約勞工，應密切注意「視為不定期契約」給予權益升級。《勞動基準法》規定：臨時性、短期性定期契約屆滿後，經另訂新約，且 (A+B 要件，前約稱為 A 約)、(A-B 要件，後約稱為 B 約) 符合「視為不定期契約」。

　　職場雇主欣賞及提攜者多半富有責任心及上進心群，臨時性或短期性定期契約之勞工，因工作勤奮且頗有績效，贏得雇主魄力提拔進階「視為不定期契約」之勞工也不意外，是才能者本不會寂寞。

二、短期契約轉變成不定期契約

　　實務上常發現短期契約職務代理人於代理期間表現優異，且部門因擴充或延攬相同專業人力 (可能含相關證照)；雇主出手留下定期勞動契約期滿者，而簽訂不定期的契約。

提醒勞動供給者（勞工），若獲得雇主考評或認同，基於雙贏雇主會以不定期契約贏得有實力勞工事例，屢見不鮮。

三、特定性契約轉變成不定期契約

雇主透過特定性契約，一定期間對特定期間勞工工作完整評估，雇主乃關注特定性契約勞工升級為不定期契約，幾乎人才轉正之捷徑。

【附錄】

雇主不開立「非自願離職證明」怎麼辦？

一、依據《就業保險法》第 11 條規定，被保險人於非自願離職辦理退保當日前三年內，保險年資合計滿一年以上，具有工作能力及繼續工作意願，向公立就業服務機構辦理求職登記，自求職登記之日起十四日內仍無法推介就業或安排職業訓練，得請領失業給付。

二、所謂「非自願離職」，係指被保險人因投保單位關廠、遷廠、休業、解散、破產宣告離職；或因勞動基準法第十一條、第十三條但書、第十四條及第二十條規定各款情事之一離職。

三、當勞資雙方對於離職事由存在爭議且勞工無法取得雇主開立之非自願離職證明時，可向勞務提供地之主管機關申請勞資爭議調解（爭議事由為請求開立非自願離職證明）。勞工可檢具該調解會議紀錄及相關文件向公立就業服務機構辦理失業給付。

四、有關勞資爭議調解申請，可至本市勞資關係業務服務網 (https：//tycgdllrla.tycg.gov.tw/) 辦理；如有失業給付相關規定可至勞動部勞動力發展署網站查詢 (https：//www.wda.gov.tw/News_Content.aspx)。

地方主管機關發給離職證明文件之處理流程

說明：

一、先確認勞雇雙方是否對於離職事由有爭議：

（一）有爭議者：勞工向地方主管機關申請勞資爭議調解或仲裁，文件應敘明契約終止之原因（即離職事由）。如申請文件未載明「離職事由」，依就業保險法（以下簡稱就保法）第 23 條 1 項規定，不符申請失業給付條件。

（二）無爭議者：因雇主不願開立，或因投保單位已關廠、歇業或雇主行蹤不明無法取得者，向地方主管機關申請開立離職證明文件。

二、92 年 1 月 21 日勞保 1 字第 0920003857 號令（以下簡稱 92 年令釋），規定應核發離職證明文件之情形：

（一）雇主資遣員工時，已依就業服務法第 33 條規定，列冊向當地主管機關通報。

（二）關廠、歇業或雇主行蹤不明，經地方主管機關查明屬實。

（三）申請人與原雇主間因離職事由發生勞資爭議，經調解有案。

（四）其他經地方主管機關事實查證確定。

三、地方政府依據本部 92 年令釋核發離職證明文件需載明內容：

（一）確認雇主有辦理資遣通報，依據雇主通報內容開立證明文件，內容載有雇主名稱、勞工姓名、離職事由、離職日期及地方主管機關開立日期。

（二）依據已查明關廠、歇業或雇主行蹤不明之結果開立證明文件，內容載有雇主名稱、勞工姓名、查明結果、查明日期、離職事由及地方主管機關開立日期。如無法確認離職事由可依勞動部 92 年 3 月 17 日 0920007925 號函釋規定，加註「無法確定是否為非自願離職」。

（三）勞雇雙方調解成立者，依據調解結果開立證明文件，內容載有調解成立日期、雇主名稱、勞工

姓名、離職事由、離職日期及地方主管機關開立日期。如無法確認離職事由可依勞動部 92 年 3 月 17 日 0920007925 號函釋規定,加註「無法確定是否為非自願離職」。

(四) 依據其他查證確定之事實開立證明文件,內容載有雇主名稱、勞工姓名、離職事由、離職日期及地方主管機關開立日期。

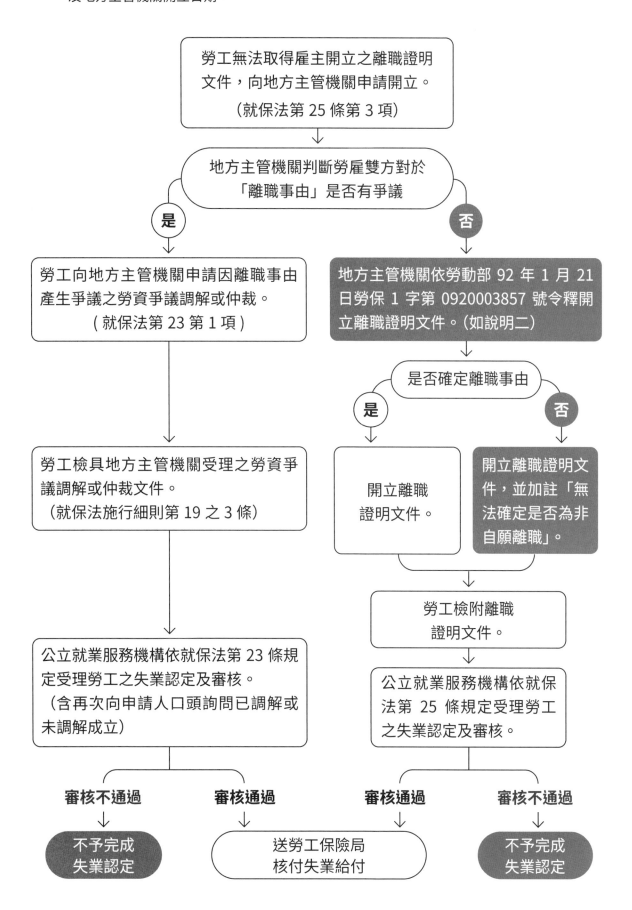

第三章 大量解僱程序與保護措施

壹、勞工法規體系（勞基地球）

勞工法規體系，源自《勞動基準法》，視勞動條件與經營條件之丕變，而構成其相互體系（如下圖《**勞基地球圖**》）。

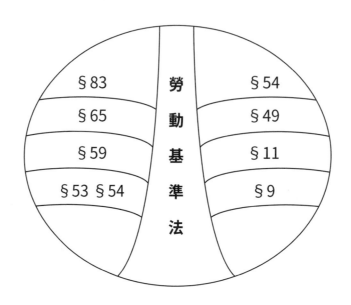

繪圖製作：自繪 勞基地球圖

圖之左側法規	圖之右側法規
§83 勞資爭議處理法	§54 中高齡者及高齡者就業促進法
§65 高級中等學校建教合作實施及建教生權益保障法	§49 性別平等工作法
§59 職業災害勞工保護法 勞工職業災害保險及保護法	§11 大量解僱勞工保護法
§53、§54 勞工退休金條例	§9 派遣勞工保護法（草案）

表格製作：自創表

貳、大量解僱勞工定義與通知（大量解僱勞工保護法）

一、大量解僱勞工定義（大量解僱勞工保護法 §2）【109-3、110-3】

事業單位因 (1)、(2) 理由之一而**解僱勞工**，且解僱符合**表 (1) 人數**或 **(2) 比率**，謂之「**大量解僱**」：

(1)《勞動基準法》第十一條所定**各款情形之一**

※(2) **併購、改組**。

按事業單位規模實施大量解僱人數標準表 (1)

規模、指標 事業單位	員工規模	60 日內解僱勞工人數或比率	60 日內某單日解僱勞工人數
同一事業單位、 同一廠場	30 人以下	10 人以上	---
	30 人以上 -200 以下	1/3 以上	20 人以上
	200 人以上 -500 人以下	1/4 以上	50 人以上
	500 人以上	1/5 以上	80 人以上
同一事業單位 (連鎖事業)		200 人以上	100 人以上

表格製作：自創表

事業單位「**大量解僱**」有 **2 項指標**：【109-3、110-3、112-3】

※ (1) **60 日內解僱勞工人數**或比率

　　如企業員工 400 人 ×1/4=100 人、員工 2,000 人 ×1/5=400 人。

※ (2) 60 日內某單日解僱勞工人數

　　如企業員工 180 人於 60 日內某單日，解僱 20 人以上。

二、通知解僱 (大量解僱勞工保護法 §3、§4)【105、107、109-3】

　　事業單位大量解僱勞工時，應於符合「大量解僱」情形之日起<u>60 日前</u>，將「解僱計畫書」通知當地主管機關及相關單位，並公告揭示。但因天災、事變或突發事件，不受 60 日限制。

　　同一事業單位「大量解僱」勞工事件，**跨越**直轄市、縣 (市) 行政區域時，應報請**中央主管機關**處理。

三、解僱計畫書 (大量解僱勞工保護法 §4)【105、107】

　　事業單位依提出之「解僱計畫書」內容，應記載下列 6 項：

(一) 解僱理由　　　　(二) 解僱日期　　　　(三) 解僱部門

(四) 解僱人數　　　　(五) 解僱對象之條件　(六) 資遣費計算及轉業方案

※ 四、禁止解僱歧視 (大量解僱勞工保護法 §13)

　　事業單位大量解僱勞工時，「解僱計畫書」不得種族、語言、階級、思想、宗教、黨派、籍貫、性別、容貌、身心障礙、年齡及擔任工會職務為由解僱勞工。(留意不含「性傾向」)

　　違反規定者，其勞動契約之終止不生效力。

五、未通知解僱計畫書 (大量解僱勞工保護法 §17)

　　事業單位未於期限前 (60 日前) 將「解僱計畫書」**通知**主管機關，並公告揭示者，處 **10 萬元以上 50 萬元以下**罰鍰。

參、大量解僱勞工協商程序（大量解僱勞工保護法）

一、協商方式（大量解僱勞工保護法 §5)(自治、委員會協商 2 種)【105、112-3】

事業單位依法提出「解僱計畫書」之日起 **10 日內**，勞、雇雙方應「**自治精神**」進行**協商**。（稱「**自治協商**」）

雙方因 (1) **拒絕協商**或 (2) **無法達成協議**時，主管機關應於 **10 日內**召集勞雇組「**協商委員會**」，就「解僱計畫書」協商提出**替代方案**。

二、協商委員會組成（大量解僱勞工保護法 §6)【112-3】

勞雇雙方**無法**依規定於 **10 日**期限內推選協商代表者，主管機關得於期限屆滿之次日起 **5 日內**代為指定之。

協商委員會應由主席至少**每 2 週召開一次**。

三、協議效力（大量解僱勞工保護法 §7)

「**協商委員會**」協商達成協議，應作成「**協議書**」，主管機關於協議成立日起 **7 日內**，「協議書」送請管轄**法院**審核。

四、違反協商罰鍰（大量解僱勞工保護法 §8、§18)【107】

違反大解法罰鍰表 (2)

違反《大解法》規定	罰鍰
未就解僱計畫書內容進行協商 (§5 第 2 項)	處 10 萬元以上 50 萬元以下罰鍰
拒絕指派協商代表或未通知事業單位內涉及大量解僱部門勞工推選勞方代表 (§6 第 1 項)	
拒絕就業服務人員進駐 (§8 第 2 項)	
協商期間任意將經預告解僱勞工調職或解僱 (§10 第 2 項)	

表格製作：自創表

肆、大量解僱之勞工保護措施（大量解僱勞工保護法）

一、優先僱用（大量解僱勞工保護法 §9)

事業單位**大量解僱**後再僱用**工作性質**相近之勞工時，應優先僱用經大量解僱之勞工。

二、資遣費發給及工作權保障（大量解僱勞工保護法 §10)

經預告解僱勞工**協商期間**就任他職，原雇主應發給**資遣費**或退休金。

協商期間，雇主不得任意將經預告解僱勞工 (1) **調職** (2) **解僱**。

三、預警通報（大量解僱勞工保護法 §11、§19)【111-3】

僱用勞工 30 人以上事業單位，有下列情形之一者，由相關單位或人員向主管機關通報：

預警通報事項及通報單位表 (3)

各款內容	通報單位或人員
1. 勞工 **200 人以下者**，積欠工資 2 個月； 　勞工**逾 200 人者**，積欠 1 個月	工會或勞工
2-1. 積欠 (1)~(3) 達 2 個月且金額 20 萬元以上 　　(1) 勞工保險保險費 　　(2) 工資墊償基金 　　(3) 未提繳勞工退休金	**勞工保險局**
2-2. 積欠全民健康保險保險費，達 2 個月且金額 20 萬元以上	**中央健康保險署**
3. 全部或主要之營業部分停工	工會或勞工
4. 決議併購	事業單位
5. 最近 2 年曾發生重大勞資爭議	工會或勞工

表格製作：自創表

主管機關應於接獲通報後 **7 日內**查訪事業單位，並令提出說明。

事業單位拒絕提出說明，處新臺幣 3 萬元以上 15 萬元以下罰鍰。

四、禁止代表人及實際負責人出國 (大量解僱勞工保護法 §12)

事業單位於大量解僱勞工時，積欠勞工 (1) **工資** (2) **退休金** (3) **資遣費**，屆期未清償者，勞動部得函請**內政部移民署**禁止其代表人等出國。

積欠勞工退休金、資遣費或工資未清償禁止代表人等出國表 (4)

僱用勞工人數	積欠全體被解僱勞工之總金額
10 人 -29 人者	300 萬元
30 人 -99 人者	500 萬元
100 人 -199 人者	1,000 萬元
200 人以上者	2,000 萬元

表格製作：自創表

【實例 1】

逾 90% 大量解僱勞工 成功再就業

2023-04-14 經濟日報 / 記者余弦妙

勞動及職業安全衛生研究所進行「大量解僱勞工後續就業及職涯追蹤之分析」研究，追蹤觀察 2012-2019 年間大量解僱事件之勞工後續職涯發展歷程與再就業情形。

該研究追蹤勞工自大量解僱後 5 年內之投保資料，發現大量解僱後再就業之勞工約有 79,329 人，占全部總數 93.9%。

再就業的大量解僱勞工中，持續在同一事業單位投保 1 年以上者約有 65,991 人，佔 83.2%，且多以原先從事之行業別為主。(節本)

第四章 工資、工資給付、職災補償

壹、工資 (勞動基準法)

一、工資定義 (工作 (或勞務) 之報酬)(勞動基準法 §2)

勞工因**工作**而獲得 (雇主) **之報酬**；包括：

(一) 工資、薪金。(非單一薪俸稱為「底薪」)

(二) 給付之 (OO) 獎金、津貼 (含交通、伙食、專業津貼等)。

(三) 其他任何名義之**經常性給與**均屬之。(健身津貼、旅遊津貼…)

事業單位工資結構表 (1)

年度所得	平均工資	工資各科目	一般企業	特殊行 (職) 業	
				保險業	房仲業
1~5	Wa	1. 工資、(或底薪)	∪	XXX	XXX
		2. 獎金、津貼	∪	獎金	獎金
		3. 延長工時工資	∪	XXX	XXX
		4. 任何經常性給與	∪	∪	∪
	5.pa ＝非經常性給與 (pa ＝年終獎金、pb ＝久任獎金…)		∪(pa+pb)	∪(pa+pb)	∪(pa+pb)

表格製作：自創表，Wa ＝ Σ(前 6 個月)1+2+3+4/(前 6 個月) 工作日數

貳、工資 6 大類別

一、工資類別 (工作之報酬)(勞動基準法 §2)

工資六大類別表 (2)

類別	應用範疇
1. 基本工資	招募、議定
2. 平均工資	資遣費、退休金計算
3. 原領工資	職災工資補償
4. 經常性薪資	招募、市場薪資行情
5. 延長工作時間工資	加班計算、加班補休計算
6. 預告工資	未 (或不足) 預告補償

表格製作：自創表

二、基本工資 (勞動基準法施行細則 ∫11) 【111-3】

基本工資乃雇主招募勞工時，用於工作報酬 (工資) 之議定。

※ 基本工資，勞工在「正常工作時間」內所得之報酬。不包括延長工作時間之工資與休息日、休假日及例假工作加給之工資。

三、(月)「平均工資」(勞動基準法 §2、施行細則 ʃ 2)

用於發給勞工**資遣費**、**退休金**、**職災補償**等計算標準(金額)。

「平均工資」:計算事由發生之當日前 6 個月內所得**工資總額**除以該期間之**總日數**所得之金額,並乘以 30 計算。

※ 計算(日)「**平均工資**」時,下列**期日**或**期間**均不計入:

(一)依本法**產假**減半發給工資者。

(二)依〈勞工請假規則〉請**普通傷病**假者、**留職停薪**者。

(三)依《性別平等工作法》請**生理假**、**產假**、**家庭照顧假**或**安胎休養**,致減少工資者。

四、原領工資(勞動基準法施行細則 ʃ 31)

勞工發生**職業災害後**,請**公傷病假治療**期間,用於勞工工資補償。

指該勞工遭遇職業災害**前一日**「正常工作時間」所得之工資。

為計月者,以遭遇職業災害前最近一個月「**正常工作時間**」(不計算加班工資)所得之工資除以 30 所得之金額,為其一日之工資。

五、經常性薪資(就業服務法 §5、主計總處定義)

用於雇主**招募**勞工時,工資議定之用。雇主得按「基本工資」、「經常性薪資」工資議定。

指每月給付受僱員工之工作報酬,包括 1「本薪」與按月給付之「固定津貼及獎金」含:2 房租津貼、3 交通費、4 膳食費、5 水電費、按月發放之工作 (6 生產、7 績效、8 業績) 獎金及 9「全勤獎金」等 9 項。

企業(雇主)辦理招募甄試時,因各企業「經常性薪資」包含之項目不一,故其「經常性薪資」金額高低不同。

雇主於工資議定時,應告該企業(雇主)之「經常性薪資」包括項目及金額,非僅告之主計總處公布之「平均經常性薪資」金額。

且依《就業服務法》第五條第二項:企業(雇主)提供職缺之「經常性薪資」未達 4 萬元而未公開揭示或告知其薪資範圍。違反上述規定者,主管機關處 6 萬元以上 30 萬元以下罰鍰。

六、(「休息日」、平日)「延長工作時間工資」計算(勞動基準法 §24)

勞工於「**正常工作時間**」以外時間超時工作,雇主應加給之工資。

雇主於(週一至週五)使勞工「延長工作時間」者,其「延長工作時間工資」,依下列標準加給:

(一)延長工作時間 2 小時以內者,按平日**每小時工資**額加給 1/3 以上。

(二)**再延長工作時間** 2 小時以內者,按…加給 2/3 以上。

雇主使勞工於「休息日」(稱「週六」)工作:

(一)工作時間**在 2 小時以內**(當日第 1-2 小時)者,其工資按平日每小時工資另再**加給 1 又 1/3** (1+1/3) **以上**;

(二)工作 2 小時後(當日第 3-12 小時)再繼續工作者,按平日每小時工資另再加給 **1 又 2/3** (1+2/3) **以上**。

七、「預告工資」計算 (勞動基準法 §16)(參 第 2 章)

雇主**資遣**勞工應依預告期間加以預告；但雇主未預告或未遵守預告期間日數，應發給之「預告工資」工資。

參、工資議定、禁止歧視、給付原則

一、工資議定 (「基本工資」勞動基準法 §21、勞動基準法施行細則 ∫ 11)

工資由勞、雇雙方議定之。但不得低於「基本工資」。【112-3】

113 年 1 月 1 日起「基本工資」調升每月 27,470 元，每小時 183 元。

二、禁止工資歧視 (「同工同酬」原則)(勞動基準法 §25)

雇主對勞工不得因**性別**而有差別之待遇。

工作相同、**效率**相同者，給付**同等之工資**，謂之「同工同酬」原則。

各類受僱者工資同工 (值) 同酬原則表 (3)

受僱者身分別 ＼ 同酬因子	工作	效率 / 價值	報酬
女、男勞工 (勞動基準法 §25)	相同	相同**效率**	同等
留用技術生 (勞動基準法 §67)	相同	(相同效率)	同等
身心障礙者 (身障權益保護法 §40)	相同	相同**工時**	基本工資
女、男勞工 (性別平等工作法 §10)	相同	相同價值	同等

表格製作：自創表

三、給付方式原則 (勞動基準法 §22、22 之 1) 【112-3】

工資之給付，應以法定通用貨幣為之。但基於**習慣、業務性質**，得於勞動契約內訂明一部分以**實物**給付之。【註】(如外籍勞工膳宿費)

工資應 (1) **全額**、(2) **直接 (原則)** 給付勞工。

派遣勞工如果遭派遣公司積欠工資，且經**裁罰**後仍未限期給付者，得向**要派單位**請求先給付，要派單位在請求後的 30 天內給付。

要派單位得向**派遣事業**單位：**(1) 求償**或 **(2) 扣抵**要派契約應付費用。

工資全額給付原則例外表 (4)

代 (減) 扣費用	法規名稱
勞工保險費	勞工保險條例
健保費	全民健康保險法
就業保險費	就業保險法
外勞膳宿費	勞動基準法
工會經常會費	工會法
職工福利金	職工福利金條例
所得稅	所得稅法

表格製作：自創表

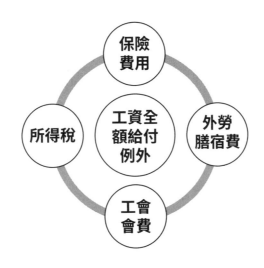

繪圖製作：自創繪製 工資全額給付例外圖

四、給付次數（勞動基準法 §23、勞基法施行細則∫ 14 之 1)【112-3】

工資給付，除當事人有 (1) 特別約定（如月薪制）、(2) 按月**預付**者（如公務門）外，每月至少定期發給 **2 次**。

雇主應置備**工資清冊**，將 (1) 發放工資（實領工資）、(2) 工資各項（加項及減項）計算**明細**、(3) 工資總額（工資加項合計）等事項記入。

工資清冊應**保存 5 年**。

※ 五、約定工資給付日之合理範圍（勞動基準法 §23、〈勞雇雙方約定工資給付日及工資給付指導原則〉112.2.9 實施）

勞雇雙方應於勞動契約中明確約定工資計算週期及工資給付日，如逾工資計算週期屆滿後 15 日者，地方主管機關應輔導向前調整。

工資給付指導原則表 (5)

期程 ＼ 僱用勞工人數	500 人以上	250-499 人	100-249 人	99 人以下
112 年底	10 日	10 日	………	………
113 年底	………	………	10 日	10 日
114 年底	5 日	………	………	………
115 年底	………	5 日	5 日	7 日

資料來源：勞動部

六、預扣工資之禁止（勞動基準法 §26、78）

雇主不得**預扣**勞工工資作為 **(1) 違約金**、**(2) 賠償費用**。（終止契約前要與勞工簽訂「扣減（結清）工資同意書」）

違反本規定者，主管機關處 **9 萬元以上 45 萬元以下**罰鍰。

※ 七、不得扣發「全勤獎金」(勞工請假規則 ∫ 9)(112.4 增修)

雇主不得因勞工 請 1. 婚假、2. 喪假、3. 公傷病假、4. 公假，或 5. 因妊娠未滿 3 個月流產請「普通傷病假」，扣發「全勤獎金」。

八、發「年終獎金」(勞動基準法 §29)

事業單位於營業年度終了結算，如有盈餘，除繳納稅捐、彌補虧損及提列股息、公積金外，對於全年工作並無過失之勞工，應給與 (年終) 獎金或分配紅利。

肆、 職業災害、職業病定義 (勞動基準法、職業安全衛生法、勞工保險因執行職務而致傷病審查準則)

一、職業災害 (職業安全衛生法 §2)

職業災害，係謂勞動場所 (1) 建築物、設備、原料、材料、化學物品、氣體、蒸氣、粉塵等或 (2) 作業活動及 (3) 其他職業上原因引起之勞工疾病、傷害、殘廢或死亡。

二、職業傷害、職業病 (勞工保險條例 §34、勞工保險審查準則 ∫ 3)

被保險人因執行職務而致傷害者，為職業傷害。

被保險人於勞工保險職業病種類表適用職業範圍從事工作，而罹患表列疾病者，為「職業病」。

伍、職災工資補償 (勞動基準法)

一、醫療費用、工資補償 (勞動基準法 §59)

勞工因遭遇職業災害而致死亡、失能、傷害或疾病時，雇主應依下列規定予以 (醫療及工資) 補償。

但如同一事故，依《勞工保險條例》或其他法令規定 (其意外或團體商業保險等)，已由雇主支付費用補償者，雇主得予以「抵充」之：

(一) 勞工受傷或罹患職業病時，雇主應補償其必需之醫療費用。

(二) 勞工在醫療中不能工作時，雇主應按「原領工資」補償。

但醫療期間屆滿 2 年仍未能痊癒，經審定為喪失「原有工作能力」，雇主得一次給付 40 個月之「平均工資」後，免除此項工資補償責任。(雇主得不再同意勞工續請公傷病假醫療)

(三) 勞工遭遇職業傷害或罹患職業病而死亡時，雇主應一次給與其遺屬 40 個月「平均工資」之死亡補償。

二、給付期限 (勞基法施行細則 ∫ 30、32、33)

雇主依本法補償勞工之工資，應於發給工資之日給與。

免除工資補償責任給予 40 個月平均工資，應決定後 15 日內給與。

給與勞工喪葬費應死亡後 3 日內，死亡補償應死亡後 15 日內給付。

職災事件之各項給付期限表 (6)

職災事項＼發給期限	發給（期）日期
工資補償（請公傷病假期間）	發給工資之日發給
符合喪失原有工作能力而免除工資補償責任 (40Wa)	雇主應決定後 15 日內發給
喪葬費	勞工死亡後 3 日內發給
死亡補償	勞工死亡後 15 日內發給

表格製作：自創表

三、請求權時效、連帶補償責任 (勞動基準法 §61、§63 之 1)

受領補償權，自得受領之日起，因 **2 年間**不行使而消滅。

要派單位使用**派遣勞工**發生職業災害時，**要派單位**應與**派遣事業單位連帶**負本章所定雇主應負**職業災害補償之責任**。

勞工保險被保險人因執行職務而致傷病審查準則

1	本準則依《勞工保險條例》(本條例) 第三十四條第二項規定訂定之。
3	被保險人因執行職務而致傷害者，為職業傷害。 被保險人於勞工保險職業病種類表規定適用職業範圍從事工作，而罹患表列疾病者，為職業病。
4	被保險人上、下班，於適當時間，從日常居、住處所往返就業場所，或因從事二份以上工作而往返於就業場所間之應經途中發生事故而致之傷害，視為職業傷害。
5	被保險人於作業前後，發生下列事故而致之傷害，視為職業傷害： 一、於作業開始前，在等候中，因就業場所設施或管理缺陷所發事故。 二、因作業之準備行為及收拾行為所發生之事故。 三、於作業終了後，利用就業場所設施，因設施缺陷所發生事故。
9	被保險人因公差由日常居、住處所或就業場所出發，至公畢返回日常居、住處所或就業場所期間之職務活動及合理途徑發生事故而致之傷害，視為職業傷害。
10	被保險人經雇主指派參加進修訓練、技能檢定、技能競賽、慶典活動，由日常居、住處所或就業場所出發，至活動完畢返回日常居、住處所發生事故而致之傷害，視為職業傷害。
18	被保險人於第四條、第九條、第十條、第十六條及第十七條之規定而有**下列情事之一者** (指勞工交通違規)，**不得視為職業傷害**： 一、非日常生活所必需之私人行為。 二、未領有駕駛車種之駕駛執照駕車。 三、受吊扣期間或吊銷駕駛執照處分駕車。 四、經有燈光號誌管制之交岔路口違規闖紅燈。 五、闖越鐵路平交道。 六、酒精濃度超過規定標準、吸食毒品、迷幻藥或管制藥品駕駛車輛。

【實例 1】

北市勞基法裁罰 112 年 2 月共裁處 60 家、金額達 727 萬元

2023-04-06 經濟日報 / 記者楊文琪

項目 　　　　　　　　　家數 /%	家數	占比
工資未全額給付	15 家	25.00%
未依法給付平日延長工時工資	13 家	21.66%
延長工作時間超過法令規定	11 家	18.33%
未依法給付休息日工作之工資	11 家	18.33%
未逐日記載出勤紀錄至分鐘為止	9 家	15.00%
合計	59 家	

資料來源：2023.4.6 經濟日報 / 楊文琪

第五章 工時、假期及運用

壹、工時、出勤記錄（勞動基準法、勞基法施行細則）

一、每日、每週之正常工作時間（勞動基準法 §30、勞動基準法施行細則∫ 19）

勞工之「正常工作時間」分為每日、每週：

(1) 每日「正常工作時間」不得超過 8 小時；

(2) 每週「正常工作時間」不得超過 40 小時。

正常工作時間**跨越 2 曆日者**，其工作時間應**合併計算**。

在坑道或隧道內工作之勞工，以入坑口時起至出坑口時止為工作時間。（含離開坑道或隧道內之時間）

在坑內工作之勞工，其工作時間不得延長。但以監視為主之工作，或天災情形者，不在此限。

二、「二週變形工時」制度（勞動基準法 §30、勞動基準法施行細則∫ 21）

「正常工作時間」，雇主經**工會**同意，如事業單位無工會者，經**勞資會議**同意後，得將其 **2 週內 2(工作) 日**之**正常工作時數**，分配於**其他工作日**。

分配於其他**工作日**之時數，**每日**不得超過 **2 小時**。但每週工作總時數不得超過 **48 小時**。

僅適用於經中央主管機關指定之行業。

「二週變形工時」分析表 (1)

（工作日 休息日 (●) 例假 (▲) 變形休息 (◆)）
「**2 週工時**」＝　　　（10 日、2 日、2 日、0 日）
「**2 週變形工時表**」＝（8 日、2 日、2 日、**2 日**）
∴ 2 日變形休息、16 小時必須安排 8 日工作日 →(8 日、16 小時)
∴ **2 週變形工時演變成：做四休三（或做五休二）工時**

三、出勤紀錄（勞動基準法 §30、勞基法施行細則∫ 13）

雇主應置備勞工「出勤紀錄」，並保存 **5 年**。逐日記載勞工出勤情形至「**分鐘**」為止。

雇主不得以「**正常工作時間**」修正，作為減少勞工工資之事由。

勞工工作時間每日少於 8 小時者，除工作規則、勞動契約另有約定或另有法令規定者外，其基本工資得按工作時間比例計算之。

正常工作時間，雇主得視勞工照顧家庭成員需要，在**一小時**範圍內，**彈性調整工作**（指彈性工時）開始及終止之時間。

貳、延長工時程序、補休（勞動基準法及施行細則）

一、延長勞工工作之時間定義（實務上稱「加班」勞基法施行細則∫ 20-1）

雇主延長勞工工作之時間（定義），如下：

（一）每日工作時間超過 8 小時或每週工作總時數超過 40 小時部分。

（二）勞工於「休息日」（稱週六）工作之時間。（不含 §36~38 假日工作）

延長勞工工作之時間範例表 (2)

一週 加班	W1	W2	W3	W4	W5	W6	W 日
正常 (8)	8	8	8	8	8	△	⊙
加班（日）	8	**6**	**10**	8	8	△	⊙
加班（週）	8	8	8	8	**10**	△	⊙
休息日	8	8	8	8	8	**2**	⊙

表格製作：自創表

二、「延長工時」（加班）限制及程序（勞動基準法 §32、36)【107】

雇主有使勞工在「正常工作時間」以外工作，須經下列條件，得將工作時間延長：

(1) 經「**工會**」同意、

(2) 如事業單位無工會者，經「**勞資會議**」同意後。

雇主「**延長工作時間**」（稱「加班」）連同「**正常工作時間**」，一日不得超過 **12 小時**。「延長工作時間」，一個月不得超過 **46 小時**。

但雇主經「**工會**」（或勞資會議）同意，「延長工作時間」一個月不得超過 **54 小時**，（且）每 3 個月不得超過 **138 小時**。

僱用勞工 **30 人以上之雇主**，應報**當地主管機關**備查。

雇主使勞工「**休息日**」工作時間，**計入「每月延長工作時間總數」**（指計入每月 46 小時或 54 小時以內）。但因**天災、事變**或**突發事件**，使勞工「休息日」工作，不列入。

三、延長工時補休（勞動基準法 §32-1、勞基法施行細則∫ 9、22-2）

雇主使勞工 (1)「延長工作時間」、(2)「休息日」工作後，依勞工意願選擇「補休」並經雇主同意者，應依「**工作時數**」計算「**補休時數**」。（「**加班補休**」採 **1：1 計算**）

補休期限由勞雇協商而 (1) **補休期限屆期**或 (2)（勞動）**契約終止**未補休時數，應依「延長工作時間」或「休息日」工作**當日工資**計算發給。

補休期限屆期或契約終止時，發給工資之期限如下：

（一）補休期限屆期：於契約約定之工資給付日發給或於補休期限屆期後 30 日內發給。

（二）契約終止：依本法終止勞動契約時，雇主應即結清工資給付勞工。

超出補休、特別休假應休期限之理由應計發工資表 (3)

分類＼發給工資理由	期限理由	契約理由
延長工時補休	補休期限屆滿	（勞動）契約終止未補休
特別休假	年度終結	（勞動）契約終止而未休

表格製作：自創表

四、輪班限制 (勞動基準法 §34)【107】

勞工工作採**輪班制**者，更換班次時，應有**連續 11 小時**之**休息時間**。但因 (1) **工作特性**或 (2) **特殊原因**，得變更不少於連續 8 小時。

雇主僱用勞工人數在 **30 人以上者**，應報當地主管機關**備查**。

五、休息時間 (勞動基準法 §35、34)

勞工繼續**工作 4 小時**，至少應有 **30 分鐘**之休息 (時間)。

但 (1) 實行**輪班制**或 (2) 工作有**連續性**或**緊急性**者，雇主得在工作時間內，另行調配其休息時間。(指勞工休息時間，安排於「工作時間」內)

勞工工作採輪班制者，其工作班次，每週更換一次。但經勞工同意者不在此限。

更換班次時，至少應有連續 11 小時之休息時間。但因工作特性或特殊原因，經中央主管機關公告者，得變更休息時間不少於連續 8 小時。

各產業勞工作業期間之休息時間比較表 (4)

(一) 製造業為例：

上班時間	工作、休息時間
08：00-12：00	工作 4 小時
12：00-13：00	午休
13：00-17：00	工作 4 小時
17：00-17：30	休息
17：30-18：30	加班 1 小時

(二) 服務業為例：房仲業

上班時間	工作、休息時間
09：00-12：00	工作 3 小時
12：00-13：00	午休 60 分鐘
13：00-15：00	工作 2 小時
15：00-15：10	休息 10 分鐘 (間隔 13-18 小時)
15：10-18：10	工作 3 小時

參、例假、休假及特別休假 (勞動基準法、勞基法施行細則)

一、例假 (勞動基準法 §36)

勞工每 7 日應有 **2 日休息**，其中一日「**例假**」、「**休息日**」。

指定行業，雇主得將**每 7 日中「例假」，於每 7 日之週期**內調整。

「**例假**」之**調整**，應經**工會同意**。雇主僱用勞工人數在 30 人以上者，應報當地主管機關備查。

二、休假、特別休假 (勞動基準法 §37、38、勞基法施行細則 ∫ 9、24-1)

內政部所定應放假之**紀念日、節日、勞動**節及其他中央主管機關指定應放假日，均應「休假」。

勞工在同一雇主或事業單位，繼續工作滿一定期間者，應依下列規定給予「**特別休假**」：

特別休假增修前後差異表 (5)

工作年資 ＼ 休假日數	現行	修法前	增加日數
6 月以上 1 年未滿者	3 日	0 日	3 日
1 年以上 2 年未滿者	7 日	7 日	0 日
2 年以上 3 年未滿者	10 日	7 日	3 日
3 年以上 5 年未滿者	每年 14 日	每年 10 日	每年 4 日
5 年以上 10 年未滿者	每年 15 日	每年 14 日	每年 1 日

表格製作：自創表 (107.1.10 修訂)

特別休假期日，由**勞工排定之**。但 (1) 雇主基於**企業經營上之急迫需求**或 (2) **勞工**因**個人因素**，得協商**調整**。

勞工之特別休假，因 **(1) 年度終結 (2)(勞動) 契約終止**而未休之日數，雇主應發給工資。補休期限屆期或契約終止時，發給工資之期限如下：

(一) 補休期限屆期：於契約約定之工資給付日發給或於補休期限屆期後 30 日內發給。

(二) 契約終止：依本法終止勞動契約時，雇主應即結清工資給付勞工。

三、假日工資、非緊急情況延長工時 (勞動基準法 §39)

(1) 例假、(2) 休息日、(3) 休假及 (4) 特別休假，工資應由**雇主照給**。

雇主 (**非緊急情況**) 經徵得**勞工**同意於**休假日** (第三十七、三十八條) 工作者，工資應**加倍發給**。

四、緊急情況停止假期之加倍工資 (勞動基準法 §40)

因 (緊急情況) **天災、事變**或**突發事件**，雇主認有繼續工作之必要時，得停止**第三十六條至第三十八條**所定勞工之假期 (指 (1) 例假、(2) 休息日、(3) 休假及 (4) 特別休假)。

但停止假期之工資，應**加倍**發給，並應於事後**補假**休息。

停止勞工假期，雇主應於事後 24 小時內，報請當地主管機關**核備**。

勞工請假規則（勞動基準法 §43)

條號	條文內容
第一條	本規則依勞動基準法（稱本法）第四十三條規定訂定之。
第二條 婚假	勞工結婚者給予婚假八日，工資照給。(3 個月內請畢)
第三條 喪假	勞工喪假依下列規定： 一、父母、養父母、繼父母、配偶喪亡者，給予喪假 8 日，工資照給。 二、祖父母、子女、配偶之父母、配偶之養父母或繼父母喪亡者，給予喪假 6 日，工資照給。 三、曾祖父母、兄弟姊妹、配偶之祖父母喪亡者，給予喪假 3 日，工資照給。
第四條 病假	勞工因普通傷害、疾病或生理原因必須治療或休養者，得在下列規定範圍內請普通傷病假： 一、未住院者，一年內合計不得超過 30 日。 二、住院者，2 年內合計不得超過一年。 三、未住院傷病假與住院傷病假 2 年內合計不得超過一年。 經醫師診斷，罹患癌症（含原位癌）採門診方式治療或懷孕期間需安胎休養者，其治療或休養期間，併入住院傷病假計算。 普通傷病假一年內未超過 30 日部分，工資折半發給，其領有勞工保險普通傷病給付未達工資半數者，由雇主補足之。
第五條 留職停薪	勞工普通傷病假超過前條第一項規定之期限，經以事假或特別休假抵充後仍未痊癒者，得予留職停薪。但留職停薪期間以一年為限。
第六條 公傷病假	勞工因職業災害而致失能、傷害或疾病者，其治療、休養期間，給予公傷病假。
第七條 事假	勞工因有事故必須親自處理者，得請事假，一年內合計不得超過十四日。事假期間不給工資。
第八條	勞工依法令應給予公假者，工資照給，其假期視實際需要。
第九條	雇主不得因勞工請婚假、喪假、公傷病假及公假，**扣發全勤獎金；勞工因妊娠未滿 3 個月流產未請產假，而請普通傷病假者，亦同。**
第十條	勞工請假時，應於事前親自以口頭或書面敘明請假理由及日數。但遇有急病或緊急事故，得委託他人代辦請假手續。辦理請假手續時，雇主得要求勞工提出有關證明文件。
第十一條	雇主或勞工違反本規則之規定時，主管機關得依規定辦理。

【實例 1】

上班 36 天遲到 21 次被開除！申請仲裁…開庭還是遲到

2023/04/22 中時新聞網 郭宜欣

大陸廣州一名女子到職 58 天，扣除休假上班日為 36 天，但她卻遲到了 21 次，慣性遲到加上工作表現不如預期，公司決定資遣。

沒想到她因不滿公司的補償條件申請勞動仲裁，調解當天竟然還是遲到了 16 分鐘。

最終仲裁結果駁回她的要求，將依照公司原先開出的條件。

【實例 2】

未來 5 年最多補 3 天

2023/03/03 工商時報 彭嬅琳

立法院內政委員會 2 日審議《國定假日法》修正案，由於今年連假補假日達 6 天，引起民眾反彈，這項修法獲得高度關注。

補班日太多的問題，未來 5 年 (2029 年前) 不會遇到此狀況，最多是補班 3 天。據人事行政總處推估，下一次遇到 6 個補班日，是 2030 年。

內政委員會審議《國定假日法》修正案，由朝野立委提案，增加國定假日，例如時力黨團提出新增原住民正名紀念日、言論自由日、解嚴紀念日等七天國定假日；綠委賴惠員提案新增元宵節；藍委陳玉珍提案新增八二三紀念日等。

據《公務員服務法》，現行全國性紀念日及節日放假日，包括開國紀念日、和平紀念日、國慶日、春節 (3 日)、民族掃墓節、端午節、中秋節、除夕及兒童節等，計 11 天，併計周休二日，全年總放假日數已達 115 ～ 116 天。

尚有原住民族歲時祭儀、勞動節及軍人節等，分別放假一天。

第六章 性別平權之措施及保護

壹、促進工作平等措施 (性別平等工作法)(112.8.18 更改法規名稱)

一、生理假 (性別平等工作法 §14)

女性受僱者因「**生理日**」致工作有困難者，**每月**得請生理假**一日**。

全年請假日數**未逾 3 日**，不併入**病假**計算，其餘日數併入病假計算。

併入及不併入病假之**生理假薪資**，**減半**發給。

女性勞工與建教生之生理假權益比較表 (1)

類別 　　　　　　項目	生理假日數	工資 / 生活津貼
女性勞工	1 日 / 每月	減半 (工資)
女性建教生	1 日 / 每月	全薪 (生活津貼)

表格製作：自創表

二、產假、產檢假、陪產檢及陪產假 (勞基法 §50、性工法 §15、施行細則 ∫ 7)(113.3.8 實施)

※ 妊娠 2 個月以上未滿 3 個月流產者，給予產假**一星期**(但未給薪資；若女性勞工改請普通病假，不扣「全勤獎金」)；妊娠未滿 2 個月流產者，給予產假**5 日**。但《性工法》第 21 條第 2 項規定，雇主不得視為缺勤而影響其「**全勤獎金**」。

女工受僱工作在 **6 個月以上**者，停止工作期間**工資照給**；未滿 6 個月者**減半**發給。

受僱者妊娠期間，雇主應給予「**產檢假**」7 日。

受僱者陪伴其配偶妊娠產檢或分娩時，雇主應給予**「陪產檢及陪產假」7 日**。產檢假、陪產檢及陪產假期間，**薪資照給**。

受僱者請「陪產檢及陪產假」時，如為陪伴配偶生產，應在配偶**分娩當日及其前後**(各 **7 日**) 合計 **15 日**期間內請休。

※ 雇主給付 (1)「產檢假」、(2)「陪產檢及陪產假」薪資後，**逾 5 日之部分**得向勞動部申請補助。

女性產假與工資、全勤獎金相關表 (2)

項目 情況	產假	工資給付	全勤獎金
分娩	8 週	Yj 滿 6 個月以上發給全薪，Yj 未滿 6 個月發給 1/2 薪	不得扣發 全勤獎金
妊娠 3 個月以上流產	4 週		
妊娠未滿 3 個月流產	7 日	・《性別平等工作法》產假不給薪 ・〈請假規則〉請普通病假，於 30 日內發給 1/2 薪資	
妊娠 2 個月流產	5 日	《性別平等工作法》產假不給薪	不得扣發 全勤獎金

【註】表格製作：自創表

自 112 年 5 月 3 日起，女性勞工因妊娠未滿 3 個月流產請普通傷病假者，雇主不得視為缺勤而影響其「全勤獎金」。

三、育嬰留職停薪 (性別平等工作法 §16、育嬰留職停薪實施辦法 ∫ 2、4)【107】

勞工申請「**育嬰留職停薪**」2 大條件：(1) 勞工任職滿 **6 個月**、(2) 每一**子女滿 3 歲前**，得申請育嬰留職停薪，但不得逾 2 年。

受僱者申請育嬰留職停薪，應於 **10「曆日」**前以書面向雇主提出。

※ 育嬰留職停薪期間，每次不少於 6 個月為原則。但**受僱者**少於 **6 個月**之需求者，**得以不低於 30 日之期間**提出申請，並以 **2 次**為限。

育嬰留職停薪期間各式組合表 (3)

育嬰留職停薪期間	各式組合
勞工 6 個月之需求者	6 個月 /1 次
勞工少於 6 個月之需求者	1 個月 /2 次、2 個月 /2 次、2.5 個月 /2 次、(1 個月 /1 次、4 個月 /1 次)、(2 個月 /1 次、3 個月 /1 次)、(3 個月 /1 次、2 個月 /1 次)…

表格製作：自創表

受僱者於育嬰留職停薪期間，得繼續參加原有社會保險 (指全民健保)，**受僱者負擔之保險費，得**遞延 3 年繳納。

育嬰留職停薪期間繼續參加勞 (就) 保，享有 3 大好處，包括：

(1) 育嬰留停期間，原由雇主負擔勞保及就保 70% 保險費，不須繳納。

(2) 育嬰留停期間，勞工負擔保險費得遞延 3 年繳納。

(3) 育嬰續保期間仍享有勞保及就保的保障。

四、哺 (集) 乳時間 (性別平等工作法 §18、勞動基準法 §52)

子女**未滿 2 歲**須受僱者親自**哺 (集) 乳者**，除規定之休息時間外，雇主應**每日另給哺 (集) 乳時間 60 分鐘**。

受僱者於每日正常工作時間以外之延長工作時間達一小時以上者，**雇主應給予哺 (集) 乳時間 30 分鐘**。

雇主給予受僱者哺 (集) 乳時間表 (4)

items / 法源	子女	受僱者	哺 (集) 乳時間	
			正常工作時間	延長工作時間
性工法	未滿 2 歲	親自哺 (集) 乳	60 分鐘 / 日	30 分鐘 /1 小時以上

表格製作：自創表

五、調整工時 (性別平等工作法 §19)【103、105、110-1】(110.12.28 修)

受僱於僱用 **30 人以上**雇主之受僱者，為撫育未滿 3 歲子女，得向雇主請求二款事項之一：

(一) 每天**減少**工作時間**一小時** (減少之工作時間，不得請求報酬)。(二) **調整**工作時間。

未滿 30 人雇主之受僱者，經與雇主**協商**，得依前項規定辦理。

六、家庭照顧假 (性別平等工作法 §20)

僱用 30 人以上雇主之受僱者於其家庭成員 **(1) 預防接種 (2) 發生嚴重之疾病**或 **(3)** 其他**重大事故**須親自照顧時，得請「家庭照顧假」，其請假日數併入**事假**計算，全年以 **7 日**為限。

七、托兒設施 (性別平等工作法 §23)【104】

僱用受僱者 100 人以上雇主，應提供下列設施、措施：

(一) 哺 (集) 乳室。

(二) 托兒設施或適當之托兒措施。

本辦法補助標準如下：(〈哺集乳室與托兒設施措施設置標準及經費補助辦法〉第四條)

(一) 哺 (集) 乳室：補助費用**最高**新臺幣 **2 萬元**。

(二) 托兒設施：

　　　1. 新興建並登記立案者：補助費用**最高 300 萬元**。(107.9.4 調整)

　　　2. 已設置並登記立案者：補助費用，**每年最高 50 萬元**。

(三) 托兒措施：補助辦理托兒服務措施，**每年最高**新臺幣 **60 萬元**。

八、不得拒絕 (性別平等工作法 §21)(§14-20)

受僱者依《性別平等工作法》**第十四至二十條**之規定為請求時，雇主不得拒絕。

※ 雇主不得**視為缺勤**而影響「**全勤獎金**」、考績、其他**不利之處分** (含降調、減薪)。

雇主性工法違規罰則表 (5)

違反情事 ＼ 罰鍰	1~100 萬	2~30 萬 /2~100 萬	10-50 萬	30-150 萬
未給 §14~20 假 (§38)		2~30 萬	…	…
性別 / 性傾向歧視 (§38~1)	…	…	…	30-150 萬
終止契約性別歧視 (§11)	…	…	…	30-150 萬
30 人以下未防治性騷擾 §38~1	1~10 萬	…		…
30 人以上未防治性騷擾 §38~2		2~30 萬		
未糾正性騷擾 (§38~2)	…	**2~100 萬**		
性騷擾出庭公假 (§38)	…	2~30 萬		
未將申訴人調動職務或工作 (§38~1)	1~5 萬			

違反情事 ＼ 罰鍰	1~100萬	2~30萬 /2~100萬	10-50萬	30-150萬
最高負責人或僱用人性騷擾確認 (§38~2)	**1~100萬**			
被申訴人規避、妨礙、拒絕調查或提供資料者 (§38~2)	1~5萬			

表格製作：自創表

貳、性別歧視類型（性別平等工作法）

一、「性別平等工作會」、「就業歧視評議委員會」（性別平等工作法 §5、6 之 1)【106、109-3】

為審議、諮詢及促進性別工作平等事項，各級主管機關應設「**性別平等工作會**」。女性委員人數應占全體委員人數 1/2 以上。

地方主管機關設有「**就業歧視評議委員會**」，與前者合併設置。

二、工作歧視禁止（性別平等工作法 §7)(求職者、受僱者歧視事項不同）

雇主對**求職者**及受僱者，不得因**性別**或**性傾向**而有（一)(二)差別待遇。

(一) 求職者：招募、甄試、進用、分發、配置等

(二) 受僱者：考績、陞遷等

工作性質僅適合**特定性別**者，不在此限。

三、訓練歧視禁止（性別平等工作法 §8)

雇主為受僱者舉辦或提供**教育**、**訓練**或其他類似活動，不得因性別或性傾向而有差別待遇。

四、福利歧視禁止（性別平等工作法 §9)

雇主為受僱者提供**福利措施**，不得因性別或性傾向而有差別待遇。

※ 五、薪資歧視禁止（性別平等工作法 §10) 同工同酬 / 同值同酬、例外規定

雇主對受僱者**薪資之給付**，不得因性別或性傾向而有差別待遇；其 (1) 工作（**同工同酬**) (2) **價值相同（同值同酬**) 者，應給付**同等薪資**。

基於（工作）年資、獎懲、（工作）績效或其他非因性別或性傾向因素之**正當理由**者（技術士證、學歷等），不在此限。

六、退休、資遣、離職、解僱歧視禁止（性別平等工作法 §11)【106、108】

雇主對**受僱者**之退休、資遣、離職及解僱，不得因性別或性傾向而有差別待遇。

工作規則、勞動契約或團體協約，不得規定受僱者 (a) 結婚 (b) 懷孕 (c) 分娩 (d) 育兒情事時，應行**離職**或**留職停薪**；不得為**解僱**之理由。

參、性騷擾類型、防治措施（性別平等工作法）

一、（職場）性騷擾（性別平等工作法 §12，113.3.8 實施）

性騷擾，謂下列二款情形之一：

（一）**受僱者（受害人）**於**執行職務**時，任何人（加害人）以性要求、具有性意味或性別歧視之言詞或行為，對其造成敵意性、脅迫性或冒犯性之工作環境，致**影響其工作表現**。

（二）**雇主（加害人）**對受僱者或求職者（受害人）為明示或暗示之性要求、具有性意味或性別歧視之言詞或行為，作為勞務契約成立、存續、變更或分發、配置、報酬、考績、陞遷、降調、獎懲等交換條件。

「**權勢性騷擾**」，指對於因僱用、求職或執行職務關係受自己指揮、監督之人，利用權勢或機會為性騷擾。

「其他**性騷擾**」有下列情形之一者，適用本法之規定：

（一）受僱者於非工作時間，遭受所屬事業單位之同一人，為持續性性騷擾。

（二）受僱者於非工作時間，遭受不同事業單位，具共同作業或業務往來關係之同一人，為持續性性騷擾。

（三）受僱者於非工作時間，遭受最高負責人或僱用人為性騷擾。

中央主管機關應建立「**性別平等人才**資料庫」、彙整性騷擾防治事件各項資料，並作統計及管理。

性騷擾類別與受害情況或條件交換表 (6)

分項 類別	加害人	受害人受害情況或條件交換		加害人手段
		受僱者	求職者	
敵意性	內、外部人	侵犯或干擾其人格尊嚴、影響工作表現	……	性要求、具有性意味或性別歧視之言詞或行為
交換性	雇主（或主管）	勞務契約存續、變更或分發、配置、報酬、考績、陞遷、降調、獎懲等交換條件	勞務契約成立或分發、配置、報酬等交換條件	
權勢性	**最高負責人、僱用人**	**以權勢、機會性騷擾**		
其他性（非工作時間）	**最高負責人、員工、業務往來者**	**持續性之性騷擾**	XXX	

表格製作：自創表

二、防治措施（性別平等工作法 §13、13 之 1）【105、108-1、109-3】

雇主應採取適當之措施，防治性騷擾之發生，並依下列規定辦理：

（一）僱用受僱者 10 人以上未達 30 人者，應訂定申訴管道，並在工作場所公開揭示。

（二）僱用受僱者 30 人以上者，應訂定<u>性騷擾防治措施、申訴及懲戒規範</u>，並在工作場所公開揭示。

雇主於知悉性騷擾，應採取立即有效之 (1) **糾正**及 (2) **補救措施**。

雇主於知悉性騷擾之情形時，應採取有效之糾正及補救措施；被害人及行為人分屬不同事業單位，且具共同作業或業務往來關係者，該行為人雇主，亦同。

雇主接獲被害人申訴時，應通知地方主管機關；經調查認定屬性騷擾之案件，並應將處理結果通知地方主管機關。

性騷擾被申訴人具權勢地位，且情節重大，於進行調查期間有先行停止或調整職務之必要時，雇主得暫時停止或調整被申訴人之職務。

申訴案經雇主或地方主管機關調查後，認定為性騷擾，且情節重大者，雇主得知悉該調查結果日起 <u>30 日內，不經預告</u>終止勞動契約。

三、受害人損害賠償金、公假 (性別平等工作法 §27)【109-2】

受僱者或求職者因遭受性騷擾，受有財產或非財產上損害者，由雇主及行為人連帶負損害賠償責任。

被害人因性騷擾情事致生法律訴訟，於受司法機關通知到庭期間，雇主應給予**公假**。

行為人因「權勢性騷擾」，應負損害賠償責任者，法院得因被害人之請求，依侵害情節，酌定損害額 <u>1 倍至 3 倍之懲罰性</u>賠償金。

行為人為最高負責人或僱用人，被害人得請求損害額 <u>3 倍至 5 倍</u>之懲罰性賠償金。

肆、救濟及申訴程序

一、雇主應負賠償責任 (性別平等工作法 §26、§28)

受僱者或求職者因第七條至第十一條或第二十一條之情事，受有損害者，雇主應負賠償責任。

受僱者或求職者因雇主違反第十三條第二項之義務，受有損害者，雇主應負賠償責任。

二、請求權 (性別平等工作法 §30)【112-2】

第 26 條至第 28 條之損害賠償請求權，自請求權人知有<u>損害及賠償義務人時起，2 年間不行使而消滅</u>。

自有性騷擾行為或違反各該規定之行為時起，逾 10 年者，亦同。

三、申訴 (性別平等工作法 §32-1)113.3.8 實施

受僱者或求職者遭受性騷擾，應向<u>雇主</u>提起申訴。但有下列情形之一者，得逕向<u>地方主管機關</u>提起申訴：

（一）被申訴人屬最高負責人或僱用人。

（二）雇主未處理或<u>不服</u>被申訴人之雇主所為調查或懲戒結果

受僱者或求職者依前項但書規定，向地方主管機關提起申訴之期限，應依下列規定辦理：

（一）被申訴人非具權勢地位：自知悉性騷擾時起，逾 2 年提起者，不予受理；自該行為終了時起，逾 5 年者，亦同。

(二) 被申訴人具權勢地位：自知悉性騷擾時起，逾 3 年提起者，不予受理；自該行為終了時起，逾 7 年者，亦同。

有下列情形之一者，依各款規定辦理，不受前項規定之限制。但依前項規有較長申訴期限者，從其規定：

(一) 性騷擾發生時，申訴人為未成年，得於成年之日起 3 年內申訴。

(二) 被申訴人為最高負責人或僱用人，申訴人得於離職之日起一年內申訴但自該行為終了時起，逾 10 年者，不予受理。

向地方主管機關提起申訴之期限表 (7)

項目 性騷擾時間	勞工 VS 權勢者	勞工 VS 非權勢者	未成年
自知悉性騷擾時起	3 年內	2 年內	XXX
行為終了時起	7 年內	5 年內	XXX
離職之日起	1 年內	XXX	XXX
離職後行為終了時	10 年內	XXX	XXX
性騷擾發生時	XXX	XXX	成年之日起 3 年內

四、申訴 (性別平等工作法 §33)【112-2】

受僱者發現雇主違反第 14 條至第 20 條之規定時，得向地方主管機關申訴。

其向中央主管機關提出者，中央主管機關應於收受申訴案件，或發現有上開違反情事之日起 7 日內，移送地方主管機關。地方主管機關應於接獲申訴後 7 日內展開調查。

第七章 身心障礙者之就業保障

壹、身心障礙者概論（身心障礙者權益保障法）

一、經費來源（身心障礙者權益保障法 §12）

身心障礙福利經費來源如下：

（一）各級政府按年編列之身心障礙福利預算。

（二）社會福利基金。

（三）**身心障礙者就業基金。**

（四）私人或團體捐款。

（五）其他收入。

二、證明效期（身心障礙者權益保障法 §14）

身心障礙證明**有效期間**最長為 **5 年**。

領有記載有效期間之身心障礙證明者，應於**效期屆滿前 90 日**內向戶籍所在地直轄市、縣（市）主管機關申請辦理**重新鑑定**。

主管機關發現身心障礙者障礙**情況改變**時，得以書面通知其於 **60 日內**辦理重新鑑定與需求評估。

三、重新鑑定（身心障礙者權益保障法 §13）

身心障礙者對障礙鑑定及需求評估有異議者，應於收到通知書之次日起 30 日內，以書面向主管機關提出申請重新鑑定，並以一次為限。

申請重新鑑定，應負擔 40% 作業費用；其異議成立者，應退還之。

四、身心障礙者「職業重建服務」、「職業輔導評量」（身心障礙者權益保障法 §37）

（一）身心障礙者「職業重建**服務**」（準備就業）【108、110-2】

身心障礙者「職業重建服務」包括：(1) **職業輔導評量** (2) **職務再設計** (3) 職業訓練 (4) 就業服務 (5) 創業輔導及 (6) 其他職業重建服務。

（二）「職業輔導評量」意義

為協助身心障礙者適性就業，就業前了解其職業興趣、技能、工作人格、生理狀況及輔具等，以擬定「職業重建服務計畫」之參據。

（三）服務對象

1. 有就業或接受職業訓練意願，經評估需職業輔導評量者。

2. 需提供庇護性就業服務之個案。

3. 醫療復健穩定，有就業意願，經評估需職業輔導評量者。

4. 國民中學以上應屆畢業生，有就業意願，經評估需職業輔導評量者。

5. 其他經主管機關認定之個案。

（四）服務內容

依個案狀況與評量需求，提供個別 (1) 心理測驗、(2) 工作樣本、(3) 情境評量等評量服務。

（五）職評內容

按身心障礙者之個別需求，依下列項目實施：

1. 身心障礙者狀況與功能表現。　　2. 學習特性與喜好。

3. 職業興趣。　　　　　　　　　　**4. 職業性向。**

5. 工作技能。　　　　　　　　　**6. 工作人格。**

7. 潛在就業環境分析。　　　　　　8. 就業輔具或職務再設計。

9. 其他與就業有關需求之評量。

五、身心障礙者「職務再設計」補助（身心障礙者權益保障法 §37）

每一申請個案每人每年補助金額以 10 萬元為限。

六、申請身心障礙者「職務再設計服務」（「推動職務再設計服務計畫」112.1.17）

有下列情形之一者，得向所在地**地方政府**申請身心障礙者「職務再設計服務」：（注意**身障者**）

（一）（雇主）有意願提供身心障礙者就業機會，於辦理**招募面試**作業時，需要評量工具或相關專業人力協助。

（二）身心障礙者因生理或心理功能之限制，無法達到預期工作績效。

（三）身心障礙者初進職場，有職務再設計之需要。

（四）身心障礙者工作上需要輔具。

（五）身心障礙者工作地點變更或職場遷移。

（六）身心障礙者因職務調整或工作流程變更，致工作有困難。

（七）身心障礙者接受以就業為目標之職業訓練，而有職務再設計之需要。

（八）身心障礙者居家就業，而有職務再設計之需要。

七、身心障礙者之推動職務再設計服務計畫 (109.3.26)

（一）本計畫適用對象：

1. 身心障礙者。2. 年滿 45 歲至 65 歲之中高齡者。3. 逾 65 歲之高齡者。

（二）下列得向 (1) 公立就業服務機構或 (2) 地方政府申請「職務再設計服務」：

1. 身心障礙者、年滿 45 歲至 65 歲之中高齡者、逾 65 歲高齡者受僱者。

2. 僱用本計畫適用對象公民營事業機構、政府機關、學校或團體。

3. 自營作業者、公私立職業訓練機構。

4. 接受政府委託辦理職業訓練之單位。

5. 接受政府委託或補助辦理居家就業服務單位。

貳、身心障礙者之「職務再設計」實例

一、「職務再設計」服務是協助身心障礙工作者排除職場障礙之非常好用的社會資源，政府相關單位會安排專家親赴職場深入瞭解並提供建議，並藉由工作環境、工作設備、工作條件改善、提供就業輔具及調整工作方法等，且提供申請單位(者)最高新臺幣 10 萬元補助。

依據《身心障礙者權益保障法》第 37 條授權所定之「推動身心障礙者職務再設計服務實施計畫」規定，除部分就業輔具得由身心障礙者個人提出申請外，還有哪 5 種單位可以申請「職務再設計」服務之補助？

《參考解》依題意，除部分就業輔具得由身心障礙者個人提出申請外，還有下列 5 種單位可以申請「職務再設計」服務之補助：

（一）有意願提供身心障礙者就業機會，於辦理招募面試作業，需評量工具或相關專業人力協助。

（二）因職業災害致身心障礙者重返職場或轉換工作者。

（三）協助身心障礙者居家就業，有職務再設計之需要者。

（四）身心障礙者以就業為目標之職業訓練機構者。

（五）身心障礙者工作地點變更或職場遷移者。

二、國內提供身心障礙者的職業重建服務主要包括：職業重建個案管理服務、職業輔導評量、職業訓練、就業服務、職務再設計、創業輔導及其他職業重建服務。

茲有 4 位朋友，如下所述：【110-2】

甲君：普通高中綜合職能科的學生，持有智能障礙重度的身心障礙證明，畢業後原實習階段的雇主願意繼續僱用。

乙君：甲君的同校同學，只持有情緒行為障礙的鑑定證明，畢業後想隨即找工作，不想再升學。

丙君：五十歲的自營工作者，最近半年記性嚴重退化，經醫療院所確診為失智症，但尚未取得身心障礙證明，需要個別化的設計和訓練等支持服務，幫助他記得工作的程序、調整工作方法，來穩住現有的工作。

丁君：大學畢業且領有輕度肢體障礙證明，因家中有經濟壓力，也不打算升學，希望能找到工作。

依上述 4 位的資格及初步需求，請回答下列問題：

（一）哪幾位具備資格可至各直轄市及縣(市)政府身心障礙者職業重建服務窗口獲得職業重建服務？

（二）若上述 4 位都找到工作或已經在工作，哪幾位具備申請職務再設計服務的資格？

《參考解》

（一）依題意，甲君、丁君可獲得職業重建服務，乙君之檢定證明及丙君之診斷證明尚須申請身心障礙證明，方能獲得職業重建服務。

（二）依題意，甲君、丁君、丙君可申請職務再設計服務，乙君之檢定證明尚須申請身心障礙證明，方能申請職務再設計服務。

參、身心障礙者僱用之保護（身心障礙者權益保障法）

一、支持性、庇護性就業服務（身心障礙者權益保障法 §34)【104、110-1】

各級勞工主管機關對於具有 (1) 就業意願及 (2) 就業能力，而**不足以獨立在「競爭性就業市場」**工作之身心障礙者，提供個別化就業安置「**支持性**就業服務」。

各級勞工主管機關對於具有 (1) 就業意願，而 (2) 就業能力不足，**無法進入「競爭性就業市場」**，提供「**庇護性**就業服務」。

提供**支持性 / 庇護性**就業服務類型表 (1)

就業能力	就業意願	提供就業服務理由	就業服務類型
有	有	不足以獨立在「競爭性就業市場」工作	「支持性」就業服務：台糖、中油公司加油站提供顏面傷殘人員洗車
不足	有	無法進入「競爭性就業市場」工作	「庇護性」就業服務：愛盲協會提供手工皂製作之庇護工場

表格製作：自創表；就業能力、就業意願指工作能力、工作意願。

二、同工同酬（身心障礙者權益保障法 §40)(參 (考) 第四章工資同工同酬)

進用身心障礙者之機關（構），對進用身心障礙者，應本同工同酬原則，核發「**正常工作時間**」薪資，不得低於「**基本工資**」（參第 4 章）。

三、僱用比就業保障（身心障礙者權益保障法 §38、38-1)【110-2 計算題】

各級政府機關、公立學校及公營事業機構員工總人數在 34 人以上，進用具有就業能力之身心障礙者人數，不得低於員工**總人數 3%**。

私立學校、團體及民營事業機構員工總人數在 **67 人以上者**，進用具有就業能力身心障礙者人數，不得低於員工**總人數 1%**，不得少於一人。

四、繳納差額補助費（身心障礙者權益保障法 §43、施行細則∫16)【111-3】

直轄市、縣 (市) 勞工主管機關應設「**身心障礙者就業基金**」。

進用身心障礙者人數未達僱用標準單位，應向「身心障礙者就業基金」繳納差額補助費：依「**差額人數**」乘以「**每月基本工資**」計算。

五、僱用員工計算標準（身心障礙者權益保障法 §38）

僱用身心障礙員工之**月領薪資**未達按月計酬「基本工資」者，**不計入**進用身心障礙者人數及員工總人數。

但從事**部分工時工作**，其月領薪資達按月計酬**「基本工資」1/2 以上者，進用 2 人得以 1 人計**。

辦理「庇護性就業服務之單位」進用「**庇護性就業**之身心障礙者」，**不計入**進用身心障礙者人數及員工總人數。

進用「**重度以上身心障礙者**」，每進用**一人以 2 人核計**。

【附錄】

身心障礙者定額進用不列入員工總人數計算單位職務分析標準 101.1.12

§2	本法第三十八條第七項所定警政、消防、關務、國防、海巡、法務及航空站等單位。
§5	各單位應針對不計入員工總人數人員之職務，進行下列各項分析： 一、所任職位需執行之各項工作。 二、所需具備之能力。 三、工作環境條件。

身心障礙者職業輔導評量實施方式及補助準則 103.6.13

§3	身心障礙者職業輔導評量（稱職業輔導評量），由主管機關辦理，並得委託學校、醫療機構或其他專業機構、團體辦理。
§4	辦理職業輔導評量，應具備固定空間及職業輔導評量專用工具；其空間應至少 60 平方公尺。
§5	職業輔導評量服務對象如下： 一、有就業或接受職業訓練意願，經評估需要職業輔導評量者。 二、需為其提供庇護性就業服務之個案，或已於庇護工場就業經評估不適合庇護性就業之個案。 三、醫療復健穩定，有就業意願，經評估需要職業輔導評量者。 四、國民中學以上之應屆畢業生，有就業意願，經評估需要職業輔導評量者。 五、其他經主管機關認定之個案。
§6	職業輔導評量之內容，按身心障礙者個別需求，依下列項目實施之： 一、身心障礙者狀況與功能表現。二、學習特性與喜好。 三、職業興趣。四、職業性向。五、工作技能。 六、工作人格。七、潛在就業環境分析。 八、就業輔具或職務再設計。九、其他與就業有關需求之評量。
§8	職業輔導評量服務程序如下： 一、接案晤談後，擬定個別化職業輔導評量計畫，並應徵得當事人或其監護人之書面同意後執行之。 二、利用各類職業輔導評量方法評量個案潛能。 三、召開評量結果說明會。 四、提供具體就業建議等有關事項。 五、撰寫職業輔導評量報告。 六、職業輔導評量報告完成後，應移覆相關單位，並追蹤其成效。
§9	辦理職業輔導評量，除經當地主管機關同意外，其時程累計不得逾 50 小時，且自接案晤談日起至移覆職業輔導評量報告日止，不得逾 21 日。

身心障礙者就業服務機構設立管理及補助準則 105.4.19

§3	身心障礙者就業服務機構（本機構），指依本準則設立，專為 15 歲以上或國民中學畢業，領有身心障礙證明，具就業意願及能力之身心障礙者，提供個別化就業服務之機構。
§4	本機構，得由法人、學校或事業機構申請附設或設立。
§8	本機構應提供下列服務事項： 一、求職、就業機會開發、就業諮詢、職涯輔導、工作分析、職業分析與推介就業等個別化及專業化就業服務。 二、求才、僱用諮詢。
§9	本機構應置主管人員一人，綜理業務。 本機構應置下列專業人員： 一、就業服務員。 二、職業重建個案管理員。 除就業服務員應為專任外，主管人員、職業重建個案管理員得兼任。

【實例 1】

身心障礙職訓烘焙班 5 個月完訓輔導考照、就業

2023/05/08 中時 呂健豪

為提升身心障礙者的就業能力，衛生福利部八里療養院自 8 日起，開辦今年度的身心障礙者職業訓練 - 複合式烘焙班。參與學員完成為期 5 個月的職訓課程後，輔導參加烘焙丙級技術士證照考照、輔導就業。

負責烘焙職訓班的職能治療師：今年職訓班 12 名學員參加，在 5 個月、600 小時的課程，針對學科、術科、就業準備和參訪等四大領域。

【實例 2】

身心障礙者「職業重建」嘉年華

2023/11/15 工商時報 陳又嘉

桃園市政府舉辦「**翻轉未來**」之「職業重建」嘉年華（節本）

人力	身心障礙證明超過 9 萬人，勞動力身障人口超過 2 萬人
適性就業措施	職業重建、支持性就業、庇護性就業、職業訓練、視障就業
	職務再設計、手語翻譯、創業輔導、 考取技術士證照、汽車駕訓學費、公職考試補習

第八章 勞資爭議處理

壹、勞資爭議處理法 - 總則（勞資爭議處理法）

一、爭議事項分類（勞資爭議處理法 §3、5)【107】

本法於雇主或有法人資格之雇主團體（稱雇主團體）與勞工或工會發生勞資爭議時，適用之。

但教師之勞資爭議屬依法提起「行政救濟」事項者，不適用之。

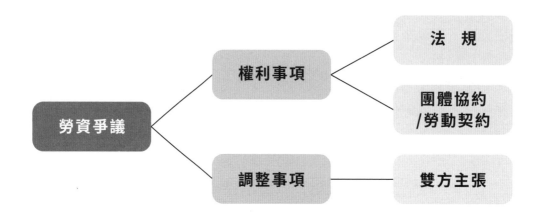

繪圖製作：自繪製 勞資爭議

勞資爭議：指權利事項及調整事項之勞資爭議。

（一）「**權利事項**」勞資爭議

勞資雙方當事人因 (1) **法令**、(2) **團體協約**、(3) **勞動契約**之規定所為權利、義務之爭議。

（二）「**調整事項**」勞資爭議

勞資雙方當事人對於**勞動條件**（如調薪或年終獎金或其他津貼等發給標準）**主張**之爭議：繼續**維持**或**變更**。（調整事項性質 2 個指標：(1) **優於法規者** (2) **法規未規定者**）

勞資爭議類型辨識及處理方式表 (1)

爭議事項 ＼ 類別、處理方式	爭議事項	處理方式				備註
		調解	仲裁	**裁決**	訴訟	
1. 熱處理公司企業工會提出**加班費**加倍發	**調整**	ㄨ	ㄨ	…	…	（優於）勞基法 §24
2. 證券公司企業工會要求**20 個月**年終獎金	**調整**	ㄨ	ㄨ	…	…	勞基法 §29（未規定）
3. 給員工產檢假 5 日	權利	ㄨ	ㄨ	…	ㄨ	性工法 §15
4. 配偶陪產假 7 日請完	權利	ㄨ	ㄨ	…	ㄨ	性工法 §15

類別、處理方式 爭議事項	爭議事項	處理方式				備註
		調解	仲裁	**裁決**	訴訟	
5. 歧視高齡者應徵	權利	ʊ	ʊ	…	ʊ	**中高齡就促 §12**
6. 要求員工週日加班	權利	ʊ	ʊ	…	ʊ	勞基法 §39

表格製作：自創表

二、爭議處理原則 (勞資爭議處理法 §2、55)

勞資雙方當事人應本 **(1) 誠實信用及 (2) 自治原則**，解決勞資爭議。

爭議處理及爭議行為之原則表 (2)

原則 爭議別	原則 1	原則 2
爭議處理 (本法 §2)	**誠實信用**	自治原則
爭議行為 (本法 §55)	**誠實信用**	權利不得濫用

表格製作：自創表

三、權利事項處理方式 (勞資爭議處理法 §6)

「權利事項」之勞資爭議，處理：(1) 調解 (2) 仲裁 (3) **裁決**。

四、調整事項處理方式 (勞資爭議處理法 §7)

「調整事項」之勞資爭議，處理：**(1) 調解 (2) 仲裁**。

勞資爭議之勞方當事人，應為工會。但有下列情形者，亦得為勞方當事人：

(一) 未加入工會，而具有相同主張之勞工達 10 人以上。

(二) 受僱於僱用勞工未滿 10 人之事業單位，其未加入工會之勞工具有相同主張者達 2/3 以上。

勞資爭議事項類別及處理程序表 (3)

分類 處理方式	爭議事由	處理方式				爭議行為
		調解	仲裁	裁決	訴訟	
權利事項	勞工法令	ʊ	ʊ	/ʊ/	ʊ	不得;但「裁決」若雇主違法，工會得為之。
	團體協約	ʊ	ʊ	…	ʊ	
	勞動契約	ʊ	ʊ	…	ʊ	
調整事項	勞動條件維持或變動	ʊ	ʊ	…	…	得為之。

表格製作：自創表，「ʊ」表示爭議事項適用的處理方式。權利事項爭議源自《工會法》
§35、《團體協約法》§6 之爭議處理適用「裁決」方式。

五、禁止雇主不當行為 (勞資爭議處理法 §8)【101】

勞資爭議在**調解**或**仲裁**期間，資方不得有下列情事之一：

(1) 歇業 (2) 停工 (3) 終止勞動契約 (4) 不利勞工行為 (**降職、減薪**)。

六、禁止勞方不當行為 (勞資爭議處理法 §8) 【101】

勞資爭議在**調解**或**仲裁**期間，勞方不得有下列情事：

(1) 罷工 (2) 怠工 (3) 其他影響工作秩序之行為 (含**集體休假**…)。

調解 / 仲裁期間勞雇不得為之行為表 (4)

	調解 / 仲裁期間勞、雇禁止之行為			
	1	2	3	4
雇主	歇業	停工	終止勞動契約	其他不利於勞工行為
工會	罷工	怠工	XXX	其他影響工作秩序行為

表格製作：自創表

七、爭議行為原則及求償 (勞資爭議處理法 §5)

權利事項之勞資爭議，勞方當事人有下列情形之一者，中央主管機關得給予適當扶助：

(一) 提起訴訟。(二) 依《仲裁法》提起仲裁。

(三) 因《工會法》第 35 條事由，依本法申請<u>裁決</u>。

貳、勞資爭議處理：調解 (勞資爭議處理法)

一、爭議處理方式 (勞資爭議處理法)

常見爭議處理方式如下圖所示 (含申請處理順序)：

繪圖製作：自繪圖，3 種爭議處理方式及順序

二、調解 (方式)(勞資爭議處理法 §11、14)

直轄市或縣 (市) 主管機關受理調解之申請，應依申請人之請求，以下列方式之一進行調解：

(一) 指派調解人 -(直轄市主管機關得委託<u>民間團體</u>指派調解人調解)

(二) 組成**勞資爭議調解委員會**

三、委員會開會 (勞資爭議處理法 §15)

收到調解申請書後，通知爭議雙方通知 **3 日內**各自選定調解委員。

調解委員完成選定 (或指定) 日起 14 日內，組成「調解委員會」並召開調解會議。

四、調解方案提出 (勞資爭議處理法 §16、§18)

「調解委員會」應指派委員**調查事實**，應於受指派後 <u>10 日內</u>，將 (1) **調查結果**及 (2) **解決方案**提報「調解委員會」。

「調解委員會」應於收到 (1)、(2) 後 **15 日內開會**。

「調解委員會」應有調解委員**過半數出席**，始得開會；經出席委員**過半數同意**，作成「**調解方案**」。【112-2】

五、調解成立 (勞資爭議處理法 §19、§21)

「**調解方案**」，經雙方當事人同意在調解紀錄**簽名**者，**調解成立**。

勞資爭議二方對「**調解方案**」不同意者，**調解不成立**。

有下列情形之一者，視為調解不成立：

(一) 經調解委員會會議，**連續 2 次**調解委員出席人數**未過半數**。

(二) 未能作成**調解方案**。

六、成立效力 (勞資爭議處理法 §23)【101】

勞資爭議經調解**成立**者：

(1) 當事人一方為**勞工**時，視為爭議當事人間之 (**勞動**) **契約**；

(2) 當事人一方為**勞工團體**時，視為爭議當事人間之**團體協約**。

各類委員會出席即同意比率表 (5)

委員會 \ 出席同意比率		委員出席比率	委員同意比率
調解委員會	委員 3 人	1/2	1/2
仲裁委員會	委員 3 人	3/3	1/2
	委員 5-7 人	2/3	3/4
裁決委員會	委員 15 人	2/3	1/2

表格製作：自創表

參、勞資爭議處理：仲裁 (勞資爭議處理法)

一、申請交付仲裁 (勞資爭議處理法 §25)【110-1】

(**權利、調整事項**) 勞資爭議「**調解**」不成立者，雙方當事人得**共同**向**直轄市**或縣 (市) 主管機關申請交付仲裁。

調整事項之勞資爭議涉及**自來水等事業單位 4 大產業**，而雙方未能約定「**必要服務條款**」者，**任一方**得向**中央主管機關**申請交付仲裁。

調整事項之勞資爭議經調解不成立者，**直轄市**或縣（市）主管機關認有影響公眾生活及利益情節重大，得依職權交付仲裁，並**通知雙方**當事人。

調整事項 調解不成立	➡	影響 公共利益	➡	仲 裁

二、仲裁程序（方式）（勞資爭議處理法 §26、28）

主管機關受理仲裁之申請，進行仲裁：

（一）選定獨**任仲裁人**　（二）組成勞資爭議仲裁委員會

申請交付仲裁者，應檢附 (1) **調解紀錄**或 (2) **不經調解之同意書**。

三、調查事實、「仲裁判斷」（勞資爭議處理法 §29、33、34）

收到仲裁申請書，通知當事人於收到通知 **5 日內**，遴聘之仲裁委員。

仲裁委員經選定後，主管機關應於 3 日內通知雙方仲裁委員，於 7 日內推選主任仲裁委員具報。

仲裁委員會應指派委員**調查事實**，提出**調查結果**。

仲裁委員會應於收到調查結果後 <u>20 日內</u>，作成「仲裁判斷」；但經勞資爭議雙方當事人同意，得延長 <u>10 日</u>。

（一）仲裁委員會委員 3 人組成者，應 3/3 委員出席，出席委員 1/2 同意，始得作成「**仲裁判斷**」(3/3 出、1/2 同)。

（二）委員 5 人或 7 人組成者，應 **2/3 以上**委員出席，出席委員 3/4 以上同意，始得作成「**仲裁判斷**」(2/3 出、3/4 同)。

四、仲裁成立效力（勞資爭議處理法 §37）【101】

仲裁委員會就「**權利**事項」之勞資爭議所作成之「**仲裁判斷**」，於當事人間，與**法院之確定判決**有同一效力。

仲裁委員會就「**調整**事項」之勞資爭議所作成之「**仲裁判斷**」：

(1) 當事人一方為**勞工**時，視為爭議當事人間之（勞動）契約；

(2) 當事人一方為工會時，視為爭議當事人間之**團體協約**。

權利、調整事項仲裁效力表 (6)

當事人	勞工	工會
調整事項	視為爭議當事人間（勞動）契約	視為當事人間**團體協約**
權利事項	與法院之確定**判決**有同一效力。	

表格製作：自創表

五、仲裁委員迴避（勞資爭議處理法 §32）

下列情形之一者，不得擔任同一勞資爭議事件之仲裁委員：

※（一）曾為該爭議事件之調解委員。

（二）本人或其配偶、前配偶或與其訂有婚約之人為事件當事人，或與當事人有共同權利人、共同義務人或償還義務人之關係。

（三）為爭議事件當事人八親等內之血親或五親等內之姻親。

※（四）現為或曾為該爭議事件當事人之代理人或家長、家屬。

※（五）工會為事件當事人者，其會員、理事、監事或會務人員。

（六）雇主團體或雇主為事件之當事人者，其會員、理事、監事、會務人員或其受僱人。

肆、勞資爭議處理：裁決（勞資爭議處理法）

一、裁決要件（勞資爭議處理法 §39）

勞工因《工會法》第三十五條爭議，得向**中央主管機關**申請裁決。

裁決之申請，應自知悉有違反事由或事實發生次日起 **90 日**內為之。

二、不當勞動行為裁決委員會（勞資爭議處理法 §43)(110.4.28 增修）

中央主管機關應組成「**不當勞動行為**裁決委員會」。裁決委員會置裁決委員 7 人至 15 人，均為兼職，其中 1 人至 3 人為常務裁決委員，**任期 2 年**，並由委員互推一人為主任裁決委員。

三、調查事實、作成裁決決定（勞資爭議處理法 §44、45)

裁決委員會指派委員調查事實及必要之證據，作成**調查報告**。

召開裁決委員會，並於開會之日起 30 日內作成「**裁決決定**」；但經裁決委員會應出席委員 1/2 以上同意者得延長之，最長以 30 日為限。

裁決委員會應有 **2/3 以上委員出席**，並經出席委員 **1/2 以上同意**，始得作成「**裁決決定**」。(2/3 出席，1/2 同意）

四、效力（勞資爭議處理法 §49)

依第四十八條第二項**裁決**經法院核定後，與民事確定**判決**有同一效力。

伍、爭議行為程序及限制（勞資爭議處理法）

一、罷工要件（勞資爭議處理法 §5、§53）【105】

勞資爭議，非經<u>「調解」不成立</u>，不得為**「爭議行為」**；但**權利事項**之勞資爭議，不得**「罷工」**。

爭議行為（含罷工、怠工或佔據工廠等）：指勞資爭議期間勞工所為之罷工等，以妨礙事業正常運作之行為。

罷工：指勞工**暫時**拒絕提供勞務之行為。

二、罷工程序、不得罷工勞工（勞資爭議處理法 §54)

工會非經會員以 **(1) 直接 (2) 無記名投票且 (3) 經全體過半數同意**，不得宣告**罷工**。

（一）教師、（二）國防部及其所屬機關（構）、學校之勞工，**不得罷工**。

三、特定對象罷工約束（勞資爭議處理法 §54)

影響 (1) 大眾生命安全、(2) 國家安全或 (3) 重大公共利益之事業，勞資雙方應約定**「必要服務條款」**，工會始得宣告<u>罷工</u>：

「必要服務條款」，事業單位應於約定後，送行政院**「目的事業主管機關」**（如經濟部、財政部、衛福部）備查。

（一）自來水事業。（二）電力及燃氣供應業。（三）醫院。

（四）經營銀行間資金移轉帳務清算之**金融資訊服務業**與**證券期貨交易**⋯及其他辦理支付系統業務事業。

四、爭議行為原則及求償（勞資爭議處理法 §55)

爭議行為應依 **(1) 誠實信用**及 **(2) 權利不得濫用原則**（含暴行）為之。

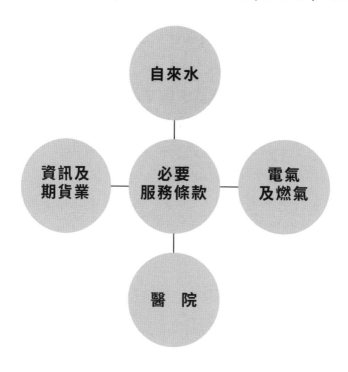

繪圖製作：自繪圖 必要服務條款產業圖

勞資爭議雇主團體、工會、勞工違規罰鍰表 (7)

違規事項	罰鍰
§62 雇主或雇主團體違反不利於勞工之行為	處 20~60 萬元罰鍰
§62 工會調解及仲裁期間違反不利於勞工之行為	處 10~30 萬元罰鍰
§62 勞工違反不利於雇主行為	處 1~3 萬元罰鍰
§63 違反調解（仲裁），為虛偽說明或提供不實資料者	處 3~15 萬元罰鍰
§63 違反拒絕調解人（仲裁人）或調解（仲裁）委員進**入事業單位者**	處 1 萬元以上 5 萬元以下罰鍰
§63 勞資雙方當事人無正當理由未依通知**出席調解會議者**	處 2 千元以上 1 萬元以下罰鍰

表格製作：自創表

【實例 1】

月子餐員工燙傷腿！控公司態度反覆 雙方將對簿公堂

2023/05/05 中時 洪靖宜、崔正綱

高雄 1 名蔣姓女子在高雄 1 家月子餐公司工作，今年 3 月 8 日在廚房遭滑落蒸籠燙傷左腳，家人控訴不僅事發當下沒叫救護車，公司還要求勿通報職災，醫藥費遲遲未處理。

但公司則否認，強調該負責的醫藥費都有支付。

【實例 2】

博客來遭勞檢

2022/12/27 工商時報 邱琮皓

博客來遭律師陳又新踢爆以「承攬契約」與清潔婦簽約 20 年。

勞動部 26 日表示，職安署北區職安中心會同北市勞動局派員進行勞動檢查，經查發現博客來未製備勞工名卡、工資清冊與給予特別休假，將依法進行處分，合計最高可處 300 萬元罰鍰。

另外未投保勞健保部分，也將分別函請權責機關處理。

第九章 退休制度（新、舊制）

壹、退休制度簡介（勞動基準法、勞工退休金條例）

一、退休制度演變沿革

94 年 7 月 1 日《勞工退休金條例》實施後，因勞工適用法規不同，而有不同的（新、舊制）退休制度，簡介如下表 (1)：

勞工退休制度簡介表 (1)

項目 法源	退休 形式	退休要件 (Age，Yj)	退休給付	退休金提撥方式
勞動基準法	自請 退休	(60，10) (55，15)	按 Yj，每滿 1 年給與 2Wa。超過 15 年 Yj，每滿 1 年給與 1Wa。	按月提撥，提撥至**台灣銀行**專戶。
	強制 退休	(65，--) (-，身心障礙)		
勞工 退休金條例	**月退 休金**	(60，滿 15)	PA 及 PB，依年金生命表**每 3 個月**發給。	・個人退休金專戶（勞保局） ・**年金保險制**（保險公司）
	一次 退金	(60，未滿 15)	PA+PB，**一次**發給。	

表格製作：自創表；工作年資 (Yj)、PA ＝本金及 PB ＝累積收益

貳、舊制退休制度（勞動基準法、勞基法施行細則）

一、自請退休（勞動基準法 §53，Ir=Age+Yj)【104】

勞工有下列情形之一者，得**自請**退休：

（一）年滿 60 歲、工作 10 年以上者。

（二）年滿 55 歲、工作 15 年以上者。

（三）工作 25 年以上者。（年齡不限）

二、強制退休（勞動基準法 §54)【108】

勞工非有下列情形之一者，雇主不得**強制**其退休：

（一）**年滿 65 歲者。**(65 歲，工作年資不限）

（二）身心障礙**不堪勝任工作者**。（年齡、工作年資）均不限

三、退休金給與標準（勞動基準法 §55)【104】

勞工退休金之給與標準如下，雇主應於勞工退休之日起 **30 日內**給付：

（一）按「工作年資」，每滿一年給與 **2 個**基數 (2Wa)；但超過 15 年工作年資，每滿一年給與 **1 個**基數，最高總數 **45 個**基數為限。

　　換言之，《勞動基準法》計算勞工「工作年資」以 30 年**為限**。

（二）**未滿半年者以半年計；滿半年者以一年計。**

（三）強制退休勞工，其**身心障礙**係因執行職務所致者，依規定**加給 20%**。【112-3】

勞工退休金「基數標準」，係指核准退休時**一個月「平均工資」**。

退休給付標準表 (2)

工作年資　　給付	給付單位	給付標準	小計	合計
Yj = 1-15 年	2Wa	2Wa ＊ 15 ＝ 30Wa	30Wa	……
Yj = 16-30 年	1Wa	1Wa ＊ 15 ＝ 15Wa	15Wa	45 Wa

表格製作：自創表，(Yj = 工作年資、Wa = 平均工資)

四、勞工退休準備金評估及提撥差額（勞動基準法 §56）【111-3】

雇主應於**每年年度終了前**（約該年度 11、12 月），估算前項「勞工退休準備金專戶」餘額 B，該餘額不足給付「次一年度」內 (1)**自請退休**及 (2)**65 歲屆齡強制退休**的退休退休金 A，雇主應於**次年度 3 月底前**一次提撥其差額 (A-B 差額)：

勞工退休準備金評估及提撥差額表 (3)

113 年 11、12 月 OO 公司勞工退休準備金監督委員會	114 年 3 月底 「台灣銀行」OO 公司勞工退休準備金監督委員會帳戶
評估： （一）雇主估算「勞工退休準備金監督委員會**帳戶**」餘額 B （二）計算 114 年 (1)、(2) 勞工退休金： 　　(1) **自請退休** (2)**65 歲強制退休** 　　(1)+(2) **退休金應給付金額 = A**	**若 A>B**；則雇主應於 114 年（**次年度**)3 **月底前**一次提撥 A-B **金額**儲存於「OO 公司勞工退休準備金監督委員會**帳戶**」

表格製作：自創表

五、請領時效（勞動基準法 §58）

勞工請領**退休金**之權利，自退休之次月起，因 **5 年間**不行使而消滅。

六、舊制轉換新制及轉換限制（勞工退休金條例 §8、10）

《本條例》施行前已適用《勞動基準法》勞工，於《本條例》施行後仍服務於同一事業單位者，得選擇繼續適用《勞動基準法》之退休金規定。

但於離職後再受僱時，應適用《本條例》退休金制度。

勞工適用《本條例》之退休金制度後，不得再變更選擇適用《勞動基準法》之退休金規定。

七、舊制工作年資保留（勞工退休金條例 §11）

本條例施行前已適用《勞動基準法》勞工，於《本條例》施行後，仍服務於同一事業單位而選擇適用《本條例》之退休金制度者，其適用《本條例》前之工作年資，應予保留。

參、個人退休金專戶制 (新制之一)(適用 勞工退休金條例)

一、個人退休金專戶制 (勞工退休金條例 §6)

雇主應為適用《本條例》**(受僱) 勞工**，按月提繳退休金，儲存於**勞保局**設立之個別勞工「**個人退休金專戶**」。

二、個人退休金專戶制 (一)(強制提撥)(勞工退休金條例 §7)

(一)(二)(四) 適用《**勞動基準法**》**受僱勞工**適用《**本條例**》：

(一) 本國籍**勞工**。

(二) 與我境內設有戶籍國民結婚，且獲准居留而在臺灣地區**工作**之**外國人、大陸地區人民**。

(四) 外國人擁「永久居留 (權)」，且在臺灣地區工作者。

三、(強制雇主為勞工) 提撥率 6%(勞工退休金條例 §14、15)【108-3、112-2】

雇主**應**為第七條受僱勞工**負擔**提繳之退休金，**不得低於**勞工每月工資 6%(依「分級表」之勞工退休金月提繳工資 6%)。

受僱勞工，得在其每月工資 **1-6% 範圍內**，<u>自願 (加) 提</u>繳退休金；不計入提繳**年度薪資所得**課稅。

勞工退休金提繳率表 (4)

強制 / 加提　　　　L 勞工 E 雇主	L 勞工	E 雇主 (從事勞動、自營作業、受委任工作者)
E 應為 **L 提**繳	6% 以上	……
E 自願**提**繳	……	6% 以上
L 自願**加提**	1~6%	……
E 自願**加提**	……	1~6%
合計	6~12%	6~12%

表格繪製：自創表，L：受僱勞工，E 雇主 (從事勞動、自營作業、受委託者)

四、個人退休金專戶制 (二)(自願提撥)(勞工退休金條例 §7)【107、108-3】

具有 (1) 本國籍、(2) 與我國境內設有戶籍國民結婚，且獲准居留而在臺灣地區**工作**之**外國人及 (3) 大陸地區人民、(4) 外國人擁「永久居留 (權)」(國籍) 身份**，且在臺灣地區工作者之 **(A)-(D)** 者具有下列 (工作) 身份，**得自願**依本條例**提繳 6%** 退休金：

(A) 實際從事勞動之雇主。　　　**(B) 自營作業者。**

(C) 受委任工作者。　　　(D) 不適用《勞動基準法》勞工。

繪圖製作：自繪圖，自願提繳 6% 退休金 4 種工作身份者

(1) 實際從事勞動雇主 (2) 自營作業者 (3) 受委任工作者，得在其每月執行業務所得 **1-6% 範圍內，自願 (加) 提**繳退休金；不計入提繳**年度執行業務收入**課稅。

五、提撥薪資 (勞工退休金條例 §9、35-2、勞工退休金條例施行細則∫ 15)

由雇主按勞工「每月工資總額」，依「**月提繳工資分級表**」月提繳工資，向勞保局申報 (參 113.1.1「**勞工退休金月提繳工資分級表**」)

勞工每月工資如不固定者，以**最近 3 個月工資**之平均為準。

雇主選擇適用者、《本條例》施行後新成立之事業單位，應於 **15 日內**申報。【112-2】

退休金開始提繳表 (5)

情況 \ 日期	7 日內申報	15 日內申報
本條例公布後至施行前期間，勞工書面同意選擇適用本條例	…	Ö
本條例施行，5 年內選擇適用本條例	…	Ö
本條例施行後新成立之事業單位	…	Ö
實施年金保險者應於勞工選擇變更	…	Ö

表格製作：自創表，(Ö 表示申報日期)

六、提撥率調整 (勞工退休金條例 §15)

於同一雇主或自願提繳者，一年內調整勞工退休金之提繳率，以 2 次為限。

七、停止提撥率 (勞工退休金條例 §16、18)【112-3】

勞工退休金自勞工到職之日起提繳至離職當日止。但選擇適用本條例之退休金制度者，其提繳自選擇適用之日起至離職當日止。

雇主應於勞工到職、離職、復職或死亡之日起 7 日內，列表通知勞保局，辦理**開始**或**停止**提繳手續。【112-2】

本條例實施後退休金開始或停止提繳表 (6)

情況 \ 日期	7 日內申報	15 日內申報
到職、復職提繳	Ô	…
離職、死亡停繳	Ô	…
留職停薪、入伍服役、因案停職停繳	Ô	…

表格製作：自創表，(Ô 表示申報日期)

※ 八、暫停提繳條件 (勞工退休金條例 §20)【112-2】

勞工 **(1) 留職停薪、(2) 入伍服役、(3) 因案停職**，雇主應於發生事由之日起 **7 日內**向勞保局申報**停止**提繳退休金。

九、領取條件 (勞工退休金條例 §23、24)【112-2】

勞工年**滿 60 歲**，得依下列規定之方式請領退休金：

勞工請領月退休金、一次退休金條件表 (7)

申領條件 \ 退休金方式	**月**退休金	**一次**退休金
(60 歲，工作年資滿 15 年)	Ö	Ö
(60 歲，工作年資未滿 15 年)	…	Ö

表格製作：自創表，(Ö 表示勞工得申領)

※ 十、退休後繼續工作再提繳 (勞工退休金條例 §24-1)

勞工領取退休金後繼續工作者，其提繳年資重新計算，雇主仍應提繳勞工退休金。

勞工領取年資重新計算之退休金，一年以一次為限。

※ 十一、請求賠償 (勞工退休金條例 §31)

雇主未依本條例**提繳**勞工退休金，勞工得向雇主請求損害賠償。

請求權，自勞工離職時起，因 **5 年**間不行使而消滅。

十二、勞工死亡退休金遺屬請領 (勞工退休金條例 §26、27、28)

勞工於請領退休金前死亡者，應由其遺屬請領人請領一次退休金。

已領取月退休金勞工，於未屆平均餘命前死亡者，其退休金專戶結算賸餘金額，由其遺屬請領人領回。

勞工之遺屬或指定請領人退休金請求權，自得請領之日起，因 10 年間不行使而消滅。

雇主違反退休金規定及罰鍰表 (8)

§45	受委託運用勞工退休基金之機構,將勞工退休基金用於非指定之投資運用項目者。	處 200~1000 萬元罰鍰,並應限期令其附加利息歸還。
§45-1	雇主違反第十一條第二項或第十二條第一項、第二項規定之給與標準或期限。	處 30~150 萬元以下罰鍰;屆期未給付者,應按次處罰。
§48	事業單位違反第四十條規定,拒絕提供資料或對提出申訴勞工為不利處分者。	處 3 萬 ~30 萬元罰鍰。
§49	雇主未辦理申報提繳、置備名冊或保存文件,經限期改善,屆期未改善者。	處 2 萬 ~10 萬元罰鍰,並按月處罰至改正為止。
§50	雇主未繼續按月提撥勞工退休準備金者。	處 2~30 萬元罰鍰,並應按月處罰。
§53	雇主未按時提繳或繳足退休金者,自期限屆滿次日起至完繳前一日止,每逾一日加徵提繳金額 3% 滯納金至應提繳金額之一倍為止。	
§53-1	雇主違反本條例,經主管機關或勞保局處以罰鍰或加徵滯納金者,應公布其事業單位名稱、負責人姓名、違反條文及處分金額…。	
§54	加徵之滯納金及所處之罰鍰,受處分人應於收受通知日起 30 日內繳納;屆期未繳納者,依法移送行政執行。	

勞工退休金月提繳分級表

中華民國 112 年 10 月 18 日勞動部勞動福 3 字第 1120153650 號令修正發布,自 113 年 1 月 1 日生效

級距	級	實際工資 / 執行業務所得	月提繳工資 / 月提繳執行業務所得	級距	級	實際工資 / 執行業務所得	月提繳工資 / 月提繳執行業務所得
第 1 組	1	1,500 元以下	1,500 元	第 7 組	36	45,801 元至 48,200 元	48,200 元
	2	1,501 元至 3,000 元	3,000 元		37	48,201 元至 50,600 元	50,600 元
	3	3,001 元至 4,500 元	4,500 元		38	50,601 元至 53,000 元	53,000 元
	4	4,501 元至 6,000 元	6,000 元		39	53,001 元至 55,400 元	55,400 元
	5	6,001 元至 7,500 元	7,500 元		40	55,401 元至 57,800 元	57,800 元
第 2 組	6	7,501 元至 8,700 元	8,700 元	第 8 組	41	57,801 元至 60,800 元	60,800 元
	7	8,701 元至 9,900 元	9,900 元		42	60,801 元至 63,800 元	63,800 元
	8	9,901 元至 11,100 元	11,100 元		43	63,801 元至 66,800 元	66,800 元
	9	11,101 元至 12,540 元	12,540 元		44	66,801 元至 69,800 元	69,800 元
	10	12,541 元至 13,500 元	13,500 元		45	69,801 元至 72,800 元	72,800 元
第 3 組	11	13,501 元至 15,840 元	15,840 元	第 9 組	46	72,801 元至 76,500 元	76,500 元
	12	15,841 元至 16,500 元	16,500 元		47	76,501 元至 80,200 元	80,200 元
	13	16,501 元至 17,280 元	17,280 元		48	80,201 元至 83,900 元	83,900 元
	14	17,281 元至 17,880 元	17,880 元		49	83,901 元至 87,600 元	87,600 元
	15	17,881 元至 19,047 元	19,047 元	第 10 組	50	87,601 元至 92,100 元	92,100 元
	16	19,048 元至 20,008 元	20,008 元		51	92,101 元至 96,600 元	96,600 元
	17	20,009 元至 21,009 元	21,009 元		52	96,601 元至 101,100 元	101,100 元
	18	21,010 元至 22,000 元	22,000 元		53	101,101 元至 105,600 元	105,600 元
	19	22,001 元至 23,100 元	23,100 元		54	105,601 元至 110,100 元	110,100 元
第 4 組	20	23,101 元至 24,000 元	24,000 元	第 11 組	55	110,101 元至 115,500 元	115,500 元
	21	24,001 元至 25,250 元	25,250 元		56	115,501 元至 120,900 元	120,900 元

級距	級	實際工資／執行業務所得	月提繳工資／月提繳執行業務所得	級距	級	實際工資／執行業務所得	月提繳工資／月提繳執行業務所得
	22	25,251 元至 26,400 元	26,400 元		57	120,901 元至 126,300 元	126,300 元
	23	26,401 元至 27,470 元	27,470 元		58	126,301 元至 131,700 元	131,700 元
	24	27,471 元至 27,600 元	27,600 元		59	131,701 元至 137,100 元	137,100 元
	25	27,601 元至 28,800 元	28,800 元		60	137,101 元至 142,500 元	142,500 元
第 5 組	26	28,801 元至 30,300 元	30,300 元		61	142,501 元至 147,900 元	147,900 元
	27	30,301 元至 31,800 元	31,800 元		62	147,901 元以上	150,000 元
	28	31,801 元至 33,300 元	33,300 元				
	29	33,301 元至 34,800 元	34,800 元				
	30	34,801 元至 36,300 元	36,300 元				
第 6 組	31	36,301 元至 38,200 元	38,200 元				
	32	38,201 元至 40,100 元	40,100 元				
	33	40,101 元至 42,000 元	42,000 元				
	34	42,001 元至 43,900 元	43,900 元				
	35	43,901 元至 45,800 元	45,800 元				

備註：

一、本表依勞工退休金條例第十四條第五項規定訂定之。

二、本表月提繳工資／月提繳執行業務所得金額以新臺幣元為單位，角以下四捨五入。

肆、年金保險退休金制（新制）（適用勞工退休金條例）

一、年金保險制度（勞工退休金條例 §35）【111-3】

事業單位得辦理符合保險法規定之**年金保險**：

（一）僱用 **200 人**以上（二）經**工會**同意（三）勞工選擇「**年金保險**」。

二、提撥率（勞工退休金條例 §36）

雇主每月負擔之年金保險費，不得低於勞工每月工資 6%。

※ 三、變更原適用之退休金制度（勞工退休金條例 §35-2）

實施年金保險之事業單位內適用《本條例》勞工，得以一年一次為限，向勞保局及保險人申報。

四、變更原適用之退休金制度（勞工退休金條例 §38）

勞工離職後再就業，新舊雇主開辦或參加之年金保險提繳率不同時，其差額由勞工自行負擔。但新雇主自願負擔者，不在此限。

勞工離職再就業，前後適用不同退休金制度時，選擇移轉年金保險之保單價值準備金至個人退休金專戶，或個人退休金專戶之本金及收益至年金保險者，應全額移轉，且其已提繳退休金之存儲期間，不得低於 4 年。

【實例 1】

勞退自提 6% 差多少？退休金暴增 1 倍

2023/04/16 中時新聞網 蔡宗倫

隨著勞保壟罩破產危機，政府不斷提倡「勞退自提」的好處，既能為退休多存一桶金，又有節稅效果，但自提 6% 後，究竟能領多少？

但勞退因為是個人專戶，則不會有這種問題，還提供民眾額外提撥 1% 至 6% 的選擇。

舉例來說，A 先生投保薪資為 40,100 元，預設退休金投資報酬率、個人薪資成長率皆為 3%，工作年資預設 35 年，若無自提，預估每月可領 15,825 元，一次領為 2,860,559；若選擇最大上限自提 6%，每月估可領 31,650 元，一次領為 5,721,117 元；差距顯而易見。

新制勞退投資收益有 2 年定期存款利率的保證收益，且如果超過保證收益，會全部分配至勞工個人專戶。(節本)

【實例 2】

新舊制勞退差很多 全產總促雇主提繳 12%

2023/09/01 中國時報 林良齊

中華電信工會此次訴求之一為提高勞退雇主提繳至 15%，盼保障退休生活。

全產總表示，新制勞退「雇主提繳應至 12%」。

工總白皮書建議提高「勞工退休金條例」勞工自提比率至 10%以上。

依《勞工退休金條例》規定，新制雇主每月要提繳至少 6%，若以工作 30 年後退休試算，舊制雇主要給付 45 個月薪資，新制只要提撥 21.6 個月薪資，亦即新制讓老闆省了近 2 年的薪資（節本）。

第十章 勞工保險及給付

壹、保險種類及被保險人（勞工保險條例）

一、普通事故保險給付（勞工保險條例 §2）

為監督 (1) 勞工保險業務及 (2) 審議保險爭議事項，由政府、勞工、資方代表及專家各佔 1/4 為原則，組織「勞工保險監理委員會」。

《勞工保險條例》「普通事故保險」，其各種給付種類如下：普通事故保險：生育、傷病、失能、死亡、老年給付。

※ 111 年 5 月 1 日勞工之職業災害保險，適用《勞工職業災害保險及保護法》（簡稱《災保法》）。

勞工保險 5 大給付種類表 (1)

保險類別	給付類別
普通事故保險	1. 生育 **2. 傷病 3. 失能 4. 死亡** 5. 老年給付
職業災害事故保險	1. 醫療 **2. 傷病 3. 失能 4. 死亡** 5. 失蹤給付

表格製作：自創表

二、強制被保險人（勞工保險條例 §6)(保險：投保單位、被保險人、保險人)

凡年滿 **15 歲以上 65 歲以下**勞工 (含在職外國籍員工)，應以其 (1) **雇主**或 (2) 所屬**團體**或 (3) **機構**為「**投保單位**」(參 表 (2))，全部參加 (指強制投保) 勞工保險為被保險人：

※(一) 受僱於僱用勞工 5 人以上之公、民營工廠、礦場、鹽場、農場、牧場、林場、茶場之產業勞工及交通、公用事業之員工。

※(二) 受僱於僱用 5 人以上公司、行號之員工。

※(三) 受僱於僱用 5 人以上之新聞、文化、公益及合作事業之員工。

(四) 依法不得參加公務人員保險或私立學校教職員保險之政府機關及公、私立學校之員工。

(五) 受僱從事漁業生產之勞動者。

※(六) 在政府登記有案之職業訓練機構接受訓練者。

※(七) 無一定雇主或自營作業而參加職業工會者。

(八) 無一定雇主或自營作業而參加漁會之甲類會員。

三、準適用勞保對象（勞工保險條例 §8）

下列人員得「準用」本條例之規定，參加勞工保險：

(一) 受僱於第六條第一項各款規定各業以外之員工。

(二) 受僱於僱用未滿 5 人之第六條第一項 (一) 至 (三) 款員工。

(三) 實際從事勞動之雇主。

(四) 參加海員總工會或船長公會為會員之外僱船員。

前項人員參加保險後，非依本條例規定，不得中途退保。

四、續保對象 (勞工保險條例 §9)

被保險人有下列情形之一者，「**得**」繼續參加勞工保險：

(一) 應徵召服兵役者。

(二) 派遣出國考察、研習或提供服務者。

(三) 因傷病請假致留職停薪，普通傷病未超過一年。

※(四) **在職勞工，年逾 65 歲繼續工作者。**

(五) 因案停職或被羈押，未經法院判決確定者。

五、保險效力 (勞工保險條例 §11)

各投保單位應於其所屬勞工 **(1) 到職 (2) 入會 (3) 到訓**當日，列表**通知保險人**；其保險效力之**開始**，均自應為通知之**當日**起算。

所屬勞工 (4) 離職、(5) 退會、(6) 結訓之當日，列表通知保險人；其保險效力之停止，均自應為通知之當日起算。

但投保單位**非**於勞工到職、入會、到訓之當日列表通知保險人者，除依規定處罰外，其保險效力之開始，均自**通知之翌**日起算。

投保單位所屬勞工加、退保及效力表 (2)

加退保＼雇主效力	雇主	職業工會	職訓機構	保險效力	
				當日生效	**加退保翌日生效**
加保	到職	入會	到訓	當日加退保	非當日加退保
退保	離職	退會	結訓		

表格製作：自創表

六、員工到 (離) 職日逢放假日、晚班加 (退) 保 (勞工保險條例施行細則 ∫ 14)

勞工於 (一)、(二) 時間到職，投保單位至遲於「**次一上班日**」將 (1) 加保申報表及 (2) 到職證明送交勞保局，其保險效力，自勞工**到職之當日零時**起算：(參 表 (3))

(一) 勞保局依法放假之日。(如遊樂園、百貨業、動物園等…)

(二) 到職當日 17 時後至 24 時前。(如保全、發電、石化、煉鋼業等)

到職時間、投保期日表 (3)

方式＼到職時間	到職日		到職工作時段	
	非休假	放假	08：00-17：00	17：00-24：00
放假、晚班報到	XX	Δ	XXX	Δ
平日報到	U	XX	U	XXX

表格製作：自行創表 Δ：表示投保單位應於「**次一上班日**」投保

貳、保險費及違規罰鍰

一、保險費 (率)(勞工保險條例 §13)【101、110】

本保險之保險費，依被保險人「**當月投保薪資**」及**保險費**率計算。

普通事故保險費率,被保險人當「月投保薪資」7.5%至13%,並自105當年起,每2年調高0.5%至上限13%。

【實例】勞工每月保險費計算:勞工每月投保薪資 (Wins=33,300元)

33,300元 ×11% = 3,663元/月 ×100%

勞工保險費之分攤:

雇主、勞工分攤、政府補貼金額,計算如下:

(雇主分攤) 3,663元/月 ×70% =2,564元/月

(勞工分攤) 3,663元/月 ×20% = 733元/月

(政府補貼) 3,663元/月 ×10% = 366元/月

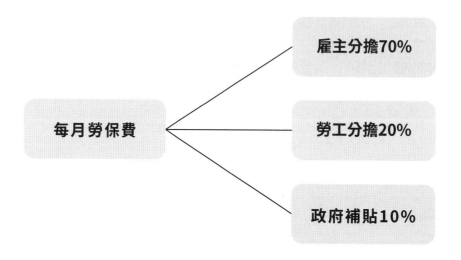

繪製圖:勞保費分攤圖

二、月投保薪資 (勞工保險條例 §14)

「**月投保薪資**」指由**投保單位**按<u>被保險人</u>之**月薪資總額**,依「**投保薪資分級表**」(表(4)),向<u>保險人</u>申報之薪資。

被保險人之薪資,如<u>在當年 **2月至7月**調整</u>時,投保單位應於當年8月底前將調整後之月投保薪資通知保險人;如<u>在當年 **8月至次年1月**調整</u>時,應於次年2月底前通知保險人,自通知**次月 (9、3月)1日生效**。

三、保險費負擔 (勞工保險條例 §15)【108、109】

被保險人普通事故保險費分攤簡表 (4)

被保險人＼項目	保險類別	保險費分攤比率		
		雇主	勞工	政府
§6-1 項 1～6 款 (5 人以上雇主)	普通事故保險費	70%	20%	10%
§6-1 項 7 款 (職業工會)	普通事故保險費	---	60%	40%

表格製作:自創表

勞工保險投保薪資分級表 (5)

勞工保險投保薪資分級表		自 113 年 1 月 1 日施行
投保薪資等級	月薪資總額	月投保薪資
第 1 級	**27,470 元以下**	**27,470 元**
第 2 級	27,471 元至 27,600 元	27,600 元
第 3 級	27,601 元至 28,800 元	28,800 元
第 4 級	28,801 元至 30,300 元	30,300 元
第 5 級	30,301 元至 31,800 元	31,800 元
第 6 級	31,801 元至 33,300 元	33,300 元
第 7 級	33,301 元至 34,800 元	34,800 元
第 8 級	34,801 元至 36,300 元	36,300 元
第 9 級	36,301 元至 38,200 元	38,200 元
第 10 級	38,201 元至 40,100 元	40,100 元
第 11 級	40,101 元至 42,000 元	42,000 元
第 12 級	42,001 元至 43,900 元	43,900 元
第 13 級	43,901 元以上	45,800 元

四、投保單位違規罰鍰（勞工保險條例 §72）

投保單位違規罰鍰表 (6)

違規事項	罰鍰
§70 以詐欺或其他不正當行為領取保險給付或為虛偽之證明、報告、陳述及申報診療費用者按其領取保險給付或診療費用處以 2 倍罰鍰。	
§71 勞工不參加勞工保險及辦理勞工保險手續者	處 100 元 ~500 元罰鍰
§72 投保單位未為勞工投保，按自僱用日起（起日），至 (1) 參加保險前一日或 (2) 勞工離職日止（迄日）應負擔保險費，處 4 倍罰鍰。	
投保單位被保險人保險費，由被保險人負擔者，按應負擔保險費金額，處 2 倍罰鍰。	
§73 投保單位將投保薪資金額以多報少或以少報多者，自事實發生之日起，按其短報或多報之保險費金額，處四倍罰鍰，並追繳其溢領給付金額。	

參、平均月投保薪資

新、舊制「平均月投保薪資」計算方式表 (7)

	給付項目	「平均月投保薪資」計算方式
新制 (98.1.1 起)	老年年金	按被保險人加保期間最高 60 個月（任選 5 年投保年資）月投保薪資予以平均計算。(優)
	老年一次金	
舊制 (97.7.17 前)	一次請領老年給付	按其退保之當月起**前 3 年之月投保薪資**平均計算。

表格製作：自創表

※ 一、「平均月投保薪資」計算（勞工保險條例 §19）《新制 98.1.1 實施》

「平均月投保薪資」之計算方式如下：

請領**老年年金**給付及**老年一次金**給付之「**平均月投保薪資**」：按被保險人**加保期間**最高 **60 個月**（任選 5 年投保年資）之月投保薪資予以平均計算。

二、平均月投保薪資計算（勞工保險條例 §19）《舊制 97.7.17 前》

「**平均月投保薪資**」之計算方式如下：

選擇「**一次請領老年給付**」之「**平均月投保薪資**」：按其退保之當月起**前 3 年**之月投保薪資平均計算。

三、請求權（勞工保險條例 §30）

領取保險給付之請求權，自得請領之日起，因 **5 年間**不行使而消滅。

肆、傷病給付

一、普通傷害補助費及發給標準（勞工保險條例 §33、§35）【104、108】

被保險人遭遇普通傷害或普通疾病「**住院診療**」，以致未能取得原有薪資，自不能工作**第 4 日**起，發給普通**傷害**補助費或普通**疾病**補助費。

普通傷害補助費及普通**疾病**補助費，均按：

1. 被保險人「**平均月投保薪資**」50% 發給，以 **6 個月**為限。

2. 傷病事故前參加「**保險年資**」合計**已滿一年者**，再給付 **6 個月**。

傷病給付表 (8)

	第一次給付	第二次給付
普通事故	.... Winsa×50% 每半個月發給一次 發給 6 個月	※Yins ≧ 1 年 Winsa×50% 每半個月發給一次 發給 6 個月

表格製作；自創表；Winsa= 平均月投保薪資、Yins= 勞保之保險年資

伍、失能年金給付（勞工保險條例）

一、普通傷害或普通疾病之失能年金給付要件、標準（勞工保險條例 §53、57)

被保險人遭遇普通傷害或罹患普通疾病，經治療後，再行治療仍不能期待其治療效果，經保險人自設或特約醫院診斷為「永久失能」，並符合失能給付標準規定者，依給付標準，請領「失能補助費」。

被保險人普通傷害或普通疾病，經評估為「**終身無工作能力者**」（指不再具有任何工作能力而須退出職場），得請領「**失能年金給付**」。

給付標準，依被保險人「**保險年資**」**(Yins)** 計算，每滿一年，發給其「**平均月投保薪資**」**(Winsa)** 乘以 1.55%，並乘以「**保險年資**」**之金額發給**；金額不足 4,000 元者，按 4,000 元發給。【110-1】

失能年金給付：P=Winsa×1.55%×Yins ≧ **4,000 元**

被保險人經評估為終身無工作能力，領取失能年金給付者，應由保險人逕予退保。

二、眷屬補助（勞工保險條例 §54 之 2)【108】

請領「**失能年金給付**」者，同時有符合下列條件之眷屬時，每一人**加發失能年金 25%** **之眷屬補助**，**最多加計 50%**：

（一）配偶應年滿 55 歲且婚姻關係存續一年以上。

※（二）配偶應年滿 45 歲且婚姻關係存續一年以上，且每月工作收入未超過**投保薪資分級表**第一級。

（三）子女應符合下列條件之一。（**養子女**須有收養關係 6 個月以上）：

　　1. 未成年。 2. 無謀生能力。 3. 25 歲以下，在學，每月工作收入未超過「**投保薪資分級表**」第一級。

三、保險人審核失能給付時之複檢（勞工保險條例 §56)

被保險人領取**失能年金**給付後，保險人應至少**每 5 年**審核其**失能程度**。

陸、老年年金給付（新制）（勞工保險條例）

※ 一、老年年金給付條件（勞工保險條例 §58 第 1 項）

年滿 64 歲有保險年資者，得（一）（二）請領老年年金給付：(**64 歲、15 年**)

（一）保險年資合計滿 15 年者，請領**老年年金**給付。

※（二）擔任具有危險、堅強體力等特殊性質之工作合計滿 15 年，年滿 55 歲，並辦理離職退保者，得請領老年年金給付。

（三）保險年資合計未滿 15 年者，請領**老年一次金**給付。

（老年年金請領年齡，於本條例 98 年 1 月 1 日施行之日起，**第 10 年** (107 年) 提高 1 歲，其後每 2 年提高 1 歲，以提高至 65 歲為限。）

老年年金請領組合表

年別期間	98-106	107-108	109-110	111-112	**113-114**	**115 年後**
請領組合	(60，15)	(61，15)	(62，15)	(63，15)	**(64，15)**	**(65，15)**

表格製作；自行整理

※ 二、老年年金給付標準 (勞工保險條例 §58 之 1)

老年年金給付，依下列方式擇優發給：

1. 依「保險年資」每滿一年，按其「平均月投保薪資」乘以 0.775%，**並乘以「保險年資」**計算其年金，並**加計 3,000 元**。

2. 依「保險年資」每滿一年，按其「平均月投保薪資」乘以 1.55%，**並乘以「保險年資」**計算其年金。

三、展延及提前給付 (勞工保險條例 §58 之 2)

符合請領老年年金給付條件而延後請領者，每**延後**一年，依老年年金**增給 4%**，**最多增給 20%**。

被保險人**保險年資滿 15 年**，未符合請領老年年金年齡者，得提前 5 年請領，每**提前**一年，依老年年金**減給 4%**，最多**減給 20%**。

老年年金給付及展延或提前給付表 (9)

年金公式	申領年金條件 (Age，Yins)	年金給付
展延 5 年申領	(69 歲，20 年保險年資)	P×120%
展延 1 年申領	(65 歲，16 年保險年資)	P×104%
P=Winsa×1.55%×Yins	(64 歲，15 年保險年資)	P×100%
提前 1 年申領	(63 歲，15 年保險年資)	P×96%
提前 5 年申領	(59 歲，15 年保險年資)	P×80%

表格製作；自創表

柒、遺屬年金給付 (勞工保險條例)

一、請領遺屬年金給付條件之一 (勞工保險條例 §63)

被保險人在**保險有效期間死亡**時，遺有 (1) 配偶 (2) 子女 (3) 父母 (4) 祖父母、受其扶養 (5) 孫子女或受其扶養 (6) 兄弟、姊妹者，符合第二項「**遺屬年金給付**」之五大條件之一者，得請領「**遺屬年金給付**」。

遺屬請領「**遺屬年金給付**」之條件如下：

(一) 配偶符合第五十四條之二第一項第一款或第二款規定者。

(二) 子女符合第五十四條之二第一項第三款規定者。

(三) 父母、祖父母年滿 55 歲，且每月工作收入未超過**投保薪資分級表**第一級者。

(四) 孫子女符合第五十四條之二第一項第三款第一目至第三目規定情形之一者。

（五）兄弟、姊妹符合下列條件之一：

    1. 有第五十四條之二第一項**第三款第一目或第二目**規定情形。

    2. 年滿 55 歲，且每月工作收入未超過投保薪資分級表第一級。

二、請領遺屬年金給付條件之二（勞工保險條例 §63 之 1）

被保險人退保，於領取 (1)「**失能年金給付**」(2)「**老年年金給付**」**期間死亡**者，符合（一）資格遺屬得請領「**遺屬年金給付**」。

※ 三、死亡給付標準（勞工保險條例 §63 之 2、64)

勞工死亡給付標準如下：1. 喪葬津貼 2. 遺屬年金 3. 遺屬津貼。

勞工死亡之喪葬津貼、遺屬年金或津貼給付表 (10)

遺屬別	遺屬給付	喪葬津貼 (A)	遺屬給付（年金或津貼二擇一）	
			遺屬年金 (B)	遺屬津貼 (C)
有遺屬者	**本人亡**	5 個月	**A+B**	**或 A+C**
	父母、配偶亡	3 個月	…	…
	子女年滿 12 歲亡	2.5 個月	…	…
	子女年未滿 12 歲亡	1.5 個月	…	…
無遺屬者		**10 個月**	…	…

表格製作：自創表

（一）**喪葬津貼：**（勞工保險條例 §62)

被保險人死亡按其**「平均月投保薪資」**一次**發給 5 個月**。

但遺屬不符合請領無遺屬者，按其平均月投保薪資一次發給 **10 個月**。

被保險人之**父母、配偶或子女死亡**時，依表 (10) 請領喪葬津貼。

（二）**遺屬年金：**

    1. 勞工保險有效期間死亡請領遺屬年金者：依其保險年資合計每滿一年，**「平均月投保薪資」**乘 1.55%，**並乘「保險年資」**計算年金。

    2. 勞工已領「失能年金」或「老年年金」後死亡請領遺屬年金者：依「失能年金給付」或「老年年金給付」標準計算後金額之半數發給。

（三）**遺屬津貼：**

    1. 保險年資合計未滿 1 年者，按其**「平均月投保薪資」**發給 10 個月。

    2. 保險年資合計已滿 1 年而未滿 2 年者，按其**「平均月投保薪資」**發給 20 個月。

    3. 保險年資合計已滿 2 年者，按其**「平均月投保薪資」**發給 30 個月。

【實例 1】

兩個數據 反映我國勞工早退現象

2023-04-10 經濟日報 江睿智

112 年勞工請領勞保老年年金情況表

金額 項目	申領人數	占比 (%)	備註
10,000 元以下	170,565	10.68	…
10,000-20,000 元	810,927	50.76	…
20,000-30,000 元	529,409	33.14	20,000 元以上占比 38%
30,000-40,000 元	84,416	5.28	
40,000 元以上	2,245	0.14	
平均值	**159.7 萬人**	**1.8 萬元**	…

【實例 2】

加入工會勞保好嗎？專家曝這 3 種人適合

2023/11/09 中時新聞網 邱怡萱

繳了一輩子的勞保，為了就是能在退休生活獲得經濟上的保障，至於勞保加在公司或工會，哪個選擇比較好？

理財專家艾倫教戰，以下 3 種人適合加保職業工會。

(一) 低薪員工

如果是企業員工本身薪水低又無法離職，可以兼職另一份工作變成雙公司加保，或是斜槓讓自己增加第二種勞工身份，以符合申請加入職業工會投保的資格。

(二) 企業雇主

因為企業雇主在自家公司投保勞健保，勞保費自付額除了個人的 20%，還有 70%的企業負擔比例要繳，而且雇主健保費率更是高達 100%。

(三) 自營商和承攬制勞工

自營商是有從事商業行為，大部分是自己經營；至於承攬制勞工，常被稱為接案工作者，官方則稱為「無一定雇主工作者」，這類勞工跟自營商比較不同的點是，承攬工作換取收入，不用做工商登記。

建議上述這些勞工加入工會並投保勞健保。

艾倫並分享職業工會加保的潛規則，即不需要收入證明提高投保薪資，**加保滿一年後可申請每年調高 15%。**

第十一章 就業保險

壹、被保險人、保險費率（就業保險法）

一、被保險人（就業保險法 §5）【110-1】

年滿 **15 歲以上，65 歲以下** 之受僱勞工，應以其雇主或所屬機構為「投保單位」，參加本保險為被保險人：

受僱於 **2 個以上** 雇主者，得 **擇一** 參加本保險。（女性勞工宜選擇投保薪資較高雇主為投保單位加保，以提高育嬰留職停薪津貼）

二、保險費率（就業保險法 §8、§9）【108】

本保險之保險費率，由中央主管機關按被保險人當月之月投保薪資 **1~2%** 擬訂。本保險之保險費率，保險人 **每 3 年應至少精算一次**。

※ 三、保險給付（就業保險法 §10）

本保險之給付，分下列五種：

1. 失業給付。　　　　　　2. 提早就業獎助津貼。
3. 職業訓練生活津貼。　　4. 育嬰留職停薪津貼。
5. 失業被保險人及辦理加保之眷屬「全民健康保險保險費」補助。

貳、失業給付請領條件（就業保險法）

※ 一、失業給付請領條件（就業保險法 §11)(分辨不定期契約、定期契約觀念）

失業給付之請領 **5 大** 條件如下：

※（一）被保險人於「**非自願離職**」（含「**視為非自願性離職**」）、

※（二）辦理退保當 **日前 3 年內**，保險年資合計 **滿 1 年以上**、

（三）具有 **工作能力** 及繼續 **工作意願**、

（四）向公立就業服務機構辦理 **求職登記**、

（五）求職登記日起 **14 日內** (1) 無法 **推介就業** 或 (2) 安排 **職業訓練**。

二、被保險人於「非自願離職」之類型（就業保險法 §11）

※(一) 定期契約（「視為非自願離職」）

被保險人因「**定期契約**」屆滿離職，逾一個月未能就業，且離職前一年內，契約期間合計 **滿 6 個月以上** 者，「**視為非自願離職**」。

（二）不定期契約（「非自願離職」）

非自願離職，指被保險人因 (**不定期契約**)，有下列情事之一者：

1. 投保單位 **關廠**、**遷廠**、休業、解散、破產宣告離職；

2. 因《勞動基準法》第 11 條、第 13 條但書、第 14 條及第 20 條規定各款情事之一離職。

三、推介之工作不接受者，仍得請領「失業給付」（就業保險法 §13）

申請人對公立就業服務機構推介之工作，有下列各款情事之一而不接受者，仍得請領「失業給付」：

（一）工資低於其每月得請領之「失業給付數額」。

（二）工作地點距離申請人日常居住處所 30 公里以上。

四、雇主不開立非自願離職證明處理（勞動基準法 §19、就業保險法 §11）

當勞資雙方對於離職事由存在爭議且勞工無法取得雇主開立之「非自願離職證明」（「服務證明書」）時，向勞務提供地之主管機關申請請求開立「非自願離職證明」勞資爭議調解。

勞工檢具調解會議紀錄向公立就業服務機構辦理申請「失業給付」。

※ 五、勞資爭議後返還（就業保險法 §22、§22-1）

申請人與原雇主間因離職事由發生勞資爭議者，爭議結果申請人不符「失業給付」，應於確定日起 15 日內，返還「失業給付」。

六、失業給付標準（一）（就業保險法 §16、§20）【111-1】

「失業給付」自向公立就業服務機構辦理求職登記之第 15 日起算。

非中高齡者或身障者「失業給付」，按其離職辦理本保險退保當月起前 6 個月「平均月投保薪資」60%按月發給，最長發給 6 個月。

中高齡者或身障者（稱 A 類勞工）「失業給付」，按其辦理本保險退保當月起前 6 個月「平均月投保薪資」60%按月發給，最長發給 9 個月。

不同請領期間之失業給付表 (1)

身分 ＼ 年別	中高齡者及身障者	非中高齡者及身障者
3 年內請領	(Winsa×60%，9 月)	(Winsa×60%，6 月)
2 年內請領	(Winsa×60%，9/2 月)	(Winsa×60%，6/2 月)

表格製作：自創表

七、扶養眷屬失業給付加給或職業訓練生活津貼加給（就業保險法 §19-1）

被保險人非自願離職退保後，於請領 (1)「失業給付」(2)「職業訓練生活津貼」期間，有「受扶養之眷屬者」，每人按申請人「平均月投保薪資」10%「加給失業給付」或「加給職業訓練生活津貼」，最多 20%。

受扶養眷屬，指受被保險人扶養之：【110-2、111-1】

無工作收入 (1) 父母、(2) 配偶、(3) 未成年子女、(4) 身心障礙子女。

※ 八、間隔未滿 3 年失業給付標準（例外情況）（就業保險法 §16、§20）【110-3】

領滿給付期間者，自領滿之日起 2 年內再次請領失業給付，其失業給付以發給原給付期間之 1/2 為限。（參 表 (1)）

※ 九、申請人另有工作之工資限制 (就業保險法 §17)

被保險人於失業期間另有工作：

(一) 每月工作收入超過「**基本工資**」者，**不得**請領失業給付；

(二) 每月工作收入未超過「**基本工資**」者，其該月工作收入加上失業給付之總額，超過其「**平均月投保薪資**」80% 部分，應自「**失業給付**」(PU) 中扣除。(Wnew= 每月工作收入、Winsa=「**平均月投保薪資**」)。公式：(**Wnew + PU ≦ 80%×Winsa**)

領取勞工保險傷病給付、職業訓練生活津貼、臨時工作津貼、創業貸款利息補貼或其他促進就業相關津貼者，領取津貼期間，不得同時請領「失業給付」。

參、提早就業獎助津貼 (就業保險法)

一、「提早就業獎助津貼」請領條件 (就業保險法 §11)【104、107】

符合「失業給付」請領條件，於「失業給付」請領期限屆滿前受僱工作，並參加本保險**3 個月以上**。

二、「提早就業獎助津貼」標準 (就業保險法 §18)

按尚未請領「**失業給付**」金額 50%，一次發給「**提早就業獎助津貼**」。

肆、育嬰留職停薪津貼 (就業保險法)

一、育嬰留職停薪津貼請領條件 (就業保險法 §11)

被保險人之保險年資合計**滿一年以上**，子女滿 3 歲前，依〈**性別平等工作法**〉第十六條規定，辦理「**育嬰留職停薪**」。

二、育嬰留職津貼標準 (就業保險法 §19-1、§19-2)

以被保險人「育嬰留職停薪」之當月起前 6 個月「**平均月投保薪資**」60% 計算，「育嬰留職停薪」津貼按月發給，每一子女合計最長發給 6 個月。

※ 三、育嬰留職津貼補助 (育嬰留職停薪薪資補助要點∫ 4、∫ 5)

110 年 7 月 1 日起加發 20%「**育嬰留職停薪薪資**」補助，與「育嬰留職停薪津貼」合併發給，不需要另外提出申請。

勞保局按「**育嬰留職停薪薪資**」補助 (「**平均月投保薪資**」20%) 計算後，與「育嬰留職停薪津貼」(「**平均月投保薪資**」60%) 合併發給。(〔Winsa×(60%+20%)，6 月〕)

【實例 1】

提醒定期契約勞工 失業給付請領權益

勞動部 2022-12-23

計算定期契約勞工是否符合非自願離職條件時，其定期契約期間係採合併計算。舉例：甲君於 111 年 1 月至 4 月從事定期契約工作，同年 8 月至 10 月再受僱從事定期契約工作屆滿離職，逾 1 個月未能就業，因其離職前 1 年內定期契約前後已合計滿 6 個月以上，可視為非自願離職。(節本)

第十二章 勞工職業災害保險及保護法

壹、保險費及保險負擔

一、管理單位(勞工職業災害保險及保護法 §3)

勞工職業災害保險以勞動部勞工保險局為保險人,辦理保險業務。

勞工職業災害保險基金之投資運用管理,勞動基金運用局辦理。

二、被保險人對象(勞工職業災害保險及保護法 §6)

年滿 15 歲以上下列勞工,應以雇主為投保單位,參加本保險為被保險人,納保範圍,「組織型雇主」如下:

(一)依法成立之法人。(如公司)

(二)依法已向目的事業主管機關辦理商業、工廠、礦場、鹽場、農場、畜牧場、林場、茶場、漁業、公用事業、交通事業、新聞事業、文化事業、公益事業、合作事業登記,或其他已向目的事業主管機關辦理登記之廠場或事業單位。

(三)外國公司在我國境內設立之分公司或辦事處。

(四)依《長期照顧服務法》相關規定成立之巷弄長照站或設置社區照顧關懷據點之辦公處。

(五)依法立案、核准或報備之人民團體、短期補習班、訓練機構、宗教團體或公寓大廈管理委員會。

「非組織型雇主」如下:

(一)經專門職業及技術人員考試及格,且依法取得執業資格或開業執照,為執行業務僱用勞工者。(如律師、會計師事務所、醫師診所…)

(二)依法許可或核准營業之攤販或公有市場攤商。

(三)依加值型及非加值型營業稅法規定辦理稅籍登記或經稅捐稽徵機關編配扣繳單位稅籍編號者。

(四)中央或地方公職人員選舉之擬參選人、候選人及當選人,為選務或公職人員職務僱用勞工者。

依《勞動基準法》未滿 15 歲之受僱從事工作者,亦適用之。

下列人員準用參加本保險:

(一)勞動基準法規定之技術生、事業單位之養成工、見習生及其他與技術生性質相類之人。

(二)高級中等學校建教合作實施及建教生權益保障法規定之建教生。

(三)其他有提供勞務事實並受有報酬,經中央主管機關公告者。

三、保險費(勞工職業災害保險及保護法 §16)

本保險之保險費,依被保險人當月「月投保薪資」乘保險費率計算。

本保險費率，分 (1) **行業別**災害費率 (2) **上、下班災害**單一費率 2 種。

自施行之日起，**每 3 年調整一次**。

四、保險費負擔（勞工職業災害保險及保護法 §19）

本保險之保險費負擔，依下列規定辦理：

（一）第六條、第八條、第九條第一項第一款、第二款及第十條規定之被保險人，100% 由投保單位負擔。（除第十條第一項實際從事勞動人員，保險費應自行負擔）

（二）第七條第一款被保險人負擔 60%，40% 中央政府補助。

（三）第七條第二款被保險人負擔 20%，80% 中央政府補助。

（四）第九條第一項第三款被保險人負擔 80%，20% 中央政府補助。

勞工職災保險被保險人及保險費分擔表 (1)

條	條文	保險費分攤比率（§19）
§6	年滿 15 歲以上勞工，應以其**雇主**為投保單位，參加本保險為被保險人： 1. 受僱於領有執業證照、登記雇主。 2. 不得參加公教人員保險、行政法人及公、私立學校受僱員工。	（雇主 100%）
§7	年滿 15 歲以上之下列勞工，應以其**所屬團體**為投保單位，參加本保險為被保險人： 1. 無一定雇主或自營作業而參加職業工會會員 2. 無一定雇主或自營作業而參加漁會甲類會員	· 第七條第一款規定被保險人（勞工 60%、補貼 40%） · 第七條第二款規定被保險人（勞工 20%、補貼 80%）
§8	年滿 15 歲以上，於政府登記有案之職業訓練機構或受政府委託辦理職業訓練之單位接受訓練者，應以其所屬機構或單位為投保單位，參加本保險為被保險人。	（雇主 100%）
§9	下列人員得準用本法規定參加本保險： 1. 受僱於經中央主管機關公告之第六條以外雇主員工。 2. 實際從事勞動雇主。 3. 參加海員總工會、船長公會為會員外僱船員	· 第九條第三款被保險人（勞工 80%、補貼 20%）
§10	第六條至第九條規定以外之受僱員工或**實際從事勞動者**，得由雇主或本人辦理參加本保險。 勞動基準法第四十五條第四項所定之人，得由受領勞務者辦理參加本保險。	· 第六～第九條以外受僱員工（雇主 100%、勞工、補貼） · **實際從事勞動者**得自行負擔（雇主 100%）
§11	第六條至第十條所定參加本保險人員，包括外國籍人員。	

表格製作：自創表

貳、保險給付種類、平均月投保薪資

一、保險之給付種類（勞工職業災害保險及保護法 §26)

本保險 5 大給付（種類）如下：

（一）醫療給付。（二）傷病給付。（三）失能給付。

（四）死亡給付。（五）失蹤給付。

二、保險之給付時效（勞工職業災害保險及保護法 §27)

被保險人於保險效力開始後停止前，遭遇職業傷害或罹患職業病，而發生醫療、傷病、失能、死亡或失蹤保險事故者，得請領保險給付。

被保險人在保險有效期間遭遇職業傷病，於保險效力停止之翌日起算一年內，得請領同一傷病及其引起疾病之醫療給付、傷病給付、失能給付或死亡給付。

三、平均月投保薪資（勞工職業災害保險及保護法 §28)

「平均月投保薪資」應按被保險人發生保險事故之當月起前 **6 個月**實際「月投保薪資」平均計算；未滿 6 個月者，按其實際投保期間之平均月投保薪資計算。

參、職災保險給付

一、傷病給付（勞工職業災害保險及保護法 §42)

被保險人遭遇職業傷病不能工作，致未能取得原有薪資，正在治療中者，自不能工作之日起算第 4 日起，得請領傷病給付。

傷病給付，前 2 個月按被保險人「平均月投保薪資」(100%) 發給，第 3 個月起按被保險人「平均月投保薪資」70% 發給，每半個月給付一次，最長以 2 年為限。

二、失能給付（勞工職業災害保險及保護法 §43、勞工職業災害保險失能給付標準∫3)

被保險人遭遇職業傷病，經治療後，症狀固定，再行治療仍不能改善其治療效果，經診斷為**永久失能**，符合本保險失能給付標準規定者，得按其「平均月投保薪資」，依給付基準，請領「失能**一次金**給付」。

被保險人失能程度，評估下列情形之一者，得請領「失能年金」：

（一）完全失能：按「平均月投保薪資」70% 發給。

（二）嚴重失能：按「平均月投保薪資」50% 發給。

（三）部分失能：按「平均月投保薪資」20% 發給。

被保險人請領失能年金，失能程度應符合下列各款情形之一：

（一）完全失能：符合〈勞保失能標準〉第三條附表第一等級或第二等級失能項目，且終身無工作能力者。

（二）嚴重失能：1. 符合〈勞保失能標準〉第三條附表第三等級之失能項目，且終身無工作能力者 2. 整體失能程度符合失能等級第一～第九等級，工作能力減損達 70% 以上，且無法返回職場者。

（三）部分失能：整體失能程度符合失能等級第一～第九等級，工作能力減損達 50% 以上者。

三、眷屬給付加給條件（勞工職業災害保險及保護法 §44)

請領失能年金者，同時有符合下列各款條件之一所定眷屬，每一人加發依第 43 條第二項規定金額 10% 眷屬補助，最多加發 20%：

（一）配偶應年滿 55 歲且婚姻關係存續一年以上。

（二）配偶應年滿 45 歲且婚姻關係存續一年以上，且每月工作收入未超過投保薪資分級表第一級。

（三）子女應符合下列條件之一，其為養子女者，並須有收養關係六個月以上：(1) 未成年。(2) 無謀生能力。

(3)25 歲以下，在學，且每月工作收入未超過「投保薪資分級表」第一級。

四、死亡給付（勞工職業災害保險及保護法 §49)

被保險人於保險有效期間，遭遇職業傷病致死亡時，支出殯葬費之人，得請領喪葬津貼。

被保險人，遺有配偶、子女、父母、祖父母、受其扶養孫子女或受其扶養兄弟姊妹者，得依第五十二條所定順序，請領「遺屬年金」。

五、喪葬津貼、遺屬年金及遺屬津貼（勞工職業災害保險及保護法 §51)

喪葬津貼、遺屬年金、遺屬一次金及遺屬津貼給付之基準如下：

（一）喪葬津貼：按被保險人「平均月投保薪資」一次發給 5 個月。

但被保險人無遺屬者，按其「平均月投保薪資」一次發給 10 個月。

（二）遺屬年金：

(1) 被保險人於保險有效期間，遭遇職業傷病致死亡時，遺屬請領「遺屬年金」者，按被保險人「平均月投保薪資」50% 發給。

(2) 因領取失能年金被保險人死亡，遺屬請領「遺屬年金」者，依失能年金給付基準計算後金額之半數發給。

（三）遺屬一次金及遺屬津貼：按被保險人「平均月投保薪資」發給 40 個月。

遺屬年金於同一順序之遺屬有 2 人以上時，每多一人加發計算後金額 10%，最多加計 20%。

肆、其他勞動保障

一、續保請領老年給付（勞工職業災害保險及保護法 §77)

參加勞工保險之職業災害勞工，於職業災害醫療期間終止勞動契約並退保者，得以保險人委託之有關團體為投保單位，繼續參加勞工保險，至符合請領老年給付之日止。

二、補助請求權（勞工職業災害保險及保護法 §82)

職業災害勞工請領第 78 條至第 81 條所定津貼或補助之請求權，自得請領之日起，因 **5 年間**不行使而消滅。

三、職業災害未認定前請假（勞工職業災害保險及保護法 §88)

職業災害未認定前，勞工得先請 (1) 普通傷病假；普通傷病假期滿，申請留職停薪者，雇主應予 (2) 留職停薪。

經認定結果為職業災害者，再以 (3) 公傷病假處理。

伍、罰則（勞工職業災害保險及保護法 §82)

§92 以詐欺或其他不正當行為領取保險給付、津貼、補助或為虛偽之證明、及申報醫療費用者，按其領取保險給付、津貼、醫療費用處以 2 倍罰鍰。

§98 投保單位有下列情形之一者，處 2 萬元以上 10 萬元以下罰鍰：

一、違反：將投保薪資金額以多報少或以少報多。

二、經保險人加徵滯納金至應納費額 20%，未向保險人繳納。

§101 本法施行前依法應辦勞工保險而未辦理之雇主，其勞工發生職業災害事故致死亡或失能，經依職業災害勞工保護法發給補助者，處以補助金額相同額度之罰鍰。

勞工職業災害保險投保薪資分級表　　　　　　　　113.1.1

投保薪資等級	月薪資總額	月投保薪資
第 1 級	27,470 元以下	27,470 元
第 2 級	27,471 元至 27,600 元	27,600 元
第 3 級	27,601 元至 28,800 元	28,800 元
第 4 級	28,801 元至 30,300 元	30,300 元
第 5 級	30,301 元至 31,800 元	31,800 元
第 6 級	31,801 元至 33,300 元	33,300 元
第 7 級	33,301 元至 34,800 元	34,800 元
第 8 級	34,801 元至 36,300 元	36,300 元
第 9 級	36,301 元至 38,200 元	38,200 元
第 10 級	38,201 元至 40,100 元	40,100 元
第 11 級	40,101 元至 42,000 元	42,000 元
第 12 級	42,001 元至 43,900 元	43,900 元
第 13 級	43,901 元至 45,800 元	45,800 元
第 14 級	45,801 元至 48,200 元	48,200 元
第 15 級	48,201 元至 50,600 元	50,600 元
第 16 級	50,601 元至 53,000 元	53,000 元
第 17 級	53,001 元至 55,400 元	55,400 元
第 18 級	55,401 元至 57,800 元	57,800 元
第 19 級	57,801 元至 60,800 元	60,800 元
第 20 級	60,801 元至 63,800 元	63,800 元
第 21 級	63,801 元至 66,800 元	66,800 元
第 22 級	66,801 元至 69,800 元	69,800 元
第 23 級	69,801 元以上	72,800 元

【實例 1】

《災保法》守護勞工有保障、雇主善盡加保免觸法

2023-05-30 勞動部新聞稿

《勞工職業災害保險及保護法》111 年 5 月 1 日施行,最新加保人數已逾 1,107 萬人。

截至 112 年 3 月底止,投保單位約 78.6 萬家,較勞保增加 19 萬家;被保險人約 1,107 萬人,較勞保增加 65 萬人。

截至 112 年 5 月 10 日止,《災保法》裁罰件數共 2,082 件,其中未依規定申報員工加保者計 1,553 件 (74.6%),核處罰鍰計 3,106 萬元。(節本)

第十三章 中高齡者及高齡者就業促進法概要

壹、適用對象、主管機關職掌

一、用詞定義（中高齡者及高齡者就業促進法 §3)

（一）中高齡者：指年滿 45 歲至 65 歲之人。

（二）高齡者：指逾 65 歲之人。

二、年齡歧視禁止（中高齡者及高齡者就業促進法 §12)

雇主對求職或受僱之中高齡者及高齡者，不得以「**年齡**」差別待遇。

差別待遇，指雇主因「**年齡**」對求職者或受僱者不利對待。

三、不得予以處分及賠償（中高齡者及高齡者就業促進法 §16、§17)

雇主不得因受僱中高齡者及高齡者（稱「**本法勞工**」）提出 (1) 本法之申訴或 (2) 協助他人申訴，而予以解僱、調職或其他不利之處分。

損害賠償請求權，自請求權人**知有損害及賠償義務人**時起，**2 年**間不行使而消滅。自有**違反行為時起**，逾 10 年者，亦同。

貳、穩定就業措施

一、職務再設計及補助（中高齡者及高齡者就業促進法 §19)

雇主對於所僱用「**資深勞工**」有工作障礙，得依其需要 (1) 為職務再設計或 (2) 提供就業輔具。

二、申請補助（在職中高齡者及高齡者穩定就業辦法 ∫ 11)

雇主為職務再設計或提供就業輔具，得向主管機關申請輔導或補助。補助金額，按所申請人數，**每人每年以 10 萬元**為限。

三、分工合作及輔導（中高齡者及高齡者就業促進法 §20、在職中高齡者及高齡者穩定就業辦法 ∫ 18)

雇主為使所僱用「**資深勞工**」傳承技術經驗，促進「世代合作」，得採**同一工作分工合作**等方式為之，主管機關得予輔導或獎勵。

雇主依前條推動世代合作之方式如下：

（一）人才培育型：由中高齡者或高齡者教導跨世代員工，傳承知識、技術及實務經驗。

（二）互為導師型：結合不同世代專長，雙方互為導師，共同提升營運效率。

（三）能力互補型：依不同世代職務能力進行工作重組、工作規劃或績效調整。

（四）工作分享型：由不同世代共同合作，發展職務互補或時間分工，且雙方應有共同工作時段。

（五）其他世代合作之推動方式。

四、繼續僱用屆齡退休者及補助 (中高齡者及高齡者就業促進法 §21)

雇主繼續僱用符合《勞動基準法》第 54 條 (65 歲屆齡) 強制退休之受僱者達 **(1) 一定比率**及 **(2) 期間**，中央主管機關得予**補助**。

※ 五、繼續僱用屆齡退休者條件 (在職中高齡者及高齡者穩定就業辦法∫20)

雇主依本法繼續僱用屆齡退休者 (不得為雇主之配偶或三親等內之親屬) 申請補助者，應符合下列資格條件：

(一) 繼續僱用符合《勞動基準法》65 歲屆齡退休者，達其所僱用符合屆退總人數之 **30%。但情況特殊，經中央主管機關另行公告行業及繼續僱用比率者**，不在此限。(【112-1】)

(二) 繼續僱用期間達 **6 個月以上**。

(三) 繼續僱用期間之薪資不低於**原有薪資**。

※ 六、繼續僱用屆齡退休者條件補助 (在職中高齡者及高齡者穩定就業辦法∫22)【112-1】

繼續僱用之補助，按月計酬方式給付薪資者，依下列標準核發：

(一) 雇主繼續僱用期間滿 6 個月，**每人每月補助 13,000 元**，6 個月僱用補助。

(二) 雇主繼續僱用期間逾 6 月，自第 7-18 月**每人每月補助 15,000 元**，補助 12 個月 (指 7-18 個月)。

參、 支持退休後再就業 (中高齡者及高齡者就業促進法、退休中高齡者及高齡者再就業補助辦法)

※ 一、定期性勞動契約特別適用 (中高齡者及高齡者就業促進法 §28)

65 歲以上勞工，雇主得以「**定期勞動契約**」僱用之。

二、高齡者經驗傳承 (中高齡者及高齡者就業促進法 §30)

雇主僱用依法退休之高齡者，傳承其**專業技術及經驗**，得予補助。

※ 三、高齡者傳承專業技術補助 (退休中高齡者及高齡者再就業補助辦法∫5)

雇主依本法 (第 30 條) 僱用**高齡者**傳承專業技術及經驗，得向中央主管機關申請下列補助：

每位受僱用**高齡者**每年最高補助**雇主 10 萬元**，**每位雇主**每年最高補助 **50 萬元**。(僱用上限 5 人)

四、退休準備調適及再就業 (中高齡者及高齡者就業促進法 §29)

雇主對於所僱用之中高齡者，得於其達屆齡退休前一年，提供 **(1) 退休準備 (2) 調適**及 **(3) 再就業**之相關協助措施，得予補助。

五、退休準備調適及再就業補助 (退休中高齡者及高齡者再就業補助辦法∫3)

雇主依本法 (第 29 條) 提供協助措施者，得申請補助：

(一) 辦理勞工退休準備與調適之**課程**、團體**活動**、個別**諮詢**。

（二）辦理勞工退休後再就業職涯發展、就業及創業諮詢及職業訓練。

各款補助額度，同一雇主**每年最高 50 萬元**。

肆、促進失業者就業

一、創業貸款（中高齡者及高齡者就業促進法 §25)

為協助 (1)「**資深勞工**」**自行創業**或 (2) 與青年**共同創業**，得提供 (1) 創業諮詢輔導、(2) 創業研習課程、(3) 創業貸款利息補貼等措施。

二、創業貸款利息補貼（失業中高齡者及高齡者就業促進辦法∫ 11、∫ 12)

創業貸款之利率，按「中華郵政股份有限公司」2 年期定期儲金機動利率加 0.575% 機動計息。

創業貸款，其利息補貼之**最高貸款額度為 200 萬元**。

(1) 失業中高齡者及高齡者貸款期間前 **2 年之利息，全額補貼**。

(2) 貸款人符合失業者與 29 歲以下青年共同創業者，貸款期間前 3 年利息，全額補貼；第 4 年起負擔年息 1.5%，利息差額由中央主管機關補貼，但年息低於 1.5% 時，由貸款人負擔實際全額利息。

利息補貼期間**最長 7 年**。

※ 三、「職場學習及再適應」（失業中高齡者及高齡者就業促進辦法∫ 31、∫ 33、∫ 36)【112-2】

失業「**資深勞工**」，親自辦理求職登記，經評估後，得推介至「用人單位」(含公民營企業或 NGO) 進行「**職場學習及再適應**」。

「職場學習及再適應津貼」，按每小時基本工資核給，且不超過每月「基本工資」。津貼補助期間最長 **3 個月**，**高齡者**得延長至 **6 個月**。

「用人單位」請領「職場學習及再適應津貼」期間，應以不低公告「**基本工資**」進用。

「**資深勞工**」轉換職場學習及再適應各單位期間應合併計算，**2 年內**合併期間**最長 6 個月**。請參 表 (1)

促進就業措施 6 個月 /2 年正誤舉例表 (1)

項目　　　　促進措施	6 個月以下 /2 年 (正確)			6 個月以上 /2 年 (錯誤)		
	01	02	03	04	05	06
臨時性工作	0	2	1	6	6	4
職業訓練	0	2	0	6	0	4
職場學習及再適應	6	2	5	6	6	4
合計	6	6	6	18	12	12

表格製作：自創表

伍、雇主之僱用獎助（失業中高齡者及高齡者就業促進辦法∫38、∫39、∫41)【112-2】

失業期間連續達 30 日以上之中高齡者及高齡者，向公立就業服務機構辦理<u>求職登記</u>，經就業諮詢<u>無法推介</u>就業者，公立就業服務機構得發給僱用獎助推介卡。

雇主以 (1) **不定期契約**或 (2) **一年以上之定期契約**與獎助推介卡之中高齡者及高齡者<u>連續滿 30 日</u>，發給僱用獎助。

雇主依第 39、40 條規定申請僱用獎助，依下列規定核發：

（一）高齡者與雇主約定以按月計酬「全時工作」受僱者：依受僱人數每人每月發給 **15,000 元**。

（二）中高齡者與雇主約定以按月計酬「全時工作」受僱者：依受僱人數每人每月發給 **13,000 元**。

同一雇主僱用同一勞工，雇主依本辦法、政府其他相同性質之補助應合併計算；申領期間最長 12 個月。

陸、減班休息（或稱「無薪假」)(112.10.13 修）

一、減班休息（就業保險就業促進辦法∫5、6)

中央主管機關因景氣因素影響，致勞雇雙方協商減少工時（稱減班休息），經評估有必要時，得召開僱用安定措施諮詢會議（稱諮詢會議），辦理「**僱用安定措施**」。辦理期間，**最長為 12 個月**。

二、申請「薪資補貼」勞工之條件（就業保險就業促進辦法∫9)

被保險人（指受僱勞工）領取薪資補貼，應符合下列規定：

（一）於辦理僱用安定措施期間內，與雇主協商實施減班休息期間達 **30 日**以上，並依勞雇協商減少工時規定辦理。

（二）實施前，以現職雇主參加「就業保險」<u>達 3 個月</u>以上。

（三）屬 1. 全時勞工 2. 部分時間勞工。

（四）未具請領薪資補貼之事業單位代表人、負責人、合夥人、董事或監察人身分。

三、薪資補貼之標準（就業保險就業促進辦法∫12)

公立就業服務機構應依下列規定，發給被保險人「**薪資補貼**」：

（一）按被保險人於實施減班休息日<u>前 1 月至前 3 月</u>之「平均月投保薪資」，與實施減班休息後實際協議薪資差額 **50%** 發給。

（二）實施減班休息後實際協議薪資，最低以公告每月「基本工資」數額核算。

（三）每月不得超過「勞工保險投保薪資分級表」<u>最高</u>月投保薪資，與中央主管機關公告每月「基本工資」差額 50%。

同一被保險人同時受僱於 2 個以上雇主，得依規定分別申請薪資補貼。

四、薪資補貼之限制（就業保險就業促進辦法∫ 13）

辦理僱**用安定措施之期間未中斷者**，被保險人領取薪資補貼，其合併領取期間以 **24 個月**為限。

五、申請薪資補貼之日期（就業保險就業促進辦法∫ 14）

申請薪資補貼應於實施減班休息每滿 30 日之次日起 90 日內，向公立就業服務機構提出。

【實例 1】

中高齡求職「3 大強項」多利用！職缺數量創歷史新高

2023-11-09 文 / 陳素玲 台北即時報導

企業「歡迎中高齡」工作數	19.4 萬個（4 年成長 1.66 倍）	4 年前 2.66 倍	占全體工作數 18.5%
中高齡主動應徵	平均每月 6 萬人	3 年成長 25%	…
工作價值	工作地點 (58%)	工作內容 (39%)	薪資水平 (37%)
三大強項	工作經驗豐富 (71.1%)	穩定度較好 / 不易跳槽 (69.7%)	處事成熟 / 待人圓融 (50%)
三大弱項	思想較老舊 / 不夠創新 (56.8%)	學習力較差 (42%)	體力較差 (41.8%)

【實例 2】

首創銀髮友善企業認證指標

2022-10-12 中時 張芷瑜

北市首創五大銀髮友善企業認證「指標」，分別為：

(1)「銀髮友善之創新作為」、

(2)「銀髮友善之工作環境與職務再設計」、

(3)「銀髮友善之招募任用」、

(4)「銀髮友善之組織文化」、

(5)「銀髮友善之教育訓練」。

並邀請中高齡勞工及銀髮友善企業分享工作經驗及經營方式，盼鼓勵更多民間企業投入營造銀髮友善工作環境。

第十四章 雇主招募與僱用禁止規範

壹、雇主招募規範（就業服務法）

一、職業選擇、服務一律平等（就業服務法 §3、4）【108】

國民有**選擇職業自由**；但**法律**（規）**(1) 禁止 (2) 限制**者，不在此限。

國民具有工作能力者，接受就業服務一律平等。

<u>憲法第 15 條</u>人民之生存權、**工作權**及財產權，應予保障。

二、禁止就業歧視（就業服務法 §5-1）

雇主對求職人或僱用員工，不得以種族、階級、語言、思想、宗教、黨派、籍貫、**性別**、**婚姻**、容貌、**性傾向**、**年齡**、五官、**身心障礙**、**星座**、**血型**或以往工會會員身份為由（計 17 個理由），予以<u>歧視</u>。（連結「就業歧視評議委員會」∫ 2）【104、105、108】

雇主招募違反就業歧視理由分類表 (1)

理由 ＼ 類別	種族類	團體類	外觀類	性別類
理由	種族	黨派、思想	五官	性別
	籍貫、出生地	工會會員身分	**容貌**	性傾向
	階級	宗教	年齡	**容貌**
	語言	星座、血型	身心障礙	婚姻

表格製作：自創表

雇主徵才，委由公、私立就業服務機構而提出招募條件之違規事例：

雇主招募違反就業歧視實例一覽表 (2)

職業或工作	招募條件	歧視理由			
1. 養護機構慢性病患照顧服務人員	限女性、忌高齡者、新住民優、已婚	性別	年齡	種族	婚姻
2. 銀髮咖啡店服務人員	限女性、容貌親和、高齡者、PT（部分工時）	性別	容貌	年齡	……
3. 運鈔車保全人員	限男性、原住民優、良民證、血型 O 型、**役畢**	**性別**	種族	血型	**年齡**
4. 大樓清潔人員	男性、40 歲下、忌魔羯座	性別	年齡	星座	……
5. 保險業務人員	限女性、忌未婚、新住民優、忌身心障礙者	性別	婚姻	種族	身心障礙
6. 美食外送員	未婚、限男性、忌身心障礙者	婚姻	性別	身心障礙	……

表格製作：自創表

三、就業歧視評議委員會 (就業服務法 §6、就業服務法施行細則 ∫ 2)

直轄市、縣 (市) 主管機關辦理**就業歧視**認定時，得邀請政府機關、組成「**就業歧視評議委員會**」。

貳、雇主招募及僱用禁止情事 (就業服務法 §5)

一、雇主招募違規處分表如下：【108-3】

雇主招募違規處分表 (3)

	§65 (F30-150 萬)	§67 (F6-30 萬)
§5-1	就業歧視	×××
§5-2 各款	（一）為**不實之廣告**或揭示。 （四）指派求職人從事違背**公共秩序或善良風俗**之工作。 （五）接受委任辦理聘僱外國人之申請許可、招募、引進或管理事項，提供**不實資料或健康檢查檢體**。	（二）違反求職人意思，留置其 (1) 國民身分證、(2) 工作憑證或 (3) 其他證明文件，或要求提供非屬就業所需之 (4) 隱私資料。 （三）扣留求職人財物或收取保證金。 （六）提供職缺之**經常性薪資未達 4 萬元**而未公開揭示或告知其薪資範圍。

表格製作：自創表

二、隱私資料 (就業服務法施行細則 ∫ 1-1、個資保護法 §27) 【102、110】

《就業服務法》第五條所定隱私資料，包括下列類別：

隱私資料項目明細表 (4)

隱私資料項	資料細項
生理資訊	基因檢測、藥物測試、醫療測試、HIV 檢測、**智力測驗**或指紋等。
心理資訊	心理測驗、誠實測試或測謊等。
個人生活資訊	信用紀錄、犯罪紀錄、**懷孕計畫**或背景調查等。

表格製作：自行整理

參、主管機關職掌 (就業服務法)

一、中央主管機關職掌 (§6) 私立就服機構業務 / 組織型態 (§38)

中央主管機關掌理：

（一）全國性國民就業政策、法令、計畫及方案之訂定。

（二）全國性就業市場資訊之提供。

（五）雇主申請聘僱外國人之許可及管理。

　※（六）辦理下列仲介業務之私立就業服務機構之許可、停業及廢止許可：

　　　1. 仲介**外國人**至中華民國境內工作。

　　　2. 仲介香港或澳門居民、**大陸地區人民**至臺灣地區工作。

　　　3. 仲介**本國人**至臺灣地區以外之地區工作。

二、直轄市、各(縣)市主管機關職掌(§6) ★連結「禁止就業歧視」

(一)就業歧視之認定。

(二)外國人在中華民國境內工作之管理及檢查。

(三)仲介本國人在國內工作私立就業服務機構之許可、停業及廢止許可。

(四)前項第六款及前款以外私立就業服務機構之管理。

肆、就業歧視六大法規、就業歧視因子、運用範疇

一、就業歧視相關法源(勞基法、中高齡者及高齡者就業促進法等)

就業歧視法源與理由彙整表 (5)　　　　　　　　111.5.18

法源	歧視理由	運用範疇
就業服務法 §5	種族、語言、宗教、籍貫、性別、婚姻、容貌、性傾向、年齡、五官、身心障礙、星座、血型或以往工會會員身份等 17 理由	招募、就業
勞動基準法 §25、§67	性別	工資給付
大量解僱勞工保護法 §13	性別、年齡	解僱
性別平等工作法 §7-§11	性別、性傾向	就業、訓練、福利、薪資、契約終止
身心障礙者權益保障法 §38	身心障礙	就業、教育、醫療、社福…
中高齡者及高齡者就業促進法 §12	年齡	就業

表格製作：自創表

伍、個人資料保護法 (104.12.30)

一、立法目的隱私資料(個資保護法 §1)

為規範個人資料之**蒐集、處理及利用**，以避免人格權受侵害，並促進個人資料之合理利用，特制定本法。

二、用詞定義(個資保護法 §2)【112-1】

(一)個人資料：指自然人之姓名、出生年月日、國民身分證統一編號、護照號碼、特徵、指紋、婚姻、家庭、教育、職業、病歷、醫療、基因、性生活、健康檢查、犯罪前科、聯絡方式、財務情況、社會活動及其他識別該個人之資料。

(二)個人資料檔案：指依系統建立而得以自動化機器或其他非自動化方式檢索、整理之個人資料之集合。

(三)蒐集：指以任何方式取得個人資料。

(四)處理：指為建立或利用個人資料檔案所為資料之記錄、輸入、儲存、編輯、更正、複製、檢索、刪除、輸出、連結或內部傳送。

(五)利用：指將蒐集之個人資料為處理以外之使用。

三、不得蒐集個資及例外 (個資保護法 §6)【112-3】

有關病歷、醫療、基因、性生活、健康檢查及犯罪前科之個人資料，不得蒐集、處理或利用。但有下列情形之一者，不在此限：

（一）法律明文規定。

（二）公務機關執行法定職務或非公務機關履行法定義務必要範圍內，且事前或事後有適當安全維護措施。

（三）當事人自行公開或其他已合法公開之個人資料。

（四）公務機關或學術研究機構基於醫療、犯罪預防，為統計或學術研究而有必要，且資料經提供者處理後無從識別特定當事人。

（五）經當事人書面同意。

四、當事人行使權利 (個資保護法 §3、10)

當事人就其個人資料依本法規定行使之下列權利，不得預先拋棄或以特約限制之：

（一）查詢或請求閱覽。（二）請求製給複製本。（三）請求補充或更正。（四）請求停止蒐集、處理或利用。（五）請求刪除。

公務機關或非公務機關應依當事人之請求，答覆查詢、提供閱覽或製給複製本。但有下列情形之一者，不在此限：

（一）妨害國家安全、外交及軍事機密、整體經濟利益。

（二）妨害公務機關執行法定職務。

（三）妨害該蒐集機關或第三人之重大利益。

五、蒐集個資明確告知義務 (個資保護法 §8)

公務機關依法向當事人**蒐集**個人資料時，應告知當事人。

有下列情形之一者，得免告知：

（一）依法律規定得免告知。

（二）告知將妨害公務機關執行法定職務。

（三）告知將妨害公共利益。

（四）當事人明知應告知之內容。

（五）個人資料之蒐集非基於營利之目的，且對當事人顯無不利影響。

六、損害賠償及團體訴訟

（一）賠償金額最高限制 (個資保護法 §28)

對於同一原因事實造成多數當事人權利受侵害之事件，經當事人請求損害賠償者，其合計最高總額以新臺幣 2 億元為限。

（二）賠償請求權年限 (個資保護法 §30)

損害賠償請求權，自請求權人知有損害及賠償義務人時起，因 2 年間不行使而消滅；自損害發生時起，逾 5 年者，亦同。

第十五章 第一類、第四類外國人聘僱與外籍專業人才延攬及僱用（廣義白領外國人）

壹、第一類外國人、外籍專業人才定義

一、受僱外國人（分類）定義

（一）第一類外國人：（雇主聘僱外國人許可及管理辦法∫2）

受聘僱從事《就業服務法》第四十六條**第一款至第六款**規定工作外國人。

（二）外籍專業人才（外國專業人才延攬及僱用法 §4)(112.1.1 實施）

1. 外國特定專業人才：

指外國專業人才中具有（行政院）中央目的事業主管機關**公告我國所需**科技、經濟、教育、文化、藝術及其他領域特殊專長者。

2. 外國高級專業人才：

指《入出國及移民法》**第 25 條所定**為我國所需之高級專業人才。

二、第一類外國人從事的工作（就業服務法 §46）

雇主聘僱**第一類外國人**在我國從事工作，以下列**第一至第六款**為限：

（一）**專門性**或**技術性**之工作。

（二）華僑或外國人經政府核准投資或設立事業之主管。

（三）下列學校教師：

1. 公立或經立案之私立大專以上校院或外國僑民學校之**教師**。
2. 公立或已立案之私立高級中等以下學校合格**外國語文課程**教師。
3. 公立或已立案私立實驗高級中等學校雙語部或雙語學校之**學科**教師。

（四）依補習及進修教育法立案之短期補習班之專任外國語文教師。

（五）運動教練及運動員。

（六）宗教、藝術及演藝工作。

※（七）商船、工作船及其他經交通部特許船舶之船員。（**交通部**核准）

109-112 年外籍專業人士有效聘僱人數表 (1)　　　　單位：人

年度／ 年總計	工作類別	專門或技術性工作	藝術及演藝工作	補習班外語教師	履約	* 學校教師	僑外資事業主管	運動教練及運動員
109	36,852	22,441	1,222	4,498	5,033	…	3,499	159
110	40,993	23,650	1,115	4,414	6,601	…	3,589	172
111	46,526	29,845	1,389	3,548	8,080	…	3,415	249
112	48,972	32,761	2,535	3,557	6,617	…	3,200	302

資料來源：勞動部，112 年統計截至 11 月。* 學校教師工作聘僱許可及管理業務，自 107 年 2 月移至教育部，故自業務移撥日起不列入統計。

白領審查標準（∫4）

專門性或技術性工作，指外國人受聘僱從事下列具專長、技術之工作：

工作項目	工作內容
一、**營繕工程**或**建築技術**工作	營繕工程施工技術指導、品質管控或建築工程之規劃、設計、監造、技術諮詢。
二、交通事業工作	一、陸運事業： （一）鐵公路或大眾捷運工程規劃、設計、施工監造、諮詢及**營運**之工作。 二、航運事業： （一）港埠、船塢、碼頭規劃、設計、監造、施工評鑑工作 （五）民航場站、助航設施之規劃建設之工作。 （七）航空事業之人才訓練、經營管理、航空器運渡、試飛、駕駛員、駕駛員訓練、營運飛航及其他工作。 三、郵政事業： （一）郵政機械設備系統之規劃、設計審查及施工監造工作 （三）郵政機械設備之研究、設計、技術支援、維修工作。 四、電信事業： （一）電信工程技術之規劃、設計及施工監造之工作。 （三）電信設備研究、設計、技術指導及維修之工作。 五、觀光事業： （一）觀光旅館業、旅館業、旅行業之經營管理、導遊、領隊及有助提升觀光技術研究發展之工作。 （三）風景區或遊樂區之規劃開發、經營管理之工作。
三、財稅金融服務工作	一、證券、期貨事業： （一）有價證券及證券金融業務之企劃、研究、分析、管理或引進新技術之工作。 （二）期貨交易、投資、分析及財務、業務之稽核或工作。 二、金融事業：存款、授信、投資、信託、認定金融業務。
四、不動產經紀工作	執行不動產仲介或代銷業務。
五、移民服務工作	與投資移民有關之移民基金諮詢、仲介業務，並以保護移民者權益所必須者為限。
六、律師、專利師工作	從事律師工作、專利師工作。
七、技師工作	從事計師工作。
八、醫療保健工作	從事醫療保健工作。
九、環境保護工作	一、人才訓練。 二、技術研究發展。 三、污染防治機具安裝、操作、維修工作。

工作項目	工作內容
十、文化、運動及休閒服務工作	二、電影業：電影片製作、編導、藝術、經營管理或引進新技術之工作。 三、無線、有線及衛星廣播電視業：策劃、製作、外文撰稿、編譯、導播及主持、經營管理或引進新技術工作。 七、休閒服務業：遊樂園業經營及管理之工作。
十一、學術研究工作	依法核准立案之學術研究機構或教學醫院之學術研究工作。
十二、獸醫師	從事獸醫師工作。
十三、製造業工作	製造業工作，其內容應為經營管理、研究、分析、設計、規劃、維修、諮詢、機具安裝、技術指導等。
十四、批發業工作	從事批發業工作，其工作內容應為經營管理、設計、規劃、技術指導等。

貳、第一類外國人聘僱許可、視為工作許可

一、申請聘僱許可函（一）(雇主聘僱外國人許可及管理辦法∫7)

雇主申請聘僱第一類外國人至第四類外國人申請「工作許可」，向中央主管機關申請。(指「聘僱許可」實務稱「工作證」)

二、視為工作許可（雇主聘僱外國人許可及管理辦法∫5)

外國人有下列情形之一者，其停留期間在 **30 日以下**之 **(1) 入國簽證**或 **(2) 入國許可**「**視為工作許可**」：

(一) 從事《就業服務法》第五十一條

外國法人為履行 **(1) 承攬**、**(2) 買賣**、**(3) 技術合作**等契約之需要，須指派外國人在我國境內從事《就業服務法》第四十六條**第一款或第二款**契約範圍內之工作。

(二) 為公益目的協助解決因緊急事故引發問題之需要，從事《就業服務法》第四十六條**第一款**規定之工作。

(三) 經各中央目的事業主管機關認定或受大專以上校院…邀請之知名優秀專業人士，並從事《就業服務法》第四十六條**第一款**規定之演講或商務技術指導工作。

(四) 受各級政府機關、各國駐華使領館或駐華外國機構邀請，並從事非營利性質之表演或活動。。

※ 經**入出國管理機關**核發**學術及商務旅行卡**，並從事《就業服務法》第四十六條**第一款**規定之演講或商務技術指導工作之外國人，其停留期間在 **90 日以下**之「**入國簽證**」或「**入國許可**」「**視為工作許可**」。

三、申請聘僱許可（二）(雇主聘僱外國人許可及管理辦法∫12)

〈本辦法〉第五條之外國人，其停留期間在 31 日以上 90 日以下者，得於該外國人**入國後 30 日**內依〈本辦法〉第七條規定申請聘僱許可。

四、申請展延聘僱許可 (就業服務法 §52、雇主聘僱外國人許可及管理辦法 ∫ 11)

聘僱外國人從事第四十六條**第一款至第七款**及**第十一款**規定之工作，許可期間最長為 **3 年**，期滿**有繼續聘僱需要**者，雇主得申請展延。

聘僱許可有效期限屆滿日**前 4 個月**期間內，雇主如有繼續聘僱該第一類外國人之必要者，於該期限內申請**展延聘僱許可**。

五、外國人轉換雇主 (就業服務法 §53)

雇主聘僱之外國人於聘僱許可有效期間內，如需轉換雇主或受聘僱於 2 以上之雇主者，應由新雇主申請許可。

受聘僱從事第四十六條**第一至第七款**規定工作之外國人轉換雇主工作者，不得從事同條項**第八至第十一款**規定之工作。

參、第一類外國人入國工作 (優惠) 資格條件 (〈白領審查標準〉)

一、第一類外國人工作資格條件 (〈白領審查標準〉∫ 5)【112-2】

外國人受聘僱從事工作，應符合下列資格之一：

(一) 依專門職業及技術人員考試法規定取得證書或執業資格者。

(二) 取得國內外大學相關系所之**碩士以上學位者**，或取得相關系所之**學士學位**而有 **2 年以上**相關工作經驗者。

二、外國留學生、僑生或其他華裔學生評點數制度 (〈白領審查標準〉∫ 5-1)

在我國公立或經立案之私立大專以上校院畢業外國留學生、僑生等，依「**外國留學生、僑生或其他華裔學生評點數制度**」(如附表) 計算之累計點數滿 **70 點**者，得受聘僱〈白領審查標準〉專門性或技術性工作 (第四條)，不受〈白領審查標準〉第 5 條規定限制。

《附表》 外國留學生、僑生或其他華裔學生評點數制度

評點項目	內容及等級	點數	備註
學歷	博士學位	30	
	碩士學位	20	
	學士學位	10	
聘僱薪資	每月平均 **47,971** 元以上	40	
	每月平均 40,000 元以上未達 47,971 元	30	
	每月平均 35,000 元以上未達 40,000 元	20	
	每月平均 31,520 元以上未達 35,000 元	10	
工作經驗	2 年以上	20	指國內外專職工作經驗。
	1 年以上未達 2 年	10	

評點項目	內容及等級	點數	備註
擔任職務資格	具有企業所需該職務特殊專長能力者	20	指具備職務所需特殊專長能力,如接受專業訓練、技能檢定、創作著作比賽得獎專利等。
華語語文能力	經華語文能力檢定達「流利」等級以上	30	指具備華語文能力檢定證明、曾經學習華語文之成績或一定時數證明。
	經華語文能力檢定達「高階」等級	25	
	經華語文能力檢定達「進階」等級	20	
他國語文能力	具有華語以外二項以上他國語文能力	20	指具有他國語言能力檢定證明或修習他國語言達一定時數等。
	具有華語以外一項他國語文能力	10	
他國成長經驗	具有於他國連續居留六年以上之成長經驗	10	指具備海外聯招會、僑務委員會或取得學位學校出具之證明文件。
配合政府政策	配合政府產業發展相關政策之企業受僱者	20	指雇主取得中央目的事業主管機關核發之認定函或證明文件。

資料來源:勞動部

肆、第四類外國人定義、資格條件、工作及工時

一、外國留學生、僑生 (雇主聘僱外國人許可及管理辦法∫2)〈白領審查標準〉∫5-1)

(一) 第四類外國人定義:

依本法第五十條第一款或第二款規定從事工作之外國人。

(二) 第四類外國人學歷:

外國留學生、僑生或其他華裔學生依【附表 - 外國留學生、僑生或其他華裔學生評點數制度】累計點數滿 70 點者,得受聘僱從事〈白領審查標準〉第四條之工作,**不受〈白領審查標準〉第 5 條規定**之限制。

二、外國留學生、僑生工時 (就業服務法 §50)

雇主聘僱下列學生從事工作,得不受第四十六條限制;其工作時間除寒暑假外,每星期最長為 20 小時:

(一) 就讀於公立或已立案私立大專校院之外國留學生。

(二) 就讀於公立或已立案私立高級中等以上學校之僑生及其他華裔學生。

伍、外國專業人才延攬及僱用法概論

一、主管機關、宗旨 (外國專業人才延攬及僱用法 §1、§2、§3)

本法之主管機關為**國家發展委員會**。

外國專業人才在我國從事專業**工作、尋職**，依本法之規定；本法未規定者，適用《就業服務法》、《入出國及移民法》及其他法律規定。

二、外國特定、外國高級專業人才 (外國專業人才延攬及僱用法 §4)

外國特定、外國高級專業人才，定義如下：

(一) 外國特定專業人才：指外國專業人才中具有 (行政院) 中央目的事業主管機關公告之我國所需科技、經濟、教育、文化、藝術、體育及其他領域之特殊專長者。

(二) 外國高級專業人才：指《入出國及移民法》第 25 條所定為我國所需之高級專業人才。(112.1.1 實施)

> 下列外國人，得向移民署申請**永久居留**：
> 1. 對我國有特殊貢獻。
> 2. 為我國所需之高級專業人才。

三、各類外國專業人才申請許可 (外國專業人才延攬及僱用法 §5、§6、§7)

雇主聘僱外國專業人才在我國從事《就業服務法》第四十六條第一款至第三款、第五款及第六款所定工作)，應向**勞動部**申請許可。

聘僱《就業服務法》**學校教師**者 (**第四款**工作) 向**教育部**申請許可。

雇主聘僱從事專業工作之**外國特定專業人才，其聘僱許可期間最長為 5 年**，期滿有繼續聘僱之需要者，得申請延期，每次最長為 5 年。

※ 四、就業金卡申請 (外國專業人才延攬及僱用法 §8)

外國特定專業人才擬在我國從事專業工作者，得向內政部移民署申請核發具 (1) **工作許可**、(2) **居留簽證**、(3) **外僑居留證**及 (4) **重入國許可四證合一**之**就業金卡**。

就業金卡有效期間為 1 年至 3 年，得於有效期間屆滿前重新申請。

【實例 1】

國發會力推強化人口及移民政策 盼充裕產業人力資源

2024/01/05 工商時報 本報訊 (國發會廣告)

國發會就「強化人口及移民政策」推動情形報告，為維持國家發展動能，滿足產業人力需求，自 2021 年 7 月起，完成「強化人口及移民政策」，分就「強化延攬外國專業人才」、「擴大吸引及留用僑外生」、「積極留用外國技術人力」等 3 面向，多項攬才及留才策略措施。

「強化人口及移民政策」已展現具體成效：1. **就業金卡**及至 2023 年 11 月底累計核發 8,743人；2. 增加**僑外生**首次留臺工作 2020 年 2,987 人成長至 2022 年 6,154 人；3. 「**移工留才久用方案**」，截至同年 11 月底，已核准 21,351 人轉為中階技術人力。

【實例 2】

攬才專法上路五年 吸引外國專業人才逾萬人次

2023/02/01 工商時報 于國欽

國發會 31 日表示，攬才專法實施近 5 年，累計至去年底許可的「外國特定專業人才」已逾 1 萬人次，包括半導體、區塊鏈、離岸風電、金融、文化藝術等領域專才。

國發會指出，截至去年 11 月底，外國特定專業人才累計許可達 9,976 人次，加計 12 月就業金卡核發 220 人次，外國特定專業人才許可已突破 1 萬人次，成功吸引各領域高階人才來台發展。據調查，任職科技業類別占 26.8%。

【實例 3】

高專人才眷屬 可申請永久居留

2023/01/13 工商時報 曹悅華

為營造更優質友善的攬才及居留環境，行政院會 12 日通過「入出國及移民法」部分條文修正草案，針對有特殊貢獻、高級專業人才的配偶、未成年子女、身障子女，可隨同優秀專才申請來台永久居留。

內政部指出，該次共修正 52 條，幅度較大，主要有三重點，包含增進移民人權保障，保障家庭團聚權；吸納優質人才來台，鬆綁停居留規定；強化人流安全管理，加重罰則及增訂處罰態樣。

第十六章 第三類外國人工作及資格、聘僱、聘僱許可

壹、第三類外國人定義

一、第三類外國人定義 (雇主聘僱外國人許可及管理辦法∫2)

第三類外國人三大類 (工作)(留意「**中階技術工作**」)：

下列受聘僱從事本法第四十六條第十一款規定工作之外國人：

1. 〈審查標準〉規定雙語翻譯工作、廚師及其相關工作。

※2. 〈審查標準〉規定**中階技術工作**之機構及家庭看護工作、製造工作、營造工作、農業工作或其他工作。

3. 其他經中央主管機關專案核定之工作。

111~113 年中階技術、雙語翻譯及外籍廚師人數表 (1)

年別＼工作別	總計	中階技術	雙語翻譯	廚師
111 年 12 月	1,643	805	794	44
112 年 12 月	20,091	19,191	856	44
113 年 3 月	26,545	10,805 產業	15,740 社福	…

資料來源：勞動部 / 勞動統計查詢網 / 外籍工作者 / 中階技術、雙語翻譯及外籍廚師工作人數

二、第三類外國人核定工作 (〈外國人從事就業服務法第四十六條第八款至第十一款工作資格及審查標準〉(稱〈審查標準〉∫6)

依本法第四十六條第十一款規定**中階技術工作**如下：

(1) 中階技術海洋漁撈工作。 (2) 中階技術機構看護工作。

(3) 中階技術家庭看護工作。 (4) 中階技術製造工作。

(5) 中階技術營造工作。 (6) 中階技術外展農務工作。

(7) 中階技術農業工作。 (8) 其他主管機關指定中階技術工作。

三、第二、三類外籍家庭看護人之雇主 - 被看護人病況條件 (〈審查標準〉∫18)

外國人受聘僱於家庭從事家庭看護工作，其照顧之**被看護者**，應具下列條件之一：(112.10.13 增修 (五)、(六))

(一) 特定身心障礙重度等級項目之一者。(如附表二)

(二) 年齡未滿 80 歲，經專業評估，有全日照護需要者。

(三) 年齡滿 80 歲以上，經專業評估，有嚴重依賴照護需要者。

(四) 年齡滿 85 歲以上，經專業評估，有輕度依賴照護需要者。

(五) 符合長期照顧服務申請及給付辦法第七條及第九條附表四，且由各級政府補助使用居家照顧服務、日間照顧服務或家庭托顧服務連續達 6 個月以上者。

(六) 經神經科或精神科專科醫師開立失智症診斷證明書，並載明或檢附臨床失智評估量表 (CDR) 一分以上者。

已申請家庭幫傭之人員者，不得為被看護者。

同一被看護者以一人為限。但同一被看護者有下列情形之一者，得增加一人：

1. 身心障礙手冊或證明記載為植物人。

2. 經醫療專業診斷巴氏量表評為零分，且 6 個月內病情無法改善。

貳、移工留用方案 - 開放外國人從事中階技術工作

一、開放業別及工作

製造業、營造業、農業 (限外展農務、蘭花、覃菇、蔬菜)、海洋漁撈、機構看護及家庭看護工。

二、聘僱期間

每次聘僱許可期間 3 年，無工作 12 年之限制 (不受《就業服務法》§52 限制)。

三、名額計算

(一) 產業類雇主申請「中階技術工」人力名額，不超過核准第二類外國人核配率 25%。

(二) 移工、「中階技術工」及外國專業人才合計，不超過總員工 (本國及外國勞工)50%。

四、薪資條件【112-3】

(一) 產業類

1. 每月經常性薪資達 3.3 萬元以上 (僑外生首次僱用 3 萬元)。

2. 年總薪資達 50 萬元以上。

(二) 社福類

1. 機構看護：每月經常性薪資達 2.9 萬元以上。

2. 家庭看護：每月經常性薪資達 2.4 萬元以上。【112-3】

五、技術條件

(一) 產業類

1. 符合專業證照、訓練課程 (80 小時) 之一。

2. 免除技術條件：每月經常性薪資達 3.5 萬元以上。

(二) 社福類

1. 符合語文能力之一

(1) 口語或聽力基礎級 (2) 華語文訓練達 36 小時

(3) 同一雇主僱用 3 年可自評。

2. 完成 20 小時教育訓練課程。

3. 免除技術條件：機構看護：每月經常性薪資達 3.1 萬元以上。

家庭看護：每月經常性薪資達 2.6 萬元以上。

參、聘僱外國人政策、聘僱許可申請及設限

一、聘僱「許可制」(就業服務法 §43)

外國人未經**雇主**申請許可，不得在我國境內工作。

二、申請聘僱許可及例外 (就業服務法 §48、雇主聘僱外國人許可及管理辦法 ∫ 6)【106】

外國人受聘僱在我國工作，雇主應向**中央**主管機關申請許可。

雇主聘僱外國人工作應申請許可；但下列情形之一，**不須申請**許可：

(一) 各級政府及其學術研究機構聘請外國人擔任顧問或研究工作者。

※(二) 外國人與在中華民國境內設有戶籍之國民結婚，且獲准居留者。

(三) 受聘僱於公立或私立大學進行講座、學術研究經教育部認可者。

雇主聘僱 (二) 外國人從事工作前，應核對外國人之**外僑居留證**及**依親戶籍**資料正本。

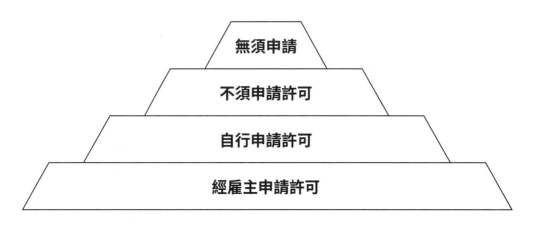

聘僱「許可制」圖

三、聘僱外國人 (政策) 四大原則 (就業服務法 §42)【108】

為保障國民工作權，聘僱外國人工作，不得妨礙：

(一) 本國人**就業機會**、(二) 本國勞工**勞動條件**、

(三) 國民經濟發展、(四) 社會安定。

四、禁止非法容留工作 (就業服務法 §44、雇主聘僱外國人許可及管理辦法 ∫ 6)

任何人不得**非法容留**外國人從事**工作**。

任何人違反規定者，主管機關依《就業服務法》第六十三條處以行為人 **15 萬元以上 75 萬元以下**罰鍰。

非法容留或工作類型表 (2)

入境理由	簽證種類	入境後活動	停 / 居留
觀光	觀光簽證	觀光、**求學**、探親、**工作**	停留
求學	學生簽證	觀光、求學、探親、工作	居留
探親	探親簽證	觀光、**求學**、探親、**工作**	停留
工作	工作簽證	觀光、**求學**、探親、工作	居留

表格製作：自創表

肆、聘僱第三類外國人（含中階技術）先國內招募

一、聘僱第三類外國人 - 國內招募（雇主聘僱外國人許可及管理辦法∫42）

雇主申請聘僱第三類外國人（含中階技術工），應先以合理勞動條件公立就業服務機構辦理**國內招募**，不符需求得申請聘僱外國人。

但申請聘僱外籍中階技術家庭看護工作，應由長期照護管理中心推介本國籍照顧服務員（面試），**無須**辦理國內招募。

※ 二、第二類外國人受聘僱中階技術工作之條件（〈藍領審查標準〉∫62 /111.10.12 增修）

第二類外國人（曾）在我國境內受聘僱從事工作，符合下列（條件）情形之一，得受聘僱從事中階技術工作：

（一）現受聘僱從事工作，且連續工作期間達 6 年以上者；或受聘僱於同一雇主，累計工作期間達 6 年以上者。(6+0)

（二）曾受聘僱從事工作期間累計達 6 年以上出國後，再次入國工作者，（國內前後）工作期間達 11 年 6 個月以上者。(6+5.5)

（三）曾受聘僱從事工作，（國內之前）累計工作期間達 11 年 6 個月以上，並已出國者。(11.5+0)

（四）在我國大專校院畢業，取得副學士以上學位之外國留學生、僑生或其他華裔學生。

三、受聘僱第三類外國人薪資基本數額（〈藍領審查標準〉∫63）

外國人受聘僱從事中階技術工作，其在我國薪資應符合〈附表 13 之一〉所定之基本數額。

〈附表 13 之一〉　　中階技術工作薪資基本數額 (3)

工作類別	薪資基本數額	不受資格限制薪資數額
一、海洋漁撈工作 二、製造工作 三、營造工作 四、屠宰工作 五、外展農務工作 六、農業工作	每人每月經常性薪資不得低於 33,000 元整，或每人每年總薪資不得低於 50 萬元整。 但在我國大專校院畢業，取得副學士以上學位之外國留學生、僑生，初次受聘僱從事產業類中階技術工作，每人每月經常性薪資不得低於 30,000 元整。	每人每月經常性薪資達 **35,000 元以上者**，不受第 62 條附表 13 所定專業證照、訓練課程或實作認定等資格條件之限制。
七、機構看護工作	每人每月經常性薪資不得低於 29,000 元整。	每人每月經常性薪資達 **31,000 元以上者**，不受第 62 條附表 13 所定繼續教育課程、補充訓練課程及國（閩南）語文能力等資格條件之限制。

工作類別	薪資基本數額	不受資格限制薪資數額
八、家庭看護工作	每人每月總薪資不得低於 24,000 元整。	每人每月總薪資達 **26,000 元以上**者，不受第 62 條附表 13 所定繼續教育課程、補充訓練課程及國 (閩南) 語文能力等資格條件限制。

伍、第三類外國人入國通報、(展延) 聘僱許可

一、受聘僱第三類外國人通知檢查 (雇主聘僱外國人許可及管理辦法 ∫ 47)

雇主申請聘僱外國人從事中階技術工作，應規劃並執行外國人「生活照顧服務計畫書」，並通知當地主管機關實施檢查：(111-3)

(一) 由國外引進外國人中階技術工，於外國人入國後 3 日內。

(二) 於國內聘僱中階技術外國人，自申請聘僱許可日起 3 日內。

(三) 已在我國境內工作第二類外國人，由同一雇主申請聘僱中階技術工作者，**免**通知**實施檢查**。

第三類外國人入國後 3 日內檢查表 (4)

聘僱型態　　　　　　　　　　　item	通知檢查
由國外引進外國人從事中階技術工作 (6+5.5、11.5+0)	外國人入國後 3 日內通知檢查
國內聘僱**中階技術**外國人	**自申請聘僱許可**日起 3 日內通知檢查
已在我國境內工作第二類外國人，由同一雇主申請聘僱從事中階技術工作者	**免**依外國人入國後 3 日內通報檢查

表格製作：自創表 **(雇主聘僱外國人許可及管理辦法 ∫ 47)**

二、受聘僱第三類外國人 (含中階技術)- 展延聘僱許可 (雇主聘僱外國人許可及管理辦法 ∫ 48)

雇主有繼續聘僱第三類外國人之必要者，於聘僱許可有效期限屆滿日前 4 個月內，向中央主管機關申請展延聘僱許可。

雇主無申請展延聘僱從事中階技術工作外國人之必要者，於聘僱許可有效期間屆滿日前 2 個月至 4 個月內，(1) 為該外國人依《轉換雇主準則》規定，向中央主管機關申請**期滿轉換許可**，或 (2) 得由新雇主依《轉換雇主準則》規定，申請接續聘僱為第二類或第三類外人。

從事中階技術工作之外國人，經雇主依《轉換雇主準則》規定，接續聘僱為第二類外國人，除從事中階技術工作期間外，其工作期間合計不得逾 12 年之工作年限。

【實例 1】

鬆綁移工相關規定 每月要留住 800 人

2023-03-27 經濟日報 / 江睿智 / 台北報導移工

勞動部積極檢討、並鬆綁移工留才久用相關規定，以留住更多資深移工，目標是每月要留住 800 人，以期達成 2030 年前留住 8 萬人目標。

「移工留才久用」政策自 111 年 4 月底起跑，目前已核准產業移工有 2,068 人，社福移工有 2,580 人，共 4,648 人。

中階技術工簡介

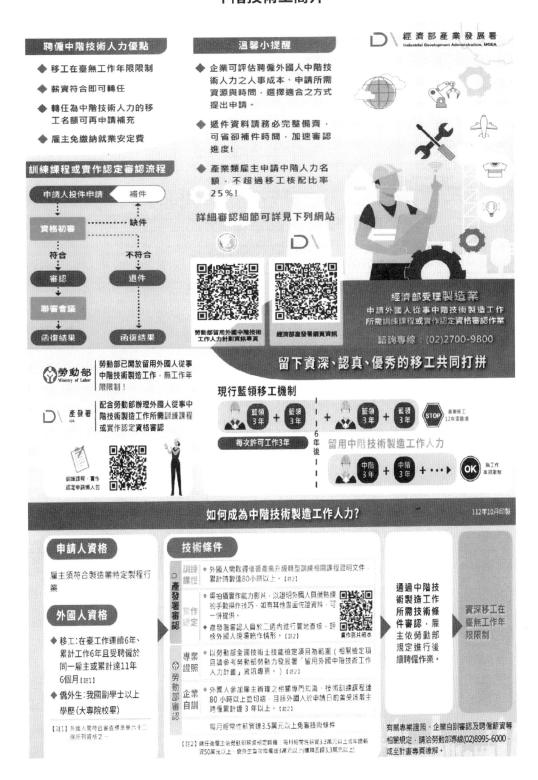

第十七章 第二類外國人工作及資格、聘僱、聘僱許可

壹、第二類外國人定義

一、第二類外國人定義（雇主聘僱外國人許可及管理辦法∫2）

(一) 第二類外國人（工作）：

受聘僱從事本法第四十六條第八款至第十款規定工作之外國人。

(二) 第二類外國人工作（就業服務法 §46、〈藍領審查標準〉3、4、5）

雇主聘僱**第二類外國人**在我國境內從事之工作，以《就業服務法》**第八款至第十款**為限：(八) 海洋漁撈工作。(九) 家庭幫傭及看護工作。(十) 國家重要**建設工程、經濟、社會發展**需要指定工作。

雇主聘僱上述各款規定聘僱外國人，須訂立**定期契約**。

第二類外國人從事工作表 (1)

工作類別 ╲ 工作項目	工作項目
§46-1- 第八款工作	海洋漁撈工作、箱網養殖
§46-1- 第九款工作	家庭幫傭工作、家庭看護工作、機構看護工作
§46-1- 第十款工作	製造工、外展製造工作、營造工、屠宰工、外展農務工及農、林、牧或養殖漁業工作

表格製作：自創表

二、第二類外國人產業及社福外籍勞工統計

109 ～ 112 年臺灣地區產業外籍勞工統計表 (17~2)　　　　單位：人

年別 ╲ 國別	合計	印尼	菲律賓	泰國	越南
109 年	457,267	71,141	121,890	57,728	206,500
110 年	463,862	68,582	120,302	58,389	216,582
111 年	**506,223**	**84,488**	**126,643**	**66,516**	**228,577**
112 年	**519,125**	**93,821**	**122,210**	**67,553**	**235,539**

資料來源：勞動部 / 勞動統計查詢網 / 就服職訓外勞統計資料庫 / **產業及社福移工人數按國籍分** 112 年統計截至 12 月

109～112 年臺灣地區社福外籍勞工統計表 (17~3)　　單位：人

年別 ＼ 國別	合計	印尼	菲律賓	泰國	越南
109 年	251,856	192,217	28,896	407	30,335
110 年	241,604	182,829	27,715	404	30,655
111 年	**221,858**	**165,626**	**28,163**	**464**	**27,605**
112 年	**234,305**	**179,034**	**27,161**	**386**	**27,724**

資料來源：勞動部 / 勞動統計查詢網 / 就服職訓外勞統計資料庫 / **產業及社福移工人數 按國籍分** 112 年統計截至 12 月

109～112 年臺灣地區產業及社福外籍勞工統計表 (17~4)　　單位：人

年別 ＼ 國別	合計	印尼	菲律賓	泰國	越南
109 年	709,123	263,358	150,786	58,135	236,835
110 年	669,992	237,168	141,808	56,954	234,054
111 年	**728,081**	**250,114**	**154,806**	**66,976**	**256,182**
112 年	**753,430**	**272,855**	**149,371**	**67,939**	**263,263**

資料來源：勞動部 / 勞動統計查詢網 / 就服職訓外勞統計資料庫 / **產業及社福移工人數 按國籍分** 112 年統計截至 12 月

貳、聘僱第二類外國人：國內招募、求才登記及廣告

※ 一、**第二類外國人聘僱前國內招募 (不含外籍看護工)(就業服務法 §47、雇主聘僱外國人許可及管理辦法∫ 17)【109-1】112.6.1 實施**

依《就業服務法》第四十七條規定，雇主聘僱外國人：

(一) 應先在**國內辦理招募**，經招募無法滿足其需要時，得就該**不足人數**提出申請。

(二) 應於招募時，將招**募內**容通知事業單位工會或勞工，且於外國人預定工作之場所公告之。

依〈雇主聘僱外國人許可及管理辦法〉，**國內招募**有 2 種 (A、B)：

雇主聘僱第二類外國人前辦理國內招募程序表 (5)

招募程序	程序內容
國內招募程序 (A)	雇主申請聘僱第二類外國人，應以合理勞動條件： 1. 向**工作場所之**公立就業服務機構辦理**求才登記** 2. 在**台灣就業通網站**登載**求才廣告** 3. 自登載之次日起**至少 7 日**辦理**招募本國勞工**
國內招募程序 (B)	雇主申請聘僱第二類外國人，應以合理勞動條件： 1. 向**工作場所之**公立就業服務機構辦理**求才登記** 2. 在**台灣就業通網站**登載**求才廣告** 3. **同時**於指定國內新聞紙選定一家**連續刊登 2 日**者 4. 自刊登期滿之次日起**至少 3 日**辦理**招募本國勞工**

表格製作：自創表　[註] 台灣就業通網站求才廣告需 **21 日**

二、求才證明書（一）（雇主聘僱外國人許可及管理辦法∫20）

雇主辦理招募本國勞工，有招募不足者，得於招募期滿次日起 15 日內，向原受理求才登記之公立就業服務機構申請「求才證明書」。

三、求才證明書（二）（雇主聘僱外國人許可及管理辦法∫21之1)112.6.1 實施

雇主曾以下列方式之一招募本國勞工，於無法滿足其需要時，得自招募期滿次日起 60 日內，向工作場所所在地之公立就業服務機構申請「求才證明書」：

（一）向工作場所所在地之公立就服機構辦理**求才登記**次日起至少 7 日。

（二）自行於本法就業資訊網登載**求才廣告**之次日起至少 7 日。

四、招募許可申請（雇主聘僱外國人許可及管理辦法∫22、30）

雇主申請「招募許可」者，應於許可日起 **6 個月內**引進外國人。有不可抗力事由者，應於許可引進屆滿日**前後 30 日**內，申請延長一次限，且應於 **3 個月內**引進。

五、限制曾「連續 3 日失去聯繫者」再受聘僱（〈藍領審查標準〉∫7）

曾在我國境內受聘僱從事工作，且於下列期間連續 3 日失去聯繫者：

（一）外國人入國未滿 3 日尚未取得聘僱許可。

（二）聘僱許可期間賸餘不足 3 日。

（三）經地方主管機關安置、轉換雇主期間或依法令應出國而尚未出國期間。

參、雇主申請「外籍家庭看護工」招募流程

一、申請「外籍家庭看護工」程序（雇主聘僱外國人許可及管理辦法∫18）

雇主有聘僱外籍**家庭看護工**意願者：

（一）向中央主管機關公告之醫療機構申請專業評估（巴氏量表）。

    (1)被看護人巴氏量表分數 35 分以下，80 歲以上老人巴氏量表分數 60 分以下，即可申請外籍看護工。

    (2)巴氏量表（診斷書）開立後，**1 年內有效**，若逾期，必須再重新開立證明。

（二）直轄市及縣(市)政府『**長期照護管理中心**』推介本國籍照顧服務員，雇主填寫「照顧服務員求才登記表」，依本國照顧服務員意願後媒合。

    管理中心會推介次數**至少 2 次**，**每次以推介 3 人為原則**，若不成功，將送主管機關申請外籍看護工審查。

（三）向中央主管機關申請聘僱外國籍**家庭看護工**（招募許可函）。

（四）其餘流程與第二類外國人作業相同。

二、機構外籍看護工應具備之資格（〈藍領審查標準〉∫15）

外國人受聘僱從事機構看護工作，其雇主應具下列條件之一：

（一）收容養護中度以上身心障礙者、精神病患及失智症患者之長期照顧機構、養護機構、安養機構或財團法人社會福利機構。

（二）護理之家機構、慢性醫院或設有慢性病床、呼吸照護病床之綜合醫院、醫院、專科醫院。

（三）依《長期照顧服務法》設立之機構住宿式服務類長期照顧服務機構。

三、機構外籍看護工僱用人數（〈藍領審查標準〉∫ 16)112.6.15 增修

外國人受聘僱於第 15 條雇主，從事機構看護工作總人數如下：

（一）長期照顧機構、養護機構、安養機構或財團法人社會福利機構，以其依法登記之許可業務規模床數每 3 床聘僱一人。

（二）護理之家機構，以其依法登記之許可床數每 5 床聘僱一人。

（三）慢性醫院或設有慢性病床、呼吸照護病床之綜合醫院，以其依法登記之床數每 5 床聘僱一人。

（四）《長期照顧服務法》設立長期照顧服務機構，以其依法登記之許可服務規模床數每 5 床聘僱一人。

除第三款醫院 (c) 外籍看護合計不得超過 (a) 本國看護工人數外，其餘各款不得超過 (a) 本國看護工及 (b) 護理人員之合計人數。

本國看護工及護理人員人數計算，應以申請招募許可當日參加勞工保險人數為準。

(3 款) 慢性醫院、呼吸照護病床綜合醫院	$c \leqq a$
(1 款) 長期照顧機構、養護機構、安養機構 (2 款) 護理之家 (4 款) 長期照顧服務機構	$c \leqq a+b$

肆、聘僱第二類外國人入境後通報、申請聘僱許可

一、雇主於聘僱外國人入國後，應「通知」（通報）主管機關實施檢查 (雇主聘僱外國人許可及管理辦法∫ 34)【110-3】

雇主申請聘僱第二類外國人者，應於**外國人入國後 3 日內**，檢附文件通知當地主管機關實施檢查：

（一）外國人入國通報單。　　（二）**外國人生活照顧服務計畫書。**

（三）外國人名冊。　　※（四）**外國人入國工作費用及工資切結書。**

※ 二、「移工一站式服務」(就業服務法 §47、雇主聘僱外國人許可及管理辦法∫ 34、36)

自 **112 年 1 月 1 日**起，勞動部於桃園及高雄成立「移工一站式服務中心」，雇主 (1) 從國外新聘及 (2) 聘僱逾 5 年未參加講習的外籍家庭看護工，應在 (1) 預定入國日 5 日前完成線上登錄及申請作業。

（一）外籍家庭看護工在中心入國後，接受 8 小時講習課程。

※（二）外籍家庭看護工在中心受完訓練，雇主當日即可取得：
(1) 完成入國通報、(2) 聘僱許可、(3) 居留許可、
(4) 加入職災保險、(5) 全民健保。

三、聘僱許可（函）申請（雇主聘僱外國人許可及管理辦法∫36)

雇主於所招募第二類外國人入國後 **15 日**內，應申請「聘僱許可」。

四、雇主（無）繼續聘僱第二類外國人申請「期滿聘僱許可」（雇主聘僱外國人許可及管理辦法∫39、40)【110-1】

第二類外國人，其**聘僱許可**有效期間屆滿**前 2 個月至 4 個月**內，雇主有繼續聘僱該外國人，得申請「**期滿續聘許可**」。

第二類外國人，其聘僱許可有效期間**屆滿前 2 個月至 4 個月內**，**雇主無繼續聘僱**該外國人，得申請「**期滿轉換（許可)**」。

五、聘僱許可期間（就業服務法 §52、雇主聘僱外國人許可及管理辦法∫38、〈藍領審查標準〉∫20)【105、110-1】

雇主聘僱第二類外國人，許可期間最長為 3 年。在我國工作期間，累計**不得逾 12 年**。

從事**家庭看護工**，且經 **(1) 專業訓練或 (2) 自力學習**（含「語言能力」、「工作能力」及「服務表現」），符合**累積 60 點**條件者，其工作期間累計**不得逾 14 年**。請參「外籍家庭看護工之工作期間累計至十四年之評點表 (9)」。

雇主申請聘僱**家庭看護工**，有（一)（二)，其工作期間得累計至 14 年：

（一）屆滿 12 年或（二）將於**一年內屆滿 12 年**之外國人。

伍、受聘第二類外國人展延聘僱（就業服務法）

一、申請「展延聘僱許可」理由（就業服務法 §52)【112-2】

有**重大特殊情形者**，雇主得申請展延，**展延次數、展延期間個案核准**定。但屬**重大工程**者，其展延期間最長以 **6 個月**為限。

聘僱許可展延次數、展延期間表 (7)

元素 第二類外國人	（展延次數，展延期間）
外籍製造工、看護…等	(N 次，? 個月)
重大工程（含營造工)	(1 次，6 個月)

表格製作：自創表

附表　外籍家庭看護工之工作期間累計至 14 年之評點表 (9)

項次	評點項目		資格條件	點數	應備文件及說明
1	專業訓練		取得我國**照顧服務員**技術士證	15	照顧服務員技術士證照影本
			經我國訓練單位、公協會訓練,符合照顧服務員**訓練**時數。	10	相關訓練單位或公協會開立照顧服務員結業證書或訓練合格證明,訓練時數達 90 小時以上。
			參加訓練單位、公協會辦理之照顧服務訓練	5	我國相關訓練單位或公協會開立照顧服務訓練證明。
2	自力學習	語言能力	符合下列資格之一: 1. 華語測驗入門級、閩南語認證基礎級…。 2. 華語、閩南語、客語學習達 **120 小時**以上。	35	應備以下文件之一: 一、教育部華語文能力測驗入門級合格證書…。 二、學習語言達規定時數以上證明。
			具備華語、客語、…可進行生活及工作溝通。	30	
		工作能力	**從事家庭看護工作 9 年以上,精熟看護工作。**	25	免附,由本部查核外籍家庭看護工為申請之雇主服務期間。
			從事家庭看護工作 6 年以上、未滿 9 年,熟練其被看護者照顧工作。	20	
			從事家庭看護工作 3 年以上、未滿 6 年,勝任其被看護者基礎照顧工作。	15	
			從事家庭看護工作一年以上,堪任其被看護者基本照顧工作。	10	
		服務表現	工作具有特殊表現,經地方政府出具證明。	25	地方政府出具特殊表現證明。
			工作具有特殊表現,取得證明。	20	申請雇主或曾聘僱雇主出具特殊表現證明或切結。

資料來源:勞動部

第十八章 外國人曠職通報、申請遞補、轉換雇主

壹、受聘僱外國人曠職通報、雇主申請遞補

一、曠職通報與驗證（就業服務法§56、雇主聘僱外國人許可及管理辦法∫68)

受聘僱**外國人**有：(1) 連續曠職 3 日失去聯繫 (2) 聘僱關係終止（提前解約）情事，雇主**應於 3 工作日內通知**：**1. 主管機關 2. 入出國管理機關 3. 警察機關**。

※ 二、「連續曠職 3 日失去聯繫」（就業服務法§56、§73)112.5.17 核釋

（一）「**連續曠職 3 日**」指外國人與雇主間之**聘僱關係**尚未終止，且無正當理由，而於其實際應**工作日連續 3 日**不到工者。

（二）「**失去聯繫**」指外國人離開雇主 (1) 工作場所及安排 (2) 住宿地點，且雇主、接受雇主或外國人委任之私立就業服務機構或相關單位無法確知外國人 (3) 住宿地點或 (4) 聯繫方式，並有：

(1) 無法聯繫外國人

(2)（有聯繫）外國人未告知可供查認住宿地點、聯繫方式

勞動部 112 年 5 月 17 日核釋《就業服務法》第 56 條第 1 項、第 73 條第 3 款規定及第 74 條第 1 項「受聘僱外國人有連續曠職 3 日失去聯繫之情事」。同時訂定「依《就業服務法》受聘僱之外國人曠職失去聯繫及自行離開雇主管理住宿地點處理原則」。

※ 三、雇主申請遞補條件（就業服務法§58、雇主聘僱外國人許可及管理辦法∫24)【111-1】112.4.21 增修

（不含家庭看護工）外國人於聘僱許可有效期間內，因**不可歸責於雇主**之原因：**出國、死亡、發生行蹤不明**之情事經依規定通知入出國管理機關及警察機關**滿 3 個月**仍未查獲者，雇主得向主管機關申請**遞補**。

雇主聘僱**外籍家庭看護工作者**，有下列情事之一者，得申請**遞補**：

（一）外國人於 (1) 入出國機場或 (2) 收容單位發生行蹤不明之情事，通知入出國管理機關及警察機關。

（二）外國人於**雇主處所**發生行蹤不明之情事，通知入出國管理機關及警察機關**滿 1 個月**仍未查獲。

※（三）外籍家庭看護工失聯逾 1 個月，或雇主與家庭看護移工雙方合意轉換，經廢止聘僱許可逾 1 個月，皆可申請遞補。

前二項遞補之聘僱許可期間，以補足原聘僱許可期間為限；原聘僱許可所餘期間不足 **6 個月**者，不予遞補。

通報及申請遞補期間表 (1)

原因　　　　　　　　　　通報、遞補		通報 / 遞補期間
因不可歸責於雇主之原因出國、死亡或行蹤不明 (失聯)		通報**滿 3 個月仍未查獲**
家庭看護工不可歸責雇主原因	入出國機場、收容單位失聯	通報
	雇主處所失聯	通報**滿 1 個月仍未查獲**
	失聯、合意轉換	失聯逾 1 個月、與雇主合意轉換，廢止聘僱許可逾 1 個月

表格製作：自創表 (就業服務法 §58、雇主聘僱外國人許可及管理辦法∫ 24)

貳、受聘僱第二類外國人轉換雇主或工作

一、外國人轉換雇主之規定 (就業服務法 §53) 轉換工作限制

受聘僱第二類外國人，**不得**轉換雇主或工作。

但有「本法」**第五十九條**情事，經中央主管機關核准者，<u>得轉換</u>。

二、外國人轉換雇主或工作之條件 (就業服務法 §59)【110-1】

第二類外國人有下列情事之一者，經核准，得轉換雇主及工作：

(一) 雇主或被看護者死亡或移民者。

(二) 船舶被扣押、沈沒或修繕而無法繼續作業者。

(三) 雇主關廠、歇業或不依勞動契約給付工作報酬經終止勞動契約者。

(四) 其他不可歸責於受聘僱外國人之事由者。

三、外國人轉換工作限制 (〈轉換準則〉∫ 8)

外國人辦理轉換登記，以原從事「**同一工作類別**」為限。

看護工及**家庭幫傭**視為**同一工作類別**。

參、受聘僱第二類外國人健康管理

一、健康檢查 (受聘僱外國人健康檢查管理辦法∫ 5)

第二類外國人辦理健康檢查之**時程**如下：

(一) 申請入國簽證，應備認可醫院核發 **3 個月內**健康檢查合格證明。

(二) **入國後 3 工作日**內，雇主應安排至指定醫院接受健康檢查。

(三) 入國**工作滿 6 個月、18 個月及 30 個月**之日**前後 30 日內**，雇主應安排至指定醫院接受定期健康檢查。

雇主因故未能依限安排 (二) 辦理入國後 3 工作日健康檢查者，得於**延長 3 工作日**內補行辦理。

二、轉換雇主或工作補健檢期限 (受聘僱外國人健康檢查管理辦法∫ 11)

第二類外國人**轉換雇主或工作**，已逾一年未接受健康檢查者，應自聘僱許可生效日次日起 **7 日內**，安排至指定醫院接受健康檢查。

三、因故補健檢期限 (受聘僱外國人健康檢查管理辦法∫ 12)【112-2】

第二類外國人因故未能於期限內健康檢查時,雇主得報 - 直轄市衛生主管機關備查,並 (1) 提前 7 日內或 (2) 事由消失後 7 日內,健康檢查。

肆、雇主繳交就業安定費標準及計算

一、聘僱第二類外國人需繳交就業安定費 (就業服務法 §55)【105】

雇主聘僱第二類外國人,應向「**就業安定基金專戶**」繳納就業安定費。

二、就業安定費免繳條件或情況 (就業服務法 §55)

受聘僱第二類外國人有下列之一者,雇主無須再繳納就業安定費,經雇主依規定通知而 **廢止聘僱許可**者:(1) **連續曠職 3 日失去聯繫** (2) **聘僱關係終止**之情事。

三、就業安定費期間計算 (雇主聘僱外國人許可及管理辦法∫ 46 之 2)

雇主繳納就業安定費,應自聘僱之外國人入國翌日或接續聘僱日起至聘僱許可屆滿日或 廢止聘僱許可前一日止。(指起日、迄日)

就業安定費計算起迄日表 (2)

聘僱起日	聘僱迄日	合法或非法使用
1. 外國人入國翌日	A 聘僱許可屆滿日	1A/2A 合法使用
2. 接續聘僱日	B 廢止聘僱許可前 1 日止	1B/2B 非法使用

表格製作:自創表

四、就業安定費計算及 (未) 繳交、未繳處分 (雇主聘僱外國人許可及管理辦法∫ 46 之 2) 【110-2】

就業安定費計算按聘僱外國人從事行業,計算**當季**應繳就業安定費:

(1) 行業別 (2) 就業安定費之數額 (3) 聘僱人數。

TO 馬達製造公司已聘僱越南籍**製造工共 82 人**,每季須向「**就業安定費**基金專戶」繳 納就業安定費,該公司繳交**就業安定費**計算:

(1) 行業別:TO 馬達製造公司屬於傳統製造業

(2) 就業安定費之數額:2,000 元 / 人

(3) 聘僱人數:82 人

(4) TO 馬達製造公司每季就業安定費 **2,000 元 ×82(人)×3(月)**

雇主未依規定期限繳納就業安定費者,**得寬限 30 日**;於寬限期滿仍未繳納者,自寬限 期滿之翌日起至完納前一日止,每逾一日加徵 0.3% 滯納金。但以其**未繳**之就業安定費 **30%** 為限。

※ 加徵滯納金 **30 日**後,雇主**仍未繳納者**,由中央主管機關 2 項處分:

(1) 就其未繳納之**就業安定費及滯納金**移送**強制執行**。

(2) 得廢止其**聘僱許可**之一部或全部。

伍、第二類外國人入國工作期間生活管理

一、生活照顧服務計畫（雇主聘僱外國人許可及管理辦法∫ 33【110-1】）

雇主落實《就業服務法》第四十六條**第九款或第十款**規定工作外籍勞工之生活照顧，均應遵守「**外國人生活照顧服務計畫書**」：

（一）飲食及住宿之安全衛生。

（二）人身安全之保護。

（三）文康設施及宗教活動資訊。（家庭幫傭或家庭看護工免）

（四）生活諮詢服務。（家庭幫傭或家庭看護工免）

（五）**住宿地點**及生活照顧服務人員。

（六）其他經中央主管機關規定之事項。

雇主聘僱家庭幫傭或家庭看護工，免規劃**第三款及第四款**規定事項。

雇主有：(1)(2)，應於**變更後 7 日內**，書面通知外國人 (3) **工作所在地**及 (4) **住宿地點**當地主管機關。

(1) 外國**人住宿地點**、

(2) 生活照顧服務人員變更。

二、生活照顧服務人員（雇主聘僱外國人許可及管理辦法∫ 60)

雇主聘僱第四十六條**第九款及第十款**、**私立就業服務機構**接受雇主委任辦理外國人生活照顧服務，設置生活照顧服務人員：

（一）聘僱人數達 10 人以上未滿 50 人者，至少設置 1 人。

（二）聘僱人數達 50 人以上未滿 100 人者，至少設置 2 人。

（三）聘僱人數達 100 人以上者，至少設置 3 人；每增加聘僱 100 人者，至少增設 1 人。

生活照顧服務人員應具備下列條件之一：

（一）取得就業服務專業人員證書者。

（二）大專校院畢業，並具 1 年以上工作經驗者。【112-2】

三、雙語能力人員（雇主聘僱外國人許可及管理辦法∫ 64)

雇主聘僱《就業服務法》第四十六條第一項**第十款**外國人達 30 人以上者；其所聘僱外國人中，應依下列規定配置具有雙語能力者：

（一）聘僱人數達 **30 人以上未滿 100 人者**，至少配置 1 人。

（二）聘僱人數達 100 人以上未滿 200 人者，至少配置 2 人。

（三）聘僱人數達 200 人以上者，至少配置 3 人；每增加聘僱 100 人者，至少增置 1 人。

四、雙語翻譯人員（〈藍領審查標準〉∫ 58，第三類外國人）

外國人受聘從事雙語翻譯工作之人數如下：（各款合計**不得超過 16 人**）

（一）機構從業人員人數之**五分之一**為限。

※（二）機構**受委託管理**外國人人數計算，**同一國籍每 50 人聘僱一人**。

雇主聘僱外國人（就服法 §46 第 8 款至第 10 款規定）工作繳就業安定費數額表
112.1.1 生效

工作類別		雇主聘僱外國人每人每月（日）繳納數額	
海洋漁撈工作	漁船船員工作	1,900 元	
	海洋箱網養殖漁撈工作	2,500 元	
家庭幫傭	由本國人申請	5,000 元 依〈審查標準〉，入國第 4 日起繳納。	
	由外國人申請	10,000 元 依〈審查標準〉，入國第 4 日起繳納。	
製造工作	屬一般製造業、製造業重大投資傳統產業（非高科技）、特定製程及特殊時程產業		2,000 元
	屬製造業特定製程產業（其他產業）	提高外國人核配比率 5% 以下	5,000 元
		提高外國人核配比率超過 5% 至 10% 以下	7,000 元
		提高聘僱外國人比率符合下列規定之一者： 一、外國人核配比率超過 10% 至 15% 以下 二、屬外國人從事〈藍領審查標準〉第 28 條或第 30 條且外國人核配比率超過 15%	9,000 元
		提高外國人核配比率超過 15%	11,000 元
	屬製造業重大投資非傳統產業（高科技）		2,400 元
	屬製造業特定製程產業及新增投資案（高科技）	提高外國人核配比率 5% 以下	5,400 元
		提高外國人核配比率超過 5% 至 10% 以下	7,400 元
		提高外國人核配比率超過 10%	9,400 元
外展製造工作	雇主尚未指派外國人至服務契約履行地		2,000 元
	外展製造服務契約履行地屬製造業特定製程或特殊時程產業	服務契約履行地使用外國人名額，未提核配率	2,000 元
		契約履行地使用外國人名額，屬提高核配率 5% 以下	5,000 元
		契約履行地使用外國人名額，提高核配率超過 5% 至 10% 以下	7,000 元
		契約履行地使用外國人名額，提高核配率超過 10% 至 15% 以下	9,000 元
		契約履行地使用外國人名額，提高核配率超過 15%	11,000 元

工作類別			雇主聘僱外國人每人每月（日）繳納數額
屠宰工作	領有屠宰場登記證書之屠宰場		2,000 元
	領有屠宰場登記證書之屠宰場	提高核配率 5% 以下	5,000 元
		提高核配率超過 5% 至 10% 以下	7,000 元
		提高核配比率超過 10%	9,000 元
營造工作	屬一般營造工作		1,900 元
	屬公共工程或民間重大經建工程工作		3,000 元
機構看護工	長期照顧機構、養護機構、安養機構、財團法人社會福利機構、護理之家機構、慢性醫院或設有慢性病床、呼吸照護病床之綜合醫院、醫院、專科醫院		2,000 元
家庭看護工	被看護者或雇主為依社會救助法所核定之低收入戶或中低收入戶		免繳
	被看護者或雇主依老人福利法授權訂定之中低收入老人生活津貼發給辦法，領有老人生活津貼者		免繳
	被看護者或雇主依身心障礙者權益保障法授權訂定身心障礙者生活補助費發給辦法，屬低收入戶、中低收入戶或符合家庭總收入及財產標準領有生活補助者		免繳
	2,000 元 被看護者或雇主非具以上身分，自入國第 4 日起繳納。		
外展看護工作	屬依法設立或登記之財團法人、非營利社團法人或其他以公益為目的之團體，且最近一年內曾受地方主管機關委託辦理居家照顧服務者		2,000 元
畜牧工作、農糧工作、養殖漁業工作及其他經中央主管機關會商中央目的事業主管機關指定農、林產業工作	一、畜牧工作：依畜牧法規定領有畜牧場登記證書或畜禽飼養登記證者 二、農糧工作：屬具種苗業登記證者、農業發展條例第三條規定農民或農民團體、具備產業經營事實之事業單位 三、養殖漁業工作：領有目的事業主管機關核發之養殖漁業登記證、區劃漁業權執照，或專用漁業權人出具入漁證明者 四、禽畜糞堆肥工作：領有中央目的事業主管機關核發之禽畜糞堆肥場營運許可證之代處理堆肥場		・2,000 元 ・提高核配率 5% 以下5,000 元
外展農務工作	農會、漁會、農林漁牧有關合作社或非營利組織		2,000 元

資料來源：勞動部

【實例 1】

失聯移工藏身社區大樓 桃警「清樓專案」埋守停車場逮人

2022-11-29 中時 賴佑維

桃園市桃園警分局執行「清樓專案」，與社區管理人員保持密切聯繫，近日發現派出所對面的社區大樓有某戶搬來多名移工，且均由車輛統一載運由地下室出入，警方監控後查獲 32 歲阮姓等 8 名失聯移工，全案移送專勤隊收容。

警方表示，發現 1 社區某戶搬來多名移工，經員警監控蒐證，研判應是失聯移工宿舍，員警於社區地下停場埋守，經盤查車上共有阮姓等 8 名越南籍失聯移工。

他們承租社區大樓作為宿舍，8 人鮮少外出，工作時同進同出。

【實例 2】

越南女滯台工作 12 年養家 小女兒在台求學帶母自首

2023-02-25 聯合報／記者陳宏睿／台中即時報導

越南籍阮姓女子在 12 年前赴台擔任監護工，扶養一對女兒，但逾期居留超過 3000 多天，阮女的小女兒高中畢業後也到台灣念書，因阮女近日腫瘤手術，也擔心母親遭查獲，未來不能參與她的畢業典禮，得知移民署有擴大自首專案後，帶著母親到台中專勤隊自首，繳罰款 2000 元。

台中專勤隊得知狀況後，告知阮姓母女，目前有「擴大逾期停（居）留外來人口自行到案專案」，只要在 6 月 30 日前自行到案，僅需繳罰金 2000 元，而且未來無需管制 1 至 3 年，只要自行買機票回國即可，不用收容、遣返，鼓勵逾期的外來人口踴躍自行到案。

【實例 3】

竹北工地查獲多名失聯移工

2022-11-06 聯合報／巫鴻瑋／新竹即時報導移工

移民署中區事務大隊新竹縣專勤隊昨前往竹北、湖口等地多處工地查緝失聯移工，僅 1 天就查獲 9 人。

專勤隊指出，因接獲民眾檢舉，竹北嘉豐五路某工地，專勤隊員前往查察時，果然遇到 1 名。

專勤隊在竹北市東興路某建案工地遇到接送移工上下班的接駁車，隨即開車追捕，沒想到還遭衝撞，幸好及時躲閃。

專勤隊指出，2 處工地就查獲 6 名失聯移工，湖口等地也查獲 3 名失聯移工，確定違法都將盡速安排遣返回國。

第十九章 外國人工作檢查、雇主違規及處分

壹、雇主指派受聘外國人工作、工作場所檢查 (就業服務法)

一、實施工作檢查 (就業服務法 §62、67)

主管機關、入出國管理機關、警察機關得指派人員，至外國人 (1) **工作場所**或 (2) 可疑有外國人違法工作之場所，實施檢查。

對上述檢查，**雇主、外國人**及其他有關人員不得**規避、妨礙或拒絕**。

雇主、**外國人**違反規定者，主管機關依法處以前揭行為人 **6 萬元以上 30 萬元以下**罰鍰。

二、旅費及收容期間之必要費用 (就業服務法 §60)【108】

雇主所聘僱外國人，(**行蹤不明經通報後被查獲**)，經入出國管理機關依法遣送出國者，(1) 遣送所需之**旅費**、(2) 收容期間之**必要費用**。

應由下列順序之人負擔：

(一) 非法容留、聘僱或媒介外國人從事工作者。(指**非法雇主**或**非法仲介**)

(二) 遣送事由可歸責之**雇主**。

(三) 被遣送之**外國人**。

【註】**(1) 旅費**，包括 (1-1) 遣返機票 (1-2) 外國人向駐華機構申辦返國旅行文件費用；(2) 收容期間**必要費用**：收容或替代收容期間伙食費。

貳、雇主違規情事及處分 (就業服務法 §57、63、66、67、68、72)

雇主聘僱外國人**不得有下列情事**：【102、112-3】

(一) 聘僱 (1) 未經許可 (2) **許可失效 (3)** 他人所申請聘僱之**外國人**。

聘僱許可失效等外國人表 (1)

雇主	外國人身分	違法情形
違規聘僱	(1) 未經許可	雇主未依法申請聘僱許可。
	(2) 許可失效	原雇主依法聘僱後外國人行蹤不明者或雇主依法聘僱後聘僱許可屆滿，未按期申請續聘 (或展延) 許可。
	(3) 聘僱**他人**所申請聘僱之外國人。	

表格製作：自創表

(二) 以本人名義聘僱外國人**為他人工作**。

長期借出 VS 長期借入表 (2)

合法雇主 (長期借出)(§57-2 款)	非法雇主 (長期借入)(§57-1 款)
以**本人**名義聘僱外國人為**他人**工作	聘僱**他人**所申請聘僱之外國人

※（三）指派所聘僱之外國人從事**許可以外**之工作。

（四）未經許可，指派所聘僱從事第 46 條**第 8 款至第 10 款**規定工作之外國人**變更工作場所**。

※（五）未依規定安排所聘僱之外國人接受健康檢查或未依規定將健康檢查結果函報衛生主管機關。

※（六）因聘僱外國人致生解僱或資遣本國勞工之結果。

（七）對所聘僱外國人以強暴脅迫或其他非法之方法，強制其從事勞動。（違反 §57-1-7 款得依《人口販運防治法》第 2、32 條）

（八）非法扣留或侵占所聘僱外國人之護照、居留證件或財物。

（九）其他違反本法或依本法所發布之命令。

雇主指派受聘僱外國人工作之違規情事及處分表 (3)

處分類別 違規 §57	第一次違規處分		第二次以上違規處分	
	罰鍰	廢止招募及聘僱許可	罰鍰	廢止招募及聘僱許可
1,2 款	§63 F15~75 萬	（全部／一部分）	§63 F120 萬	（全部／一部分）
3、4 款	§68 F3~15 萬	﹣﹣﹣﹣﹣	§68 F3~15 萬	（全部／一部分）
5 款	§67 F6~30 萬	﹣﹣﹣﹣﹣	§67 F6~30 萬	（全部／一部分）
6 款	§68 F2~10 萬／每人	（全部／一部分）	§68 F2~10 萬／每人	（全部／一部分）
7 款	刑責	（全部／一部分）	刑責	（全部／一部分）
8、9 款	§67 F6~30 萬	（全部／一部分）	§67 F6~30 萬	（全部／一部分）
違反 §55	(Pa+Pb) 強制執行	（全部／一部分）	(Pa+Pb) 強制執行	（全部／一部分）
違反 §60	﹣﹣﹣﹣﹣	（全部／一部分）	﹣﹣﹣﹣﹣	（全部／一部分）

表格製作：自創表，違反 §57-7 款得以《人口販運防治法》移送處分。

另「廢止招募及聘僱許可」意指依廢止招募及聘僱許可比率，使其聘僱外國人轉出（換）給其他雇主或回國。

外國人入國合法工作三要素表 (4)

	就服法	第二類外國人	第一類外國人
許可的雇主	§48	Ö	Ö
許可的工作	§57-3 款	Ö	Ö
許可的工作地點	§57-4 款	Ö	Ö
許可的住宿地點	§57-9 款	Ö	…

【註】：Ö 代表適用　表格制作：自創表

【實例 1】

免收容助返鄉 內政部籲逾期外來人口自行到案
2023/02/05 中時 李文正

移民署為了幫助逾期停留外來人口返鄉，5 日在台北車站舉辦「回家路上，移定有我」活動，自 2 月 1 日至 6 月 30 日推動「擴大逾期停留外來人口自行到案專案」，採取免收容、低罰鍰、不管制相關措施。內政部次長吳堂安也呼籲，歡迎逾期停留的外來人口向移民署各專勤隊及服務站等單位洽詢，儘速返鄉和家人團聚。

內政部指出，為防杜外國人逾期滯留我國，已修正「入出國及移民法」部分條文修正草案，日前送立法院審查，針對逾期的罰鍰，從現行 2,000 元到 1 萬元，加重為 3 萬元到 15 萬元，且管制來臺期間自最高 3 年改為最高 10 年，呼籲在台逾期停留的外來人口，在加重逾期罰鍰及管制前，把握機會自行到案。

第二十章 私立就業服務機構設立與管理

壹、營利私立就業服務機構分類

一、就業服務業務 (就業服務法 §35、私立就業服務機構許可及管理辦法 ﹝ 3)

私立就業服務機構得經營下列**就業服務業務**：【110-1】

（一）職業介紹或人力仲介業務。

（二）接受委任招募員工。

※（三）協助國民釐定**生涯發展計畫**之 **(1) 就業諮詢**或 **(2) 職業心理測驗**。

※（四）其他經中央主管機關指定之就業服務事項。(**外國人就業服務**)

1. 接受雇主委任辦理聘僱外國人之**聘僱事宜**。

2. 接受雇主或外國人委任辦理外國人之**生活及工作管理事宜**。

3. **接受從事**本法第四十六條藍領外國人委任，代其辦理**居留業務**。

A、B 型私立就業服務機構職掌比較表 (1)

A 型私立就業服務機構	B 型私立就業服務機構
（一）**職業介紹**或**人力仲介**業務。 （二）接受委任招募員工。 （三）協助國民釐定生涯發展計畫之**就業諮詢**或**職業心理測驗**。	（一）**職業介紹**或**人力仲介**業務。 （二）接受委任招募員工。 （三）生涯發展計畫**就業諮詢**或**職業心理測驗**。
（四之一）接受雇主委任辦理聘僱外國人： 1. 招募、引進、接續聘僱。 2. 申請招募、聘僱、展延聘僱**許可**。 3. 遞補、轉換雇主、轉換工作。 4. 通知外國人連續曠職 3 日失去聯繫核備。	……
（四之二）接受雇主或外國人委任辦理在我國境內工作外國人； 1. **生活照顧服務**　　2. 安排入出國 3. 安排接受健康檢查　　4. 健康檢查結果函報 5. 諮詢 6. 輔導 7. 翻譯	……
（四之三）**接受從事**本法第四十六條藍領外國人委任，代其辦理居留業務。(110.6 修)	……

表格製作：自創表

《就業服務法》第六條第六款者稱「A 型」、第六條第三款者稱「B 型」。

貳、(營利)私立就業服務機構許可設立

一、機構機構設立 (就業服務法 §34)

私立就業服務機構應向主管機關申請**設立許可**,經發給「**許可證**」後,始得從事就業服務業務。

「**未經許可,不得從事就業服務。**」,違反規定者,處 **30 萬元以上 150 萬元以下罰鍰**。(指未設立機構,個人不得從事就業服務)

※ 二、(A 型)私立機構設立申請許可 (私立就業服務機構許可及管理辦法 ∫ 12)

私立就業服務機構設立,應向**所在地**之主管機關申請許可。但從事下列仲介業務,應向**中央**主管機關申請許可:

1. 外國人至我國境內工作。

2. 仲介**香港或澳門居民、大陸地區人民**至臺灣地區工作。

3. 仲介**本國人**至臺灣地區以外工作。

三、公司型態組織 (就業服務法 §38)

辦理 **(A 型)** 私立就服機構,應以**公司**型態組織之。

※ 四、原實收資本總額 (私立就業服務機構許可及管理辦法 ∫ 11)

辦理仲介本國人在國內工作之私立就業服務機構最低實收資本總額為 50 萬元,每增設一分支機構,應增資 20 萬元。

辦理 **(A 型) 私立就服機構**,最低實收資本總額為 **500 萬元**,每增設一分公司,應增資 **200 萬元**。

※ 五、保證金 (私立就業服務機構許可及管理辦法 ∫ 14)

申請設立許可時,應繳交由銀行出具金額 **300 萬元**保證金之保證書,作為**民事責任**之擔保。

私立就業服務機構於**許可證**有效期間,有下列二條件者:

(1) 未發生擔保責任 (2) 最近一次經評鑑為 A 級者

每次許可證效期屆滿換發新證時,保證金依次遞減 **100 萬元**之額度。但最低遞減至 **100 萬元**。

六、設立許可及核發許可證 (私立就業服務機構許可及管理辦法 ∫ 12、13)

私立就業服務機構之二階段許可 (1) 籌設許可 (2) 設立許可。

1. 申請設立私立就業服務機構者,應申請**籌設許可**。

2. 申請**許可籌設**者,應自核發**籌設許可**之日起 **3 個月**內,依法登記並應向主管機關申請 (1) **設立許可**及核發 (2) **許可證**。

展延期限最長**不得逾 2 個月**,並以一次為限。

私立就業服務機構籌設許可及設立許可程序表 (2)

階段許可	應備文件	申請、許可機關
申請籌設許可	一、申請書。 二、**法人組織章程**或合夥契約書。 三、營業計畫書或執行業務計畫書。 四、**收費項目及金額明細表**。 五、**實收資本額證明**文件。	**經濟部**或直轄市、縣市政府
設立許可及核發許可證	一、申請書。 二、從業人員名冊。 三、**就業服務專業人員證書**及其國民身分證正反面影本。 四、**公司登記**、商業登記證明文件。 五、銀行保證金之**保證書正本**。 六、經當地主管機關依前條第四項規定**檢查確有籌設事實之證明書**。	**勞動部**或直轄市、縣市政府

表格製作：自創表

參、就業服務專業人員之設置

一、專業人員職責（私立就業服務機構許可及管理辦法∫7）【108】

就業服務專業人員職責如下：

（一）辦理及分析**職業性向**。

（二）協助釐定**生涯發展計畫之就業諮詢**。

（三）**查對**所屬私立就業服**機構**辦理就業服務之各項**申請文件**。

（四）簽證**雇主**相關**申請書**。

就業服務專業人員職責表 (3)

就業服務專業人員職責	私立就業服務機構職掌
（一）辦理及分析**職業性向**。 （二）協助釐定**生涯發展計畫就業諮詢**。	（三）協助國民釐定**生涯發展計畫** **1. 就業諮詢** **2. 職業心理測驗**。
（三）**查對**所屬私立就業服**機構**辦理就業服務之各項**申請文件**。 （四）依規定於**雇主**相關**申請書簽證**。	（一）職業介紹或人力仲介業務。 （二）接受委任招募員工。 （四）其他經中央主管機關指定**外國人就業服務**。
禁止情事（就業服務法 §37）	禁止情事（就業服務法 §40）

表格製作：自創表

二、專業人員設置 (就業服務法 §36)、設置標準 (私立就業服務機構許可及管理辦法∫6)

私立就業服務機構應置符合規定資格及數額之**就業服務專業人員**之數額如下：

(一) **從業人員**人數在 5 人以下者，應置就業服務專業人員至少 1 人。

(二) 從業人員人數在 6 人以上 10 人以下者，應置就業服務專業人員至少 2 人。

(三) 從業人員人數逾 10 人者，應置就業服務專業人員**至少 3 人**，並自第 0011 人起，每逾 10 人應另增置就業服務專業人員 1 人。

「從業人員」指私立就業服務機構從事**就業服務業務之人員**，包含總經理及**總經理以下人員**，但不含**會計、總務**等行政事務人員。

三、禁止情事 (就業服務法 §37、71)【108】

就業服務專業人員不得有下列情事：

(一) 允許他人假藉本人名義從事就業服務業務。

(二) 違反法令執行業務。

就業服務專業人員違反本法第三十七條規定者，中央主管機關得**廢止**其就業服務「專業人員證書」。

四、廢止證書後再申請年限 (私立就業服務機構許可及管理辦法∫5 之 1)

就業服務專業人員經依《就業服務法》第七十一條規定廢止證書者，自廢止之日起 **2 年內**不得再行申請核發證書。(指重新參加檢定)

五、許可證禁止出租 (私立就業服務機構許可及管理辦法∫24)

私立就業服務機構之許可證，不得租借或轉讓。

肆、私立就業服務機構營運管理

一、變更許可、業務廣告 (私立就業服務機構許可及管理辦法∫18、35)

私立就業服務機構變更 **(1) 機構名稱、(2) 地址、(3) 資本額、(4) 負責人、經理人、董 (理) 事或代表人**等許可證登記事項前，應向原許可機關申請**變更許可**。

經許可變更者，應自核發變更許可之日起 **3 個月**內申請**換發許可證**。

未能規定期限內申請者，應申請展延且**不得逾 2 個月** (1 次)。

私立就業服務機構刊播或散發就業服務**業務廣告 (DM)**，應載明 **(1) 機構名稱、(2) 許可證字號、(3) 機構地址及 (4) 電話**。【110-1】

私立就業服務機構變更許可及**業務廣告表 (4)**

	機構名稱	機構地址	資本額	負責人等	許可證號碼	電話
變更許可	⊍	⊍	⊍	⊍	×	×
業務廣告	⊍	⊍	×	×	⊍	⊍

表格製作：自創表

二、換發許可證 (私立就業服務機構許可及管理辦法 ∫ 25)

私立就業服務機構許可證**有效期限為 2 年，有效期限屆滿前 30 日內**，應重新申請 (1) 設立許可及 (2) 換發許可證。

三、暫停營業備查 (私立就業服務機構許可及管理辦法 ∫ 26)

私立就業服務機構暫停營業一個月以上者，應於停止營業之日起 **15 日內**，向原許可機關申報備查。

停業期間最長<u>不得超過一年</u>；復業時應**於 15 日**內申報備查。

四、終止營業登記 (私立就業服務機構許可及管理辦法 ∫ 27)

私立就業服務機構終止營業時，應於辦妥 (1) 解散、(2) 歇業登記或 (3) 變更營業項目之日起 30 日內，向原許可機關繳銷許可證。

※ 五、許可證揭示 (私立就業服務機構許可及管理辦法 ∫ 28)

私立就業服務機構應將 **(1) 許可證、(2) 就業服務專業人員證書、(3) 收費項目及金額明細表**，揭示於營業場所內之明顯位置。

違規者，主管機關將處以 6 萬元以上 30 萬元以下罰鍰。

伍、私立就業服務機構違規情事及處分 (一)

※ 一、違規事項 (就業服務法 §40)【110-2】

私立就業服務機構及其從業人員，不得有下列情事違規情事：

（一）辦理仲介業務，未依規定與雇主或求職人簽訂書面契約。(∫ 20、21)

※**（二）為不實之廣告或違反第 5 條第 1 項規定之廣告或揭示。**

（三）違反求職人意思，留置其 (本國) 國民身分證、(外國人) 工作憑證。

（四）扣留求職人財物或收取推介就業保證金。

（五）要求、期約或收受規定標準以外費用，或其他不正利益。

（六）行求 (賄)、期約或交付不正利益。

※**（七）仲介求職人從事違背公共秩序或善良風俗之工作。**

※**（八）接受委任辦理聘僱外國人之申請許可、招募，提供不實資料。**

※**（九）辦理就業服務業務有恐嚇、詐欺、侵占或背信情事。**

（十二）未依規定辦理變更登記、停業申報或換發、補發證照。(∫ 18、25)

（十三）未依規定揭示私立就業服務機構許可證、收費項目及金額明細表、就業服務專業人員證書。(∫ 28)

※（十四）經主管機關處分停止營業，其期限尚未屆滿即自行繼續營業。(§69、70)

（十五）未善盡受任事務，致雇主違反《就業服務法》。

（十六）租借或轉租私立就業服務機構許可證或就業服務專業人員證書。

※（十七）接受委任引進之外國人入國 3 個月內發生行蹤不明之情事，並於一年內達一定之人數及比率者。

（十八）**對求職人或受聘僱外國人有性侵害、人口販運、殺人行為。**

※（十九）知悉受聘僱外國人疑似遭受雇主、被看護者或代表雇主處理有關勞工事務之人為性侵害、人口販運、重傷害或殺人行為，而**未於 24 小時內向主管機關、入出國管理機關、警察機關通報。**

私立就業服務機構違規情事及處分 (5)

違規情事 ＼ 違規處分	§65 F(30~150 萬)	§66 F(10~20 倍)	§67 F(6~30 萬)	其他
§40-1- 各款	2. 不實廣告 7. 不良工作 8. 不實資料 9. 不信行為 **18. 不人性行為**	5. 索取規定標準外費用、不正利益	1、3、4、6、10、11、12、13、**14**、15、16、17、**19**、**20**	
§69 停業	8 款	5 款	4、6 款	§45
§70 廢止許可證	**2、7、9、18 款**	×××	14 款	§38
不予許可	×××	×××	17 款	×××

表格製作：自創表

二、行蹤不明情事人數及比率查核 (私立就業服務機構許可及管理辦法∫ 31-1)

(112.9.4 修 /112.12.16 實施)

中央主管機關應定期於每年 3 月、6 月、9 月及 12 月，依第三十一條〈附表二〉規定查核外國人力仲介公司接受委任仲介其他國家人民至我國境內工作，其所仲介之外國人入國後一個月內發生**行蹤不明情事之人數及比率**。

中央主管機關經查核後發現，外國人力仲介公司達前述人數及比率之次數，應通知外交部及駐外館處，依下列規定日數，暫停其接受外國人委任辦理申請簽證：

（一）第一次：暫停 7 日。

（二）第二次以上：暫停日數按次增加 7 日，最長為 28 日。

〈附表二〉外國人力仲介公司不予認可與暫停接受外國人委任辦理申請簽證之行蹤不明比率及人數

辦理入國引進之外國人人數	行蹤不明比率及人數
1 人 ~50 人	7.82% 以上
51 人 ~200 人	6.35% 及 4 人以上
201 人 ~500 人	4.30% 及 13 人以上
501 人 ~1,000 人	3.33% 及 22 人以上
1,001 人以上	2.94% 及 34 人以上

> 註一：辦理入國引進之外國人人數：
>
> 1. 第三十一條第一項第十五款規定：指申請之日前 2 年內辦理 入國引進之外國人總人數。
>
> 2. 第三十一條之一規定：指查核之日前 3 個月內辦理入國引進 之外國人總人數。
>
> 註二：行蹤不明比率＝行蹤不明人數 ÷ 辦理入國引進之外國人人數。
>
> 註三：行蹤不明人數：
>
> 1. 第三十一條第一項第十五款規定：指外國人入國後 3 個月 內，發生連續曠職 3 日失去聯繫之情事，經廢止或不予核發 聘僱許可之總人數。
>
> 2. 第三十一條之一規定：指外國人入國後一個月內，發生連續 曠職 3 日失去聯繫之情事，經廢止或不予核發聘僱許可之總 人數。

陸、私立就業服務機構違規情事及處分 (二)

※ 一、停業處分 (就業服務法 §69)

私立就業服務機構有下列情事之一者，由主管機關處一年以下**停業處分**：

(一) 違反第四十條第一項第四款至第六款、第八款或第四十五條規定。

(二) 同一事由，受罰鍰**處分 3 次**，仍未改善。(如 §40 第 1、1、1 款)

(三)(不同一事由)**一年內**受罰鍰處分 **4 次以上**。(如 §40 第 1、2、3、4 款)

二、廢止設立許可 (就業服務法 §70)

私立就業服務機構有下列情事之一者，主管機關得**廢止其設立許可**：

(一) 違反第 38 條、**第 40 條第 2、7、9、14、18 款規定**。

(二) 1 年內受停業處分 2 次以上。

私立就業服務機構經**廢止設立許可者**，其負責人或代表人於 **5 年內**再行申請設立，主管機關應不予受理。**(107.11 修)**

三、非法仲介 (就業服務法 §45)

任何人不得媒介外國人**非法**為他人**工作**。

四、罰則 (就業服務法 §64) 私立就業服務機構**連帶**處罰

(一) **未意圖營利違反第 45 條規定者**：

   1. 處新臺幣 10 萬元以上 50 萬元以下罰鍰。

   2. 5 年內再違反者，處 1 年以下有期徒刑或併科 60 萬元以下罰金。

(二) **意圖營利而違反第 45 條規定者**，處 3 年以下有期徒刑或併科 120 萬元以下罰金。

【實例 1】

護理站放的仲介名片是假的 她無辜聘非法移工挨罰 10 萬

2021-09-30 聯合報 / 記者張議晨 / 高雄即時報導移工

高雄 37 歲蔡姓女子的祖母病危入住高雄榮總，由於院內合作的看護人力不足，她情急之下看到急診護理站留有仲介名片，聯絡上柯姓仲介後聘請一名越籍看護 V 女照顧祖母，沒料聘請第 7 天，V 女就被移民署查獲是逃逸移工，蔡女才驚覺仲介、看護「攏系假」，最後被高市府裁罰 10 萬元，繳款之餘她決定提訴爭權益，法官仍認為她未善盡注意責任判罰。

前年 10 月 15 日起，蔡女祖母入住高雄榮總，由於祖母深夜需有專責看護照顧，於是從高榮護理站拿了張「柯柏菜」仲介名片，連絡上柯姓仲介後，隨即安排一位懂台語的越籍看護照顧祖母，每天看護費要 2200 元，並沒有低於行情價。

沒料事隔 7 天候，台南市專勤隊員出現在榮總病房，疑惑的蔡女詢問專勤隊幹員，才驚覺自己聘請到逃逸移工，跟著專勤隊跑到台南製作筆錄。

高雄地方法院法官認為，就業服務法施行多年，蔡女即使沒故意也有過失，雖然她主張因時間緊急，來不及查證 V 女工作資格等，但 V 女是否違失聯移工、有無合法工作資格，只需向柯姓仲介查證即可，因此不採信蔡女說法，高雄市勞工局已酌減罰鍰金額，從 15 萬元減到 10 萬元，認事用法無違誤，判蔡女敗訴。

至於提供非法移工的柯姓仲介，因被查獲在榮總媒介兩名非法移工，被橋頭地方法院依媒介外國人非法為他人工作，各處拘役 55 天，合併執行 100 天拘役，得易科罰金 10 萬元。

【附錄】

私立就業服務機構收費項目及金額標準【112-3】　　　　106.4.6

條文	備註
§1 本標準依就業服務法（稱本法）第 35 條第 2 項規定訂定之	
§2 本標準收費項目定義如下： 一、登記費：辦理求職或求才登錄所需之費用。 二、介紹費：媒合求職人與雇主成立聘僱關係所需費用。 三、職業心理測驗費：評量求職人之職業能力等所需費用。 四、就業諮詢費：協助求職人了解其就業人格特質，釐定其就業方向所需之費用。 五、服務費：辦理經中央主管機關依本法第 35 條第 1 項第 4 款指定之就業服務事項所需之費用，包含接送外國人所需之**交通費用**	另《就業服務法申請案件審查費及證照費收費標準》

條文	備註
§3 營利就業服務機構接受<u>雇主</u>委任辦理就業服務業務，得向<u>雇主收取費用之項目</u>及金額如下： 一、**登記費**及**介紹費**： 　（一）招募員工第一個月薪資在「平均薪資」以下者，合計每一員工不得超過其第一個月薪資。 　（二）招募員工第一個月薪資逾平均薪資者，合計每一員工不得超過其 4 個月薪資。 二、**服務費**：每一員工每年不得超過 2000 元。 　平均薪資，係指中央主管機關公告之行職業別薪資調查最新一期之工業及服務業人員每月平均薪資。	
§4 營利就業服務機構接受**本國求職人**委任辦理就業服務業務，得向本國求職人收取費用之項目及金額如下： 一、登記費及介紹費：合計不得超過求職人**第一個月薪資 5%**。 二、就業諮詢費：每小時不得超過 1000 元。 三、職業心理測驗費：每項測驗不得超過 700 元。	
§5 營利就業服務機構接受外國人委任辦理從事本法第 46 條第 1 項第 1 款至第 7 款或第 11 款規定工作之就業服務業務，得向外國人收取費用之項目及金額如下： 一、**登記費及介紹費**：合計不得超過外國人第一個月薪資。 二、**服務費**：每年不得超過 2000 元。	
§6 營利就業服務機構接受**外國人**委任辦理從事本法第 46 條第 1 項第 8 款至第 10 款規定工作之就業服務業務，得向外國人收取**服務費**。 服務費之金額，依外國人當次入國後在臺工作累計期間： ・**第一年每月不得超過 1800 元、** ・**第二年每月不得超過 1700 元、** ・**第三年起每月不得超過 1500 元。** 但曾受聘僱工作 <u>2 年以上</u>，因聘僱關係終止或聘僱許可期間屆滿出國後再入國工作，並受聘僱於同一雇主之外國人，每月不得超過 **1500 元**。 前項費用**不得預先**收取。	
§7 **非營利**就業服務機構接受委任辦理就業服務業務，得向**雇主、本國求職人或外國人收取費用之項目，適用第三條至第六條**規定，收費金額以第三條至第六條規定金額 **80%** **為上限**。	
§8 本標準自發布日施行。	

就業服務法申請案件審查費及證照費收費標準　　　　111.4.30

條文	備註
§1 本標準依《就業服務法》（稱本法）第 81 條規定訂定之	
§2 雇主申請聘僱外國人各項許可，應依下列標準繳納審查費： 一、第 46 條第 1 項第 1-2 款、第 4-6 款規定工作聘僱、展延聘僱許可及第 51 條第 3 項規定工作許可，每件 500 元。 二、第 46 條第 1 項第 8 至 10 款規定工作之招募、轉換雇主（或工作）許可，每件 200 元。 三、第 46 條第 1 項第 8 至 10 款規定工作之入國簽證、聘僱、展延聘僱、遞補許可、延長招募許可引進期限，每件 100 元。 四、第 46 條第 1 項第 11 款規定工作之聘僱、展延聘僱、轉換雇主或工作許可，每件 300 元。 五、第 46 條 1 項第 8 款至第 11 款規定工作變更工作場所、變更被看護者、變更或新增受照顧人，每件 100 元。 六、第 50 條第 1 項各款外國人申請聘僱許可，每件新 100 元。 七、第 51 條第 1 項第 1 款至第 4 款規定工作之聘僱、展延聘僱許可，每件 100 元。 申請補發前項許可者，每件繳納審查費 100 元。	
§3 私立就業服務機構或就業服務專業人員申請許可或核發證照，應依下列標準繳納審查費或證照費： 一、私立就業服務機構申請設立許可，每件 500 元。 二、私立就業服務機構申請變更登記許可，每件 250 元。 三、私立就業服務機構申請核發許可證，每件 2,000 元。 四、換發或補發前款許可證，每件 1,000 元。 五、核發、換發或補發就業服務專業人員證書，每件 400 元。 六、外國人力仲介公司申請認可，每件 2,000 元。	
§4 外國人申請工作許可，應繳納審查費每件 100 元。	
§5 申請人應依本標準向主管機關或其委託機構繳納審查費或證照費。 前項機構由主管機關公告之。	
§6 本標準自發布日施行。	

第二十一章 就業市場結構與分析運用

壹、就業市場結構 (指標)

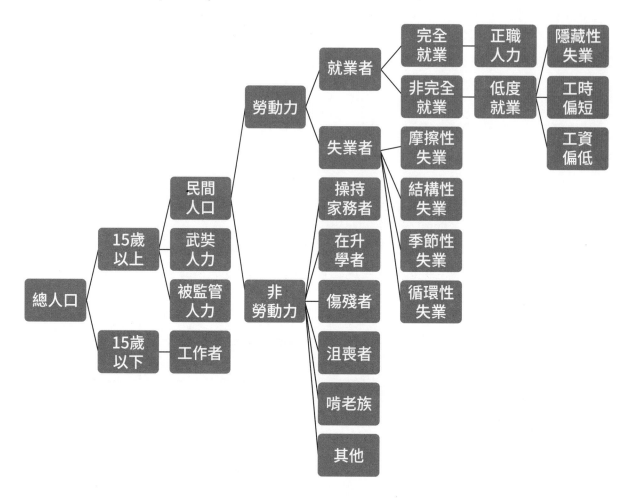

勞動力體系圖：自創圖

貳、二元制勞動力市場 (The Dual Labor Market Theory)

一、二元勞動市場簡介

1970 年代初，Lester C.Thurow，M. J. Piore 等提出二元勞動力市場分割理論。

勞動力市場存在 (1) 主要 (2) 次要勞動力市場的分割：

(1) 主要勞動力市場：收入高、工作穩定、工作條件好、培訓機會多、具有良好的晉升機制；

(2) 次要勞動力市場：收入低、工作不穩定、工作條件差、培訓機會少、缺乏晉升機制；**主要勞動力市場**的勞動者而言，教育和培訓能夠提高其收入，而對**次要勞動力市場**的勞動者而言，接受教育和培訓對於提高其收入沒有作用；且主要勞動力市場和次要勞動力市場之間的流動較少。

二、勞動市場區隔、工作特徵【111-2】

學者認為，在勞動市場中一直存在勞動市場區隔現象，不同勞動市場的工作難以相互流動。

就業服務人員應協助服務個案了解不同市場工作的特徵，做適當的工作特性分析和媒合。請從下列 A~H 特徵，選出：

(一) 哪 4 項屬於基層主要勞動市場工作特徵？(4 分)

(二) 哪 3 項屬於高層主要勞動市場工作特徵？(6 分)

A. 擁有多的自主性	B. 鼓勵服從性
C. 工作規則較無制度化	D. 很容易因季節因素失業
E. 較高的職業流動和工作轉換	F. 工作環境惡劣
G. 收入及地位都高	H. 工作穩定但薪水較低

《參考解》

(一) 依題意，B、D、F、H(選二項)。(二) 依題意，A、E、G。

參、就業市場結構的統計分析、運用

一、人力資源 (總人口)(113.4.18 修正)

109-112 年人力資源概況表 (21~1)　　單位：千人

年度別	總人口	15 歲以上民間人口	勞動力		非勞動力
			就業者	失業者	
109 年 12 月	23,409	20,236	11,967	440	8,268
110 年 12 月	23,375	20,139	11,480	433	8,225
111 年 12 月	**23,265**	**20,059**	**11,451**	**418**	**8,190**
112 年 12 月	**23,260**	**20,219**	**11,583**	**399**	**8,237**

資料來源：勞動統計查詢網 / 統計資料庫查詢 / 就業失業

【計算 112 年各項指標】

(一) 勞動力　　　　　　=11,583+399　　=11,982 千人

(二) 勞動參與率 (%) =11,982÷20,219 =59.26%

(三) 失業率 (%)　　　=399÷11,982　　=3.33%

二、民間人口 (= 勞動力 + 非勞動力)【110-1】

勞動力　＋　非勞動力　＝　民間人口

民間人口 圖

在資料標準**週及前3週內**，15歲以上我國人口，扣除(一)武裝勞動力(現役軍人)、(二)被監管人口與(三)失蹤人口。

合法在我國工作外國人及尚未取得我國國籍之外籍或大陸配偶等(含持有短期、長期或居留證者)，均非我國人口(國民)，不計算在內。

民間人口等各種指標按(一)性別(二)年齡(三)教育程度等計算。

109-112 年民間人口 - 按性別分表 (21~2)　　　單位：千人

年別 ＼ 性別	總計	女性	男性
109 年 12 月	20,236	10,364	9,872
110 年 12 月	20,139	10,311	9,828
111 年 12 月	**20,059**	**10,296**	**9,763**
112 年 12 月	**20,219**	**10,412**	**9,807**

資料來源：勞動統計查詢網 / 統計資料庫查詢 / 就業失業

109-112 年民間人口狀況表 - 按年齡別分表 (21~2-1)　　　單位：千人

年別 ＼ 民間人口年齡	民間人口				
	合計	15-24 歲	25-44 歲	45-64 歲	65 歲以上
109 年 12 月	20,236	**2,578**	**6,907**	6,996	3,756
110 年 12 月	20,139	**2,450**	**6,778**	7,002	3,909
111 年 12 月	**20,059**	2,330	6,672	**7,010**	**4,047**
112 年 12 月	**20,219**	2,251	6,600	**7,113**	**4,256**

資料來源：勞動統計查詢網 / 統計資料庫查詢 / 就業失業

【計算 112 各項指標】

(一)**那一年齡層**民間人口人數 109-112 年**下降**？

　　15-24 歲、25-44 歲年齡層人數 109-112 年下降。

(二)造成 15-24 歲、25-44 歲年齡層下降之原因？

　　1. 適婚年齡延長(平均女性約 29 歲、男性約 32 歲)，因結婚年齡延遲，致新生人數產出下降。

　　2. 女性已婚者考量子女養育費用等因素，生產意願下降，出生率降低，致新增(民間)人口減少。

　　3. 15-24 歲民間人口人數連續逐年下降，連帶 25-44 歲年齡層人數隨之下降。

三、勞動力 (= 就業者 + 失業者)、飛特族

民間人口 圖

勞動力指**在資料**標準**週及前 3 週內**，年滿 15 歲，具有**工作能力**及**工作意願**（一）在工作（就業者）或（二）正在找工作（失業者），合計（一）（二）人口（力）。

飛特族係 1980 年代後期日本，從學校畢業後找不到正職工作，而靠**打工（部分工時等）**維持生計的年輕人。屬於**勞動力之一**。

109-112 年勞動力 - 按性別分表 (21~3)　　　　單位：千人

年別 ＼ 勞動力性別	總計	女性	男性
109 年 12 月	11,967	5,333	6,634
110 年 12 月	11,913	5,313	6,600
111 年 12 月	**11,869**	**5,319**	**6,550**
112 年 12 月	**11,982**	**5,407**	**6,575**

資料來源：勞動統計查詢網 / 統計資料庫查詢 / 就業失業

【計算 112 年各項指標】

請比較**二性 112 年**勞動力高低？

∵ **女性**參動力：5,407 千人；**男性**參動力：6,575 千人。

∴ **男性**參動力多於女性者。

但 112 年 12 月女性民間人口 10,412 千人高於男性 9,807 千人。

四、勞動力 - 按年齡分【111-1】

109-112 年勞動力 - 按年齡分表 (21~4)　　　　單位：千人

年別 ＼ 勞動力年齡	勞動力				
	合計	15-24 歲	25-44 歲	45-64 歲	65 歲以上
109 年 12 月	12,367	955	6,173	4,496	343
110 年 12 月	11,913	899	6,083	4,562	370
111 年 12 月	**11,869**	**849**	**6,017**	**4,608**	**395**
112 年 12 月	**11,982**	**819**	**5,971**	**4,766**	**426**

資料來源：勞動統計查詢網 / 統計資料庫查詢 / 就業失業

【計算 112 年各項指標】

（一）（除 65 歲以上外）哪**一年齡層**勞動力人數最少？

　　　　以 **15-24 歲年齡層**勞動力人數最少，

　　　　約占整體勞動力約 6.8%(819÷11,982 ≒ 6.84%)。

（二）哪些原因造成 15-24 歲年齡層勞動力人數最少之原因？

　　　　1. 多年來出生率大幅下降（約 1.2%)，出現少子化現象，致 15 以下歲人數（每年約 17 萬人）大幅減少，造成勞動力減少。

　　　　2. 12 年義務教育實施後，國中畢業者大多數持續升高中（職），另廣設各類大專校院，大學生人數增加，致 15-24 歲以上勞動力大量延後投入勞動市場。

五、勞動力 - 按教育程度分

109-112 年勞動力 - 按教育程度分表 (21~5)

單位：千人

年別＼勞動力教育	總計	國中以下	高中職	大專以上
109 年 12 月	12,367	1,753	3,787	6,428
110 年 12 月	11,913	1,621	3,736	6,556
111 年 12 月	**11,869**	**1,541**	**3,635**	**6,694**
112 年 12 月	**11,982**	**1,490**	**3,588**	**6,905**

資料來源：勞動統計查詢網 / 統計資料庫查詢 / 就業失業

【計算 112 年各項指標】

（一）**那一教育程度**勞動力人數最多？

　　1.「**大專以上**」**教育程度**勞動力人數最多。

　　2. 約占整體各教育程度勞動力約 58%(6,905÷11,982=57.63%)。

（二）造成大專以上教育程度勞動力人數最多之原因？

　　1. 國內大專校院 150 餘家，教育部規劃之錄取門檻不高，致高中職學子得紛紛進入大專校院學習。(目前雖因少數經營不善校院而熄燈；但湧進大專校院人數未顯著減少)

　　2. 青年學子運用學貸制度、兼職打工等方法，使其入學學費負擔，得以多元化管道籌湊學費，致入學不甚困難。

　　3. 在職勞動力重視教育，學校廣招在職生 (在職碩士班上數千所)，且在職學生取得學歷後，可提升工作報酬，促使其再跨進大專校院進修。

六、勞動參與率 (labor participation rate)(= 勞動力 ÷ 民間人口)

　　勞動力參與率是指「**勞動力**」占「**民間人口**」的比率。

　　勞動力參與率為測度「**經濟景氣**」的重要人力指標之一。

（一）按性別分

109-112 年參動參與率表 - 按性別分表 (21~7)

單位：%

年別＼性別	整體 (%)	女性 (%)	男性 (%)
109 年 12 月	59.14	51.46	67.21
110 年 12 月	59.16	51.53	67.15
111 年 12 月	**59.17**	**51.66**	**67.09**
112 年 12 月	**59.26**	**51.93**	**67.05**

資料來源：勞動統計查詢網 / 統計資料庫查詢 / 就業失業

【計算 112 年各項指標】(請參表 2、3)

(一) 各**性別**勞動參與率為何？

女性參動參與率：5,407÷10,412=51.93%。**(請參表 2、3)**

男性參動參與率：6,575÷ 9,807=67.04%。**(請參表 2、3)**

(二) 哪一**性別**勞動參與率較高？

男性民間人口少於女性，男性勞動力人數多於女性，故其勞動參與率反而**高於**女性。**男性**參動參與率 (67%) **高於女性** (51%)。

70-112 年參動參與率表 - 按性別分表 (21~7-1) 單位：%

	整體 (%)	女性 (%)	男性 (%)
70 年平均	**57.82**	**38.76**	**76.78**
80 年平均	59.11	44.39	73.80
90 年平均	57.23	46.10	68.47
100 年平均	**58.17**	**49.97**	**66.67**
101 年平均	58.35	50.19	66.83
110 年 12 月	59.16	51.53	67.15
111 年 12 月	59.17	51.66	67.09
112 年 12 月	59.26	51.93	67.04

資料來源：勞動統計查詢網 / 統計資料庫查詢 / 就業失業

112 年女性勞參率 51.93%，相較 70 年增加 13.17%；男性則由 70 年 76.78%，相較 112 年 67.04% 減少 9.74%。

七、勞動參與率 - 按年齡分【110-1】

109-112 年勞動參與率 - 按年齡分表 (21~8) 單位：千人

年別 ＼ 勞參率年齡	總計	15-24 歲	25-44 歲	45-64 歲	65 歲以上
109 年 12 月	59.14	37.06	**89.38**	64.27	9.12
110 年 12 月	59.16	36.66	**89.75**	65.15	9.52
111 年 12 月	**59.17**	**36.46**	**90.18**	**65.73**	**9.77**
112 年 12 月	**59.26**	**36.38**	**90.47**	**67.01**	**10.02**

資料來源：勞動統計查詢網 / 統計資料庫查詢 / 就業失業

【計算 112 年各項指標】

(一) 那一年齡層勞動參與率最高？

以 25-44 歲年齡層最高 90.47%。

【註】 公式 (25-44 歲) 勞參率 =**(25-44 歲)** 勞動力 ÷**(25-44 歲)** 民間人口。

（二）造成（一）的原因？

1. 畢業生於學涯結束，為家計或獨立生活，多數人會投入職場。

2. 在職未婚者其適婚年齡（女性 29 歲男性 32 歲）期間，願為未來完成成家目標而工作。

3. 已婚（或已育）小孩在職者，為養育子女及（或）侍奉雙親而任勞任怨工作。

4. 職場經營多年，略有成就，追求生涯目標，持續耕耘。

八、就業者、失業者分類（臨時性失業、永久性失業）

（一）在資料標準週及前 3 週內，年滿 15 歲從事 1. 有酬工作或 2. 每週從事 15 小時無酬家屬工作者，謂之。

（二）在**資料標準週及前 3 週內**，年滿 15 歲同時具有 1. 無工作 2. 隨時可以工作 3. 正在尋找工作 4. 已找到工作在等待結果，謂之失業者。

（三）臨時性失業 (temporary layoff) **美國勞工統計局 (BLS) 定義**

失業者有 (1)(2) 情況，屬於臨時性失業：

(1) 失業者被告知在 **6 個月**內可以返回工作場所

(2) 失業者預期在 **6 個月**內返回工作場所。

※（四）**永久性失業** (permanent layoff) **美國勞工統計局 (BLS) 定義**

失去上次工作不會被召回，尋找工作，並隨時可以上班。

以往**經濟衰退**時，失業者大部分為永久性失業。

（五）長期失業者 **(就服法 §2)**

連續失業達一年以上，且勞工保險退保當日前 3 年內，保險年資滿 6 個月以上，並於最近一個月內向公立就服機構辦理求職登記者。

九、非勞動力 (= 民間人口 - 勞動力)、尼特族 (NEET)

（一）在資料標準週內，年滿 15 歲不屬於勞動力之民間人口，包括因：就學、料理家務、高齡、身心障礙、想找工作而未找工作者等。

（二）尼特族 (NEET) 係年滿 15 歲以上 29 歲以下，1. 未就學 2. 未就業 3. 未接受職業訓練者。尼特族 (NEET) 圖

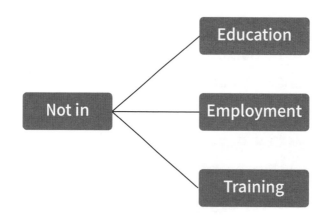

109-112 年非勞動力統計表 - 按理由分表 (21~9)　　　單位：千人

非勞動力理由 年別	總計	料理 家務	高齡、身 心障礙	求學 / 準 備升學	想工作而 未找工作	其他
109 年 12 月	8,268	**2,586**	2,691	1,811	160	1,020
110 年 12 月	8,225	**2,571**	2,773	1,742	152	987
111 年 12 月	**8,190**	2,554	2,870	1,659	**144**	**962**
112 年 12 月	8,237	**2,547**	3,014	1,579	138	959

資料來源：勞動統計查詢網 / 統計資料庫查詢 / 就業失業

【計算 **112 年各**項指標】

（一）哪一類理由非勞動力人數次高：料理家務者 **2,547 千人**。

（二）造成（一）的原因？

　　　(1) 女性扮演擔任家務的責任，因照顧重症之長輩或養育幼兒而退出或延遲職場。

　　　(2) 因《性別工作平等法》、《就業保險法》受僱者及被保險人得申請（領）育嬰留職停薪（假）及津貼，促使料理家務者暫時退出職場。

　　　(3) 女性勞動力（約 61 歲）提前退出職場，承擔照顧長輩或子孫而離開職場。

【實例 1】

青年勞動力 近 10 年衰退 17%

2022-11-27 經濟日報 / 余弦妙

許多人都認為少子化議題也是國安危機，主要是因為一旦出生人口不斷下降，移入人口又跟不上，將會導致台灣的勞動人口衰減，進而影響台灣競爭力；根據勞動部的青年就業狀況統計顯示，近十年來青年勞動力不斷下滑，成長率為負 17.3%。

根據勞動部統計顯示，受到少子女化影響 15 至 29 歲的青年民間人口逐漸下降，從 2010 年的 489 萬人隨後逐年下降，來到 2021 年僅剩 404.3 萬人，十年來，青年勞動力衰退了 17.3%。其中有參與到勞動市場的人數也從 2010 年的 248.7 萬人減至 2021 年的 232.7 萬人，減少 16 萬人，且這狀況恐怕在未來也會愈來愈嚴重。

面對少子女化日益嚴重的狀況之下，不只學者憂心，產業界也相當擔心，紛紛認為，政府面對少子女化的狀況應該要加大力道進行補貼，或是應該要引進更多的勞動力來補足勞動力缺口。

台大國發所兼任教授辛炳隆也提到，如果說供給端無法追上需求端，那可能也要從需求端進行全面性的盤點，看是否真的需要這麼多的勞動力，近年來科技也開始發展，如果產業能夠加快速進進行轉型，讓部分的勞動力由機器人取代，這樣也能適度緩解勞動力不足的狀況，政府也應該要加強、加速協助產業進行轉型。

第二十二章 就業與失業概論

壹、就業、失業相關指標

一、(全國、整體)失業率 (= 失業者 ÷ 勞動力)

失業人數除以**勞動力**之比值。「失業率」係指失業者占勞動力之比率。

109-112 失業率表 - 按年齡別表 (22~1)　　　　　　單位：%

年齡別 年別	失業率 (%)				
	整體	15-24 歲	25-44 歲	45-64 歲	65 歲以上
109 年 12 月	3.68	**11.74**	3.76	2.11	0.39
110 年 12 月	3.64	**11.79**	3.72	2.17	0.54
111 年 12 月	3.52	**11.31**	3.66	2.16	0.47
112 年 12 月	3.33	**10.98**	3.47	2.08	0.63

資料來源：勞動統計查詢網 / 統計資料庫查詢 / 就業失業

109-112 失業人數表 - 按年齡分表 (22~2)　　　　　　單位：千人

年齡別 年別	失業人數				
	合計	15-24 歲	25-44 歲	45-64 歲	65 歲以上
109 年 12 月	440	**110**	230	97	3
110 年 12 月	433	**106**	226	99	2
111 年 12 月	**418**	**96**	**220**	**100**	**2**
112 年 12 月	399	**90**	207	99	3

資料來源：勞動統計查詢網 / 統計資料庫查詢 / 就業失業

109-112 勞動力表 - 按年齡分表 (22~3)　　　　　　單位：千人

年齡別 年別	總計	15-24 歲	25-44 歲	45-64 歲	65 歲以上
109 年 12 月	11,967	955	6,173	4,496	343
110 年 12 月	11,913	899	6,083	4,562	370
111 年 12 月	11,869	849	6,017	4,608	395
112 年 20 月	11,982	819	5,971	4,766	426

資料來源：勞動統計查詢網 / 統計資料庫查詢 / 就業失業

【計算 112 年各項指標】

(一) 哪一**年齡層**失業率最高？

　　失業率最高**年齡層為** 15-24 歲者。

【註】公式計算

15-24 歲者失業率 (%)=**15-24 歲失業**人數 ÷**15-24 歲勞動力**。

112 年 15-24 歲者失業率 =90 千人 ÷819 千人 =**10.98%**。

（二）造成（一）的原因？

1. 15-24 歲年齡層者，工作價值觀改變，興趣優先，排斥非（職業）興趣之工作，而延遲入職場。

2. 15-24 歲年齡層者，多數畢業（或離校）前少有職涯規劃，而耽誤投入職場。

3. 15-24 歲年齡層者，選擇部分工作或派遣工作，流動率偏高，致常有工作中斷情形。

4. 15-24 歲年齡層者，企業（勞動需求者）指出其工作知識或技能不足，僱用意願低。

5. 職涯消極者無須負擔家庭或個人經濟壓力，生計由家裡支援或從事部分工作或派遣工作，並擁有小確幸為滿足。

二、季節變動（效應）（季節指數 Seasonal Index)

季節指數指（每）季節前的「時間數列」（指統計數），受該季節影響，而造成季節後「時間數列」之變動（效應）。通常大於 1；冬季氣候效應小於 1。

「季節指數」公式 = 季節後「時間數列」÷ 季節前「時間數列」。

季節變動（效應）的發生原因有二：

（一）為自然的原因，即來自四季氣候的變化或地理位置的不同。

（二）為社會的原因，即來自風俗習慣、制度和節慶的不同。

例如，假設 110 年大專以上勞動力在 4-6 月（畢業潮）失業人數有 25,000 人，且若已知該季**「季節指數」1.25**，則該季節調整後 (25,000÷ 1.25=20,000)，得知不受季節影響，該季失業人數 20,000 人。

三、就業狀況表

109-112 就業者之行業表 (22~4)　　　　　　單位：千人 /%

行業別 年別	合計	服務業	工業			農林漁牧
			小計	製造業	營造業	
109 年 12 月	11,527 (100%)	6,905 (59.91%)	4,074 (35.34%)	3,153 (27.35%)	921 (7.99%)	549 (4.76%)
110 年 12 月	11,480 (100%)	6,877 (59.90%)	4,063 (35.40%)	3,146 (27.40%)	917 (8.00%)	540 (4.70%)
111 年 12 月	**11,451 (100%)**	**6,882 (60.01%)**	**4,046 (35.33%)**	**3,133 (27.36%)**	**913 (7.97%)**	**524 (4.66%)**
112 年 12 月	11,583 (100%)	7,036 (60.74%)	4,050 (34.97%)	**2,995 (25.86%)**	**1,055 (9.11%)**	497 (4.29%)

資料來源：勞動統計查詢網 / 統計資料庫查詢 / 就業失業

【計算 112 年各項指標】

（一）哪一行業就業人數最多？

　　服務業就業人數 **7,036** 千人是最多行業，占各行業就業總人數約 60.74%。

（二）**造成**（一）的原因？

1. 服務業成長較高，致人力需求成長較大。

2. 服務業的勞動型態多樣（含工時彈性大、技術性門檻不高、工作及環境較優…），受女性、年輕人、部份工時者、中高齡者等勞動力偏好。

3. 製造業、營造業人力需求殷切；然該二行業偏愛學理工科年輕人、工作環境或輪班工時、基層體力活等因素，無法得到國人青睞，故其人力需求嚴重缺人。

4. 我國加入區域經濟組織（如 RCEP、CPTPP 等）受阻或不順利，致造成國內製造業或營造業之成長率停滯或下降。（學者主張一國之製造業就業人數，應至少維持在 40%，始可擁有經濟實力）。

貳、失業概論

一、失業型態【110-1】

　　失業型態因其發生原因不同，可歸納為 5 種型態，請參「失業型態及改進措施表」，分列如下：

失業型態及改進措施表 (5)

型態	意義	改進措施
1. 摩擦性失業	職缺訊息無法適時傳送給具有工作技能勞動者，致其無法獲得工作。	就業媒合、就業資訊
2. 結構性失業	經濟結構改變 5 大理由：1. 勞工缺乏新技術 2. 技術新要求 3. 產品喪失市場 4. 勞工法規 5. 地區性就業機會減少，造成之失業。	產業促進法規、勞工法規增修
3. 技術性失業	摩根 (Morgan，l964) 提出：1. 產業改變**生產技術**，致不諳新技術者失業。 2. 因雇主採取自動化，生產效率激增，而人力剩餘，致裁員而造成失業。	（自動化技術）職業訓練
4. 循環（週期）性失業	經濟景氣循環處於「**衰退**」及「**蕭條**」**時期**，勞動需求不足，造成失業	促進景氣政策、產業促進法規
5. 季節性失業	農產品因**氣候**或商品因消費者購買習性（或節慶）影響，致農、商品旺季與淡季，農、商品之生產者在淡季失業，上述情形定期周而復始。	政令宣導、補貼措施

表格製作：自創表

二、低度就業 (Underemployment)

　　「低度就業」或稱「不完全就業」，指勞動者有就業狀態（或事實）；然其勞動力並未充分發揮。「低度就業」原因：(1) 技能與職業不相稱 (2) 工作時數不足 (3) 所得偏低。

（一）勞動者所擁有的專業或能力超越職務的要求條件，如學歷過高或學非所用。

（二）勞動者因勞動型態改變或個人意願等因素，而選擇部分工時或派遣勞動之工作。

（三）勞工因生產力低，致所得到工資偏少，如農產品加工而僱用「邊際勞工」。狹義「邊際勞工」指低技術、低學歷、身心障礙及中高齡工作者，就業競爭力比較差的勞工。

二、隱藏性失業

愛德華氏 (**Edwards**) 認為，隱藏性失業為勞力<u>低度運用</u>的一種，即表面上是從事**經濟活動**；但實際上，卻處於低度運用狀態。

造成隱藏性**失業**之原因為：

（一）就業市場無適當的工作，適合失業者之教育程度。

（二）因特殊風俗的關係，使部分女性形成隱藏性失業。

參、就業概況

一、求職人數、求才人數 (1. 2. 求職、求才的 2 個窗口)

（一）具有工作能力的勞工，前往 **1. 公立就業服務機構、2. 自行在「台灣就業通網」**登錄求職之人數。

（二）雇主 (含代理人) 前往 1. 公立就業服務機構、2. 自行在「台灣就業通網」登錄求才之人數。

二、求供倍數 (Tds)(公式：求才人數 / 求職人數 = 勞動需求 / 勞動供給 = ND/NS)

指**求才人數**除以**求職人數**的比值。

求供倍數是反映**「就業市場」榮枯**的重要指標之一。

求供倍數大於一，表示勞動市場之勞動需求大於勞動供給，表示平均每一位求職人**大於一個以上**工作機會。

求供倍數小於一，表示勞動市場之勞動需求小於勞動供給，表示平均每一位求職人**小於一個以下**工作機會。

求供倍數反映就業市場需求與供給概況表 (6)

市場概況 Tds 值	ND、NS	就業市場景氣	求職者就業機會
Tds > 1(= 2/1)	ND = 2NS → ND > NS	繁榮	2 個以上就業機會
Tds = 1	ND = NS	平平	只有 1 個就業機會
Tds < 1(= 1/2)	2ND = NS → ND < NS	枯萎	小於 1 個就業機會

表格製作：自創表　　ND ＝勞動需求、NS ＝勞動供給

三、就業服務概況【112-3】

109-112 求供倍數、求職就業率、求才利用率概況表 (22~7)　　單位：人 /%

項目 年別	求職人數 (A)	求才人數 (B)	求供倍數 (B/A)	求職推介 就業人數 (C)	求才僱 用人數 (D)	求職就業率 (C/A)	求才利用率 (D/B)
108 年	702,856	1,188,381	1.69	468,772	789,095	66.70	66.40
109 年	737,121	1,173,117	1.59	523,832	763,399	71.06	65.07
110 年	746,103	1,207,533	1.62	525,958	727,640	70.49	60.26
111 年	719,278	1,192,999	1.66	518,639	699,270	72.11	58.61
112 年	**730,978**	**1,180,362**	**1.61**	**548,117**	**692,811**	**74.98**	**58.69**

資料來源：勞動統計查詢網 / 統計資料庫查詢 / 就業失業

【計算 112 年各項指標】

(一) 求供倍數　(B/A) =1,180,362÷703,978　=1.61(倍)

(二) 求職就業率 (C/A) =548,117　÷730,978　=74.98%

(三) 求才利用率 (D/B)=692,811　÷1,180,362=58.69%

【註】名詞解釋：

(一) **求職就業率** (Rate of Effective Applicants Placed)

求職就業率，係指求職推介就業人數佔求職人數的百分比。

一般係利用公立就業服務機構的統計數據計算。

求職就業率作為公立就業服務單位的**效率指標**之一。

(二) **求才利用率** (Rate of Effective Job Opening Filled)

係指求才僱用人數佔求才人數的百分比。

求才利用率作為公立就業服務單位的**效率指標**之一。

四、求供倍數與失業率關係

(一) 求供倍數的大小和失業率的高低，呈**反向關係**，當求供倍數愈大，失業率即愈低；反之，求供倍數愈小，失業率愈高。

(二) 資料充分可求**性別、年齡、教育程度和職業**等類別求供倍數。

肆、人力發展趨勢指標

一、人口紅利 (demographic dividend)

依國家發展委員會定義，「人口紅利」係指：

(一) 國內工作年齡 (15-64 歲) 人口達總人口 66.7%以上。

(二) 扶養比 (14 歲以下幼年人口及 65 歲以上老年人口占 15-64 歲工作年齡人口之比率) 則在 50%以下的狀態。

二、人口老化指數

它的計算方式，是以 **65 歲以上**人口數，除以 **14 歲以下**人口數，所得出的比率，即為一個國家的人口老化指數。

衡量一個國家 / 地區人口老化程度的指標。

該指數越高、代表高老齡化情況越嚴重。

96-159 年扶養比及老化指數表 (8)

比率 年別	扶養比 (%)	扶幼比 (%)	扶老比 (%)	老化指數 （倍數）
96 年	38.43	24.30	14.13	58.13
104 年	35.28	18.36	16.92	92.18
110 年	41.27	17.47	23.81	136.30
111 年	42.20	17.20	24.90	144.70
120 年	53.20	16.00	38.40	227.10
130 年	67.00	15.90	53.20	323.40
140 年	87.50	17.20	71.00	480.00
159 年	100.80	17.90	91.30	470.10

資料來源：國發會

三、高齡化社會 (aging society)、高齡社會 (aged society)、超高齡社會 (hyper-aged society)

根據世界衛生組織 (World Health Organization，簡稱為 WHO) 的定義，一個國家內 **65 歲以上的人口**，佔總人口比例 **7% 以上**，即稱為**高齡化**社會、達 **14%** 稱為**高齡**社會、達 **20%** 稱之為**超高齡**社會。

四、依賴人口指數（扶養比、扶幼比、扶老比）

所謂**扶養比 (PSR)**，指 15 至 64 歲人口之工作人口所需負擔依賴人口之比率，亦稱為**依賴人口指數**。

計算方式為：扶養比＝ (0~14 歲 +65 歲以上人口／ 15~64 歲人口)×100

扶養比分為 (1) 扶幼比 (2) 扶老比。而扶幼比近 10 年逐年下降；扶老比近 10 年逐年上升。主因 (1) 人口老化快速明顯 (2) 受少子化之累。

五、少子化

「少子化」是指生育率下降，造成幼年人口逐漸減少的現象。

少子化不只代表著未來人口可能逐漸變少，造成 **(1) 社會人力結構惡化、(2) 勞動市場缺乏勞動力負面影響。**

六、台灣人力未來 20 年趨勢

國發會預測 2021 年起台灣人口逐年下降，人力逐年減少且幅度愈發加大，代表就業市場人力不足，未來會是常態。

2021 年至 2030 缺工 40 萬，至 2040 缺工 140 萬，2040 年後缺工總數達 200 萬以上。

2022-2070 年台灣總人口推估表 (9)　　　　　　　單位：萬人

	2022 年	2030 年	2040 年	2070 年
中推估	2,317	2,309 (-8)	2,209 (-109)	1,622 (-695)
低推估	2,317	2,300 (-17)	2,173 (-143)	1,582 (-815)

資料來源：國發會

2025-2035 年台灣 65 歲以上老年人口變化如下表：

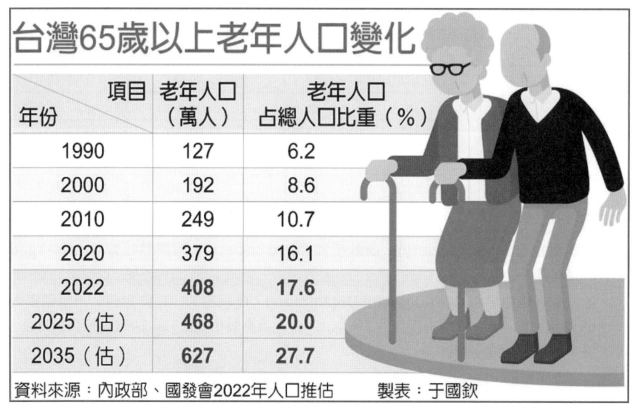

台灣65歲以上老年人口變化

年份 \ 項目	老年人口（萬人）	老年人口占總人口比重（%）
1990	127	6.2
2000	192	8.6
2010	249	10.7
2020	379	16.1
2022	408	17.6
2025（估）	468	20.0
2035（估）	627	27.7

資料來源：內政部、國發會2022年人口推估　　　製表：于國欽

【資料來源】2023.2.27 工商時報 于國欽

【實例 1】

台灣總人口 降至 2,323 萬人

2022-12-10 經濟日報 / 陳姿穎 / 台北報導

內政部 9 日公布最新人口統計，今年前 11 個月約 12.6 萬名新生兒出生，年減 9.2%；1 月至 11 月死亡約 18.9 萬人，年增 12.8%，前 11 個月死亡人數比出生人數多出 6.3 萬人，連續 11 個月「生不如死」。

台灣總人口也從去年底的 2,337 萬人，下降到 2,323 萬人。

據內政部統計，今年 11 月出生人數 12,348 人，年減 12.1%；11 月死亡人數 17,719 人，年增 13.8%。

【實例 2】

台灣將會又老又窮？

2022/10/26 工商時報 于國欽、馮建棨、彭婕琳

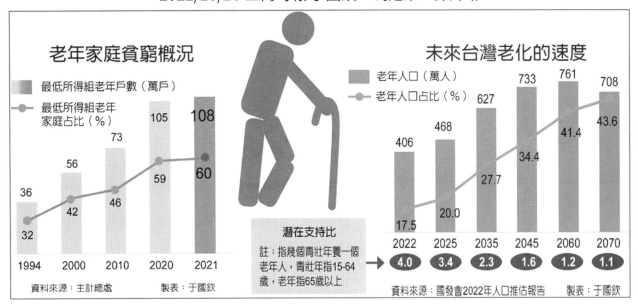

老年家庭貧窮概況、未來台灣老化的速度

根據國發會甫完成的人口推估報告顯示，今年底台灣老年人口將升破 400 萬，五年後升破 500 萬，「比起美、歐我們還不算老，但十年後我們就比美、歐老了。」

依國發會推估，隨著少子化，十年後大約在 2035 年，我們老年人佔總人口比重 27.7%，已超過美、英、德、法，20 年後也就是 2045 年，全國人口中逾三分之一是老人，老化程度已是美、歐所望塵莫及。

根據研究，單身失婚、家有啃老族的老年家庭、老伴過世的家庭，這三類老年家庭很容易破產，隨著生活給付不足而成為『下流老人』。

受訪學者一致表示，以目前這麼低的生育率，老是一定的，至於窮，雖不是所有老年人都窮，但廣大靠勞保、勞退及國民年金生活的老年人，會生活得很辛苦。

台灣老人暨長期照護系社會工作專業協會理事長張宏哲表示：「靠年金是不夠的，以投保國民年金 30 年為例，每月只能領 7,193 元，這樣能生活嗎？」？

統計顯示，退休者每月領的勞保養老金加上勞退給付，平均不及 2 萬元，生活很拮据。」

依據國發會最新人口推估，今年是四個青壯年 (15 ～ 64 歲) 養一個老年人，十年後是 2.5 個青壯年養一個老年人，廿年後是 1.8 個青壯年養一個老年人。換言之，潛在支持比正逐年下降。

第二十三章 招募、就服與求職權益、職業標準分類與分析

（面試方法、求職者權益、景氣對策信號、職業分類、職業分析）

壹、面試（招募）方法 - 冰山理論

一、職能冰山理論

史賓森 (Spencer & Spencer) 在 1993 年提出職能冰山理論。

浮出冰山顯而易見，包括求職者之知識與技能：含學歷、證照、工作經驗等因素，能完成工作任務的條件。

潛伏冰山下求職者隱藏因素，包括社會角色、自我概念、特質、動機等，非主動顯示或隱藏於求職者內心，上述卻與職務勝任及工作績效息息相關。

（一）描述求職者六個層面

    1. 知識：個人在某一特定領域擁有的事實型與經驗型信息

    2. 技能：運用知識完成某項具體工作的能力

    3. 社會角色：個人基於態度和價值觀的行為方式與風格

    4. 自我概念：個人的態度、價值觀和自我印象

    5. 特質：個性、身體對環境和各種信息所表現出來的持續反應

    6. 動機：在特定領域持續的想法和偏好（如成就、影響力）

（二）二種條件應相融合

招募員工時，應評估求職者之技能和知識條件，也應以職務所需求職動機、個人特質、自我概念和社會角色等，二者能相互搭配。

若二者無法相互配合，則非適才適所。

貳、招募方法、就業服務與求職權益

一、招募方法

甲君經某就業服務機構媒合，至 A 公司應徵業務工作。公司基於營業上需要，在面試前徵得甲君同意，提供過去共事過的主管或同事 1 至 2 位之聯絡方式，作為公司詢問使用。

A 公司進行下列各題甄選活動，請從下表所示之招募及面談方法，擇一個最適合答案，寫出代號，回答各題活動屬於哪一種甄選方法：

招募及面談方法

(a) 團體式面談	(b) 意願問題	(c) 裙帶關係查核
(d) 行為式問題	(e) 壓力式面談	(f) 工作價值問題
(g) 興趣問題	(h) 資歷查核 / 人事查核 / 背景查核	(i) 公文籃技術
(j) 工作知識問題	(k) 工作抽樣技術	(l) 管理競賽

（一）A 公司詢問甲君過去一起共事過的主管或同事，對其看法並作為是否錄用的參考。

《參考解》

依題意，(h) 資歷查核 / 人事查核作業 / 背景查核。

（二）A 公司選出完成業務工作所需之關鍵任務，請甲君實際演練一段客戶拜訪及推銷產品的情形。

《參考解》

依題意，(k) 工作抽樣技術。

（三）A 公司提問甲君：「行銷組合 4P 是指哪四大要素？」。

《參考解》

依題意，(j) 工作知識問題。

（四）A 公司描述一種顧客情境，請甲君說明過去對這類情況，會如何處理？

《參考解》

依題意，(d) 行為式問題。

（五）A 公司將業務主管每天日常處理的書面文件抽樣選出，請甲君在一定的時間之內，擬定處理的步驟。

《參考解》

依題意，(i) 公文籃技術。

【公文籃技術】

公文籃測試（檔案處理測試）：它將被評價者置於特定職位或管理崗位的模擬環境中，由評價者提供一批該崗位經常需要處理的檔案。要求被評價者在一定的時間和規定的條件下處理完畢，並且還要以書面或口頭的方式解釋說明這樣處理的原則和理由，為評價常用的技術之一。

【行為式問題】

對求職者了解其實際工作或參與活動，得知其行為、能力水平及素質狀況。

其目的以求職者行為表現，判斷求職者具備相應的工作經驗與能力、處理問題能力。（原文網址：https：//kknews.cc/career/2562ene.html）

〈實例〉

Q：「張小姐在多家著名企業做客服工作很多年了，很有經驗，能否請你告訴你以往做這個崗位的工作經歷中，你曾經服務好了一個最難服務的客戶的親身經歷，當時是怎麼做？」

（原文網址：https：//kknews.cc/career/2562ene.html）

二、結構性面談是執行有效面談的方法之一，運用工作知識、背景、情境、行為等問題類別設計結構性面談問題，可增進對求職者是否適合欲推介工作之了解。【111-3】

請針對下列 5 種面談問題中，從 A 至 D 選項中依序寫出正確的 1 項）：

A. 工作知識問題、B. 背景問題、C. 情境問題、D. 過去行為問題。

（一）請問「假設你正要向客戶做業務簡報時，但發現帶錯簡報資料，你會怎麼處理？」

《參考解》依題意，C. 情境問題。

（二）請問「你若進入仲介公司要規劃每半年的員工教育訓練，製作計畫時用 6W 設計是指哪些面向？」

《參考解》依題意，A. 工作知識問題。

（三）請問「你可否舉例說說曾經對客戶做過最成功的業務簡報？」

《參考解》依題意，D. 過去行為問題。

（四）請問「你要應徵導遊工作，過去有哪些相關工作經驗、有拿到什麼證照或參加什麼相關訓練？」

《參考解》依題意，B. 背景問題。

（五）請問「你若幫公司撰寫徵才廣告，可否說說哪些資格設定是違反法令，而不可以出現的？」

《參考解》依題意，A. 工作知識問題。

三、就業服務對求職者之尊重與維護權益【109-2】

在就業服務過程中，就業服務人員應尊重當事人之下列權益：

(A) 自主權：除為防止不法侵權事件、維護公眾利益及增進社會福祉外，不可限制服務對象之自我決定權，並應明確告知服務對象有關服務目標、限制、風險、費用權益措施等相關事宜，協助服務對象作理性之分析，以利服務對象作最佳之選擇。

(B) 受益權：基於社會公平及正義，以促進服務對象福祉為服務之優先考量。

(C) 免受傷害權：避免關係、倫理或利益衝突，以避免傷害當事人。

(D) 要求忠誠權：保守業務秘密，重視當事人之隱私權利。

在實際服務過程中，往往會面臨上述權利之間的衝突。

請針對下列情境，說明就業服務人員之做法顧及到服務對象之哪一項權利及忽略掉哪一項權利？

（一）小新領有身心障礙證明（手冊），被鑑定為中度智能障礙，致過去 2 年持續在「競爭性職場」遭遇困難，因此來到公立就業服務機構求職。

　　經就業服務人員評估，原本打算轉介小新去政府職業重建服務窗口尋求「支持性就業服務」，但小新無法理解這個建議，堅持拒絕轉介，他說：「你們不是幫忙做職業介紹的嗎？你可不可以幫我介紹？不要再叫我去找其他地方了，好麻煩喔！」。就業服務人員遂依照一般求職者的程序幫他做就業媒合。

　　請說明：

　　(1) 這位就業服務人員目前之做法顧及到上述哪一項權利？

　　(2) 這位就業服務人員如更積極轉介，可以顧及上述哪一項權利？為什麼？

（二）小雯因為嚴重特殊傳染性肺炎 (COVID-19) 疫情嚴峻而關閉自助餐店，並且憂鬱症發作，常有自殺念頭。

但小雯還是想找工作，並懇請就業服務人員不要跟任何人說起她的自殺念頭。

就業服務人員了解小雯迫切需要工作才能維持基本生活，就沒有跟任何人提到小雯的自殺念頭。

請說明：

(1) 這位就業服務人員目前之作法顧及到上述哪一項權利？

(2) 這位就業服務人員如更積極轉介或通報心理衛生專業人員，可以顧及上述哪一項權利？為什麼？

參考解（一）

(1) 自主權。

(2) 受益權；可讓小新由「專業就服員」提供就業服務相關諮詢、工作媒合推介，並依小新之就業意願，安排適性就業服務轉介，而非就業需求者轉介安置其他社會福利等非就業相關單位。

參考解（二）

(1) 要求忠誠權。

(2) 免受傷害權；就業服務員協助小雯接受專業輔導與關懷服務，納個案管理後續關懷，讓小雯除謀得工作外，可以解決心理層面問題。

四、尊重求職者測驗之權益

在就業服務過程中，就業服務人員應尊重當事人之下列權益：

B：知後同意權。　　　C：測驗保密原則。

E：智慧財產權。　　　F：測驗結果解釋。　　　H：專業知能。

（一）甲君具備此項測驗使用資格而為求職者施測。

《參考解》依題意，(H) 專業知能。

（二）甲君對求職者的需求，選擇具有測驗編制者同意授權之測驗進行施測。

《參考解》依題意，(E) 智慧財產權。

（三）進行施測前，甲君告知求職者此一測驗之性質、目的及結果如何應用。

《參考解》依題意，(B) 知後同意權。

（四）施測結束後，甲君對本次測驗結果，使用求職者了解之用語，說明測驗數據及結果的涵義，提供符合求職者志趣及能力之職業選擇。

《參考解》依題意，(F) 測驗結果解釋。

（五）求職者對甲君的服務感到滿意，主動表示願意提供其測驗結果作為教學範例。甲君將測驗結果資料中的求職者真實姓名完全移除，才用於培訓教學。

《參考解》依題意，(C) 測驗保密原則。

參、景氣對策信號 (Monitoring indicator)

景氣對策信號亦稱「景氣燈號」，係以 5 種不同信號燈代表景氣狀況的一種指標，目前由貨幣總計數 M 1B 變動率等 9 項指標構成。

每月依各構成項目之年變動率變化，與其檢查值做比較後，視其落於何種燈號區間給予分數及燈號，並予以加總後為「綜合判斷分數」及對應之「景氣對策信號」。

景氣對策信號各燈號之解讀意義如下：若對策信號亮出：

- 「綠燈」表示當前景氣穩定、
- 「紅燈」表示景氣熱絡、
- 「藍燈」表示景氣低迷、
- 「黃紅燈」及「黃藍燈」二者均為注意性燈號，宜密切觀察後續景氣是否轉向。

景氣對策信號各燈號之解讀意義如下：

燈號	分數	意義
紅燈	38~45 分	景氣熱絡
黃紅燈	32~37 分	觀察後續景氣是否轉向
綠燈	23~31 分	表示當前景氣穩定
黃藍燈	17~22 分	觀察後續景氣是否轉向
藍燈	9~16 分	景氣低迷

肆、職業標準分類

一、「行業」及「職業」之意義

行業指「**一群勞動力**」（受僱者、僱用者）共同從事經濟活動部門之種類，包括從事生產各種有形商品與提供各種服務之經濟活動在內。

職業是指「**個別勞工**」（受僱者）所擔任之工作或職務，具備下列條件：

（一）須有報酬：因工作而獲得現金或實物之報酬。

（二）有繼續性：非機會性；但季節性或週期性工作認為有繼續性。

（三）善良風俗認可：從事工作不為善良風俗所認可，則不認定。

二、職業之分類原則

係按個人從事之有酬工作，將其性質相似或相近者分別歸類並做有系統之排列。一般多按下列條件，選擇分類之準則：

（一）在職務上所負之責任。

（二）專業知識、技術及資歷。

（三）生產之物品或提供勞務之種類。

（四）工作環境、工作程序或使用之原料。

三、編碼系統及歸類原則

（一）編碼系統

　　職業分類系統分為 **大、中、小、細類** 等 4 個層級，其編碼方式依 ISCO，大、中、小、細類分別採用 1、2、3、4 位數編碼。

（二）歸類原則

　　職業之歸類原則在於工作的本質及所負擔的責任，相同或相似性質的工作應歸入同一職業，而不考慮工作者個人技術或特質之差異性。

　　例如新進老師與擁有 20 年教學經驗的王牌老師歸類相同。

四、職業標準分類中十大類

職業標準分類十大類	
第一大類 (1) 民意代表、行政主管、企業主管及經理人員	第二大類 (2) 專業人員
第三大類 (3) 技術員及助理專業人員	第四大類 (4) 事務工作人員
第五大類 (5) 服務工作人員及售貨員	第六大類 (6) 農、林、漁、牧工作人員
第七大類 (7) 技術工及有關工作人員	第八大類 (8) 機械設備操作工及組裝工
第九大類 (9) 非技術工及體力工	第十大類 (0) 現役軍人

五、職業標準分類模擬

請將「職業彙整表」職業，按職業分類逐項填入「職業類別表」中：

職業職業彙整表

1. 職能治療師	21. 事務秘書
2. 藥學技術員	22. 機械工程技術員
3. 製造經理人員	23. 批發及零售場所經理人員
4. 發電設備操作員	24. 車輛清潔工
5. 焚化爐、水處理及有關設備技術員	25. 營養師
6. 人力資源經理人員	26. 一般辦公室事務人員
7. 飛機及船舶旅運服務人員	27. 銀行櫃員及有關事務人員
8. 餐飲服務人員	28. 旅遊諮詢及有關事務人員
9. 機車駕駛人員	29. 農藝及園藝作物栽培人員
10. 油漆、噴漆及有關工作人員	30. 金屬工具機設定人員
11. 藝術才藝教師	31. 塑膠製品機械操作人員
12. 金屬製造設備操作人員	32. 廣告及公關經理人員
13. 林業生產人員	33. 環境及職業衛生專業人員
14. 藥品及化粧品機械操作人員	34. 物理治療師
15. 建築師	35. 財務經理人員
16. 飲料調製員	36. 美髮、造型設計工作人員
17. 空調及冷凍機械裝修人員	37. 酒及飲料調製員
18. 建築物電力系統維修工	38. 辦公室、旅館及類似場所清潔工及幫工」
19. 大貨車駕駛人員	
20. 家庭清潔工及幫工	

【參考解】

職業類別表

職業類別	職業
第一大類 (1) 民意代表、行政主管、企業主管及經理人員	人力資源經理人員、財務經理人員、廣告及公關經理人員、製造經理人員
第二大類 (2) 專業人員	藝術才藝教師、建築師、職能治療師、環境及職業衛生專業人員、物理治療師、營養師
第三大類 (3) 技術員及助理專業人員	機械工程技術員、藥學技術員、焚化爐、水處理及有關設備技術員
第四大類 (4) 事務工作人員	一般辦公室事務人員、事務秘書、銀行櫃員及有關事務人員、旅遊諮詢及有關事務人員
第五大類 (5) 服務工作人員及售貨員	飛機及船舶旅運服務人員、酒及飲料調製員、餐飲服務人員、飲料調製員、美髮、造型設計工作人員
第六大類 (6) 農、林、漁、牧工作人員	農藝及園藝作物栽培人員、林業生產人員
第七大類 (7) 技術工及有關工作人員	金屬工具機設定人員、空調及冷凍機械裝修人員、油漆、噴漆及有關工作人員、建築物電力系統維修工
第八大類 (8) 機械設備操作工及組裝工	機車駕駛人員、大貨車駕駛人員、金屬製造設備操作人員、藥品及化粧品機械操作人員、塑膠製品機械操作人員、發電設備操作員
第九大類 (9) 非技術工及體力工	家庭清潔工及幫工、辦公室、旅館及類似場所清潔工及幫工、車輛清潔工

六、根據中華民國職業標準分類，針對下列 5 種通俗職業名稱，請依序寫出每一個職業名稱屬於中華民國職業標準分類之哪一個大類？寫出代碼或名稱均可。【109-2】

職業名稱：

(一) 觀光飯店的服務經理　　(二) 銀行的櫃員

(三) 大賣場的收銀員　　　　(四) 醫院的清潔工

(五) 醫院的藥師

參考解：連結職業標準分類及名稱

職業標準分類之大類	職業名稱
1. 民意代表、主管及經理人員	(一) 觀光飯店的服務經理
2. 專業人員	(五) 醫院的藥師
4. 事務支援人員	(二) 銀行的櫃員
5. 服務及銷售工作人員	(三) 大賣場的收銀員
9. 基層技術工及勞力工	(四) 醫院的清潔工

七、近一年來有些公司為因應嚴重特殊傳染性肺炎 (COVID-19) 緊急需求人力，欲招募如下員工：(一) 專業人員、(二) 事務工作人員、(三) 技術員及助理專業人員、(四) 服務工作人員及售貨員、(五) 清潔人員等 5 種職缺工作人員。依據《中華民國職業分類典》10 大類職業分類，前述欲招募的 5 種職缺工作人員，依序是屬於《中華民國職業分類典》之 10 大類職業 (第 1 至第 10 大類) 的第幾大類職業？

參考解：

(一) 依題意，專業人員 - 第 2 大類。

(二) 依題意，事務工作人員 - 第 4 大類。

(三) 依題意，技術員及助理專業人員 - 第 3 大類。

(四) 依題意，服務工作人員及售貨員 - 第 5 大類。

(五) 依題意，清潔人員 - 第 9 大類。

八、職業標準分類

第一大類 民意代表、行政主管及經理人員 (大類)
從事代表選民參與立法並監督各級政府作為，以及制定政府、企業及其他組織之政策、計畫、法令及規章，並規劃、指揮、協調及綜理組織或其部門活動之人員。
(細類)1211-- 財務經理人員 從事規劃、指揮、協調及綜理企業或組織之財務運作之人員。對其他企業及組織提供上述服務之企業經理人員亦歸入本類。
(細類)1411-- 旅館經理人員 從事規劃、指揮、協調及綜理旅館及其他住宿場所營運之人員。
第二大類 專業人員 (大類)
從事科學理論研究，應用科學知識以解決經濟、社會、工業、農業、環境等方面問題，及從事理化科學、生命科學、環境科學、工程、設計、資訊及通訊、法律、醫學、宗教、商業、新聞、文學、教學、社會服務及藝術表演等專業活動之人員。 本類人員對所從事之業務均須具有專業考試及格者。
(細類)2113-- 化學專業人員 從事化學理論研究及應用方法發展與改善之人員。
(細類)2142-- 土木工程師 從事土木工程之研究與指導，橋樑、水壩、飛機場、鐵道、廢棄物處理系統、防洪系統、工業與其他大型建築之規劃及施工設計，以及各類土木工程之施工、保養、修繕工作之規劃、管理及監督之人員。
第三大類 技術員及助理專業人員 (大類)
從事協助解決科學、工程、醫療、資訊及通訊傳播等領域問題之人員，監督採礦、製造與營造之工作人員及其作業活動，從事製程控制之人員，以及商業、行政、法律、社會、文化等有關助理專業人員。
(細類)3112-- 營建工程技術員 從事協助建築或土木工程計畫之規劃與執行作業之人員。

(細類)3115-- 機械工程技術員 從事協助機械類廠房及設備之設計、發展、製造、構建、裝設等技術工作之人員。
第四大類 事務工作人員 (大類)
從事記錄、彙整、計算或保存文書、紀錄、數值等資料,辦理辦公室事務工作,以及提供櫃台、服務台等顧客服務工作之人員。
(細類)4110-- 一般辦公室事務人員 從事依據例行程序辦理辦公室綜合性事務之人員。 ・協助主管人員處理事務性工作之人員應歸入 4120 細類「事務秘書」 ・僅從事記錄及計算原始交易憑證之人員應歸入 4311 細類「會計及簿記事務人員」
(細類)4211-- 銀行櫃員及有關事務人員 在銀行或郵局從事有關金錢收受、兌換或受理郵件工作之人員。
第五大類 服務工作人員及售貨員 (大類)
從事提供旅運、餐飲及家事等個人服務,在攤位、市場、批發及零售商店展示與銷售商品,以及提供個人照顧與保安服務之人員。
(細類)5111-- 飛機及船舶旅運服務人員 在飛機及船舶上從事旅運服務之人員。
(細類)5131-- 飲料調製員 從事各種酒精及非酒精飲料調製之人員。
(細類)5140-- 美髮、美容及造型設計有關工作人員 從事理燙髮、染髮、髮型設計、整鬚、美容化粧、指甲彩繪、整體造型設計之人員。
第六大類 農、林、漁、牧工作人員 (大類)
從事作物栽培、動物飼育、林木種植與伐採、水產養殖及漁撈人員。
(細類)6010-- 農藝及園藝作物栽培人員 從事農藝及園藝作物之種植、栽培、耕作及採收之人員。
(細類)6040-- 林業生產人員 從事林木採種、造林、維護、伐採及其相關工作之人員。
第七大類 技術工及有關工作人員 (大類)
(大類)7-- 技藝有關工作人員 應用專業知識與技能從事營建、金屬鑄造、金屬架構、工具機設定及操作、機器設備或工具製造、安裝、保養及修理、食品、紡織品、金屬及其他製品之製造或處理,以及手工製作各種工藝品等工作之人員。
(細類)7127-- 空調及冷凍機械裝修人員 從事組合、安裝、維修空調及冷凍機械設備等工作之人員。
(細類)7131-- 油漆、噴漆及有關工作人員 從事建築物表面及其裝設物之油漆塗刷,車輛、金屬品及其他製品上噴布漆料、亮光漆,以及建築物與船舶內壁之人員。
第八大類 機械設備操作工及組裝工 (大類)

在現場從事廠房設備及生產機械之操作，駕駛機動車輛與操作移運設備，以及根據精密生產程序組裝產品之人員。
(細類)8121-- 金屬製造設備操作人員 從事金屬熔爐、熔解、鑄造、輥軋、熱處理、抽製及擠型等廠房設備操作之人員。
(細類)8131-- 藥品及化粧品機械操作人員 從事藥品、化粧品、清潔劑及有關產品製造機械操作之人員。
(細類)8142-- 塑膠製品機械操作人員 從事生產塑膠原料，化合物攪和機械，或製造各種塑膠零件及產品等機械操作人員。
第九大類 非技術工及體力工（大類）
從事簡單及例行性勞力工作之人員。本類工作通常需要體力及耐力，如清潔、徒手搬運物料、廢棄物收集、手工分類或打包商品、駕駛非動力車輛、採摘蔬菜及水果等。
(細類)9111-- 家庭清潔工及幫工 在家庭內從事房間清理及碗盤餐具洗滌等家事服務之人員。 ・ 旅館清潔工應歸入 9112 細類「辦公室、旅館及類似場所清潔工」。 ・ 手工洗衣工應歸入 9199 細類「未分類其他清潔工」。
(細類)9201-- 農牧業勞力工 在農場或牧場從事簡單及例行性農牧業勞力工作之人員。
(細類)9312-- 營建勞力工 從事房屋、道路、鐵軌、水壩等建物營建、維護之簡單及例行性勞力工作之人員。

伍、工作分析

一、意義

針對工作者從事工作，經蒐集相關資料，並就 (1)~(5) 項目進行分析：

(1) 工作職責 (2) 工作方法或技能 (3) 使用機具或設備

(4) 投入原料產出貨品或提供之服務 (5) 工作環境之研究。

※ 二、功用

工作分析具有下列功用：

人力資源範疇	工作範疇
1. 招募及甄選	1. 工作設計 / 工作簡化
2. 薪資訂定（工作評價）	2. 工作分類
3. 職涯規劃及發展	3. 工作說明書
4. 教育訓練	4. 效率及安全
5. 工作績效	

三、工作分析資料蒐集方法

工作分析資料蒐集方法，分述於下：

1. 面談法

事先告知受訪工作者其所作之工作分析的目的後，再由訪談人員，向工作者詢問目前工作的內容。

2. 觀察法和工作表現法

預先藉由設計之表格，再至工作現場，觀察工作者在工作時的相關工作內容等。

3. 重要事件法

針對影響工作績效的重大行為，詳盡記載相關因素，包括時間、地點、發生事情、事件的反應、工作人員採取之應對表現。

4. 問卷檢定法

此種方法通常是結構式問卷，預先設計並列出一些項目和因素，讓工作人員填答或勾選，或者做適當的評斷。

5. 單位主管會議

當工作人員不願參與受訪時，得改請其主管詳細介紹員受訪之工作者其執行之工作內容。

四、工作說明書【105-2】

包括工作名稱、工作性質、具體工作項目、權責、晉升條件、工作地點與環境、工作時間、工作福利與薪資、工作流程、業務執行關係人與聯絡網、法律條文與責任說明。(請參下表)

工作面	勞動條件	法律面
工作名稱	工作時間	業務執行關係人與聯絡網
工作性質	工作地點與環境	法律條文與責任說明
工作流程	工作福利與薪資	權責
工作項目	晉升條件	

五、工作規範 (KSAOs)

代表一個工作者完成這項工作所需具備的條件，包括應具備之「知識 (Knowledge)」、「技能 (Skill)」與「能力 (Ability)」與「其他特質 (Others)」，簡稱為「**KSAOs**」。

第二十四章（職業）心理測驗

- 選用心理測驗的標準、職業興趣量表、工作氣質測驗 -

壹、心理測驗的標準

一、信度 (reliability)：測驗的可靠性 (穩定性)。

測量在相同條件下，重複測驗產生相似結果的 (高低) 程度。

信度表示測驗分數 (或結果)，具有穩定性。

良好測驗在 0.8 以上，人格測驗 0.7 可接受。

二、效度 (validity)：測量的正確性。

測量某種**行為特徵**的**正確度**。如個性內向、外向；職業興趣等。

三、常模：

特殊團體的成員在測驗上具有之特質，換言之，該團體成員共有相同之特質。

常模團體 (參照團體)，須具備 a. 近期的、b. 代表性、c. 適切性。

常模種類：d. 全國常模、e. 地區常模、f. 特殊團體常模。

貳、選用心理測驗指標之實例【112-2】

一般公司在進用員工時，常會透過職業心理測驗的施測結果，確定是否僱用員工之依據。而影響一般受測者在職業心理測驗結果正確性的主要因素，包括：

(A) 受測者的心理狀態　　(B) 測驗的效度

(C) 測驗的信度　　　　　(D) 測驗的常模

(E) 測驗環境的影響　　　(F) 受測者的背景經歷

(G) 解釋分析者的知識與經驗

請根據下列各情境描述，依序寫出題號以及每題最可能反映的上述影響因素之英文代碼或名稱一個。

(一) 由於天氣炎熱，在施測時特別為受測者安排一個通風、安靜且舒適的空間， 進行職業心理測驗施測。

(二) 受測者具大學畢業文憑，因長期在外國生活，對所實施測驗內容的中文字句較難理解，需要更多時間進行測驗填答。

(三) 受測者做測驗時，情緒起伏很大，擔心自己的測驗分數表現太低，無法獲得聘用。

(四) 3 週後，使用同一份職業心理測驗，通知進入第 2 次面談的受測者再做一次測驗。經查這些受測者在此期間的經驗並無太大變化，而其前後 2 次的測驗分數，得到幾乎一樣的計分結果。

(五) 以過去 3 年受測者的測驗分數作為參照分數標準並進行比較，發現此次受測者在「開放」向度的測驗分數，其平均分數明顯高於過去 3 年的平均分數。

《參考解》

（一）依題意，(E) 測驗環境的影響。

（二）依題意，(F) 受測者的背景經歷。

（三）依題意，(A) 受測者的心理狀態。

（四）依題意，(C) 測驗的信度。

（五）依題意，(D) 測驗的常模。

參、職業興趣量表：我喜歡做的事

勞動部勞動力發展署委託中國測驗學會修訂的一份興趣量表。

本量表在分析每項職業所需要的 (1) **興趣**及 (2) **性向**，並測量受試者的職業興趣及性向，協助受試者職業範圍內做**職涯探索**。

一、適合對象：

1. 求職者　　2. 國中程度以上應屆畢業生

3. 社會青年　　4. 對自己性向與興趣未能明瞭者

二、職業特性

「我喜歡做的事量表與職業特性表」列出有興趣該項職業者需具備的特性，受試者傾向的職業，應衡量自己是否已具備喜愛的職業特性。

「我喜歡做的事」量表與職業特性表 (1)

興趣類別	原始分數	PR 值	職業特性
A. 藝術			喜歡以創造性的方式表達感受。
B. 科學			喜歡發現、蒐集自然界事務，並且將科學研究的結果，運用解決生命科學及自然科學的問題。
C. 保全			喜歡為人保護生命及財產。
D. 機械			喜歡使用機器、手、工具及有關技術，把機械原理應用在日常生活。
E. 工業生產			喜歡在工廠做重複、具體而有組織性的工作。
F. 企業事務			喜歡非常具體、很組織化、需要注意細節及精確性的工作。
G. 銷售			喜歡用個人說服的方法及銷售的技術，讓別人聽從自己的意見。
H. 個人服務			喜歡依照別人個別的需要及期望提供照顧性的服務。
I. 社會福利			喜歡幫助人解決心理、精神、社會、生理及職業上的困難。
J 領導			喜歡用高等語文及數理能力來影響別人。
K. 體能表演			喜歡在觀眾前面表演體能活動。
L. 動植物			喜歡做與農、林、漁、牧狩獵等與動物及植物有關的事物。

三、職業分類

受試者測驗後，其了解在 12 個大類的職業興趣及職業範疇。

「我喜歡做的事」量表與相關職業表 (2)

職業興趣（大類）	職業興趣（中類）	職業（小類）
1. 藝術 (Artistic)	文藝、視覺藝術、戲劇、音樂、舞蹈、工藝、雜藝、模特兒八大類。	作家、音樂家、時裝模特兒、戲劇編撰、馬戲團雜耍
2. 科學 (Scientific)	理化科學、生命科學、醫學、實驗科學技術 4 大類。	醫生、疫苗實驗員、腦神經研究員
3. 保全 (Protective)	公共安全及法律執行與保全服務 2 大類。	廠衛員、保全員、捷運保警
4. 機械 (Mechanical)	工程、機械業管理、工程技術、航空器及船舶操作、精細機械技術、系統操作、**品質管制**、水陸運輸工具操作、物料管制、精細手工、設備操作與機械業基層工作等 12 類。	機械工程師、飛機駕駛、倉儲員、ISO 系統工程師
5. 工業生產 (Industrial)	生產技術、生產工作、**生產品質管制**、生產基層工作 4 大類。	製造工程師、生產管理員、品管師、作業員
6. 企業事務 (Business Detail)	行政業務、業務資料計算、財金業務、語言溝通、檔案處理、事務性機械操作、文書雜務等 7 大類。	資訊系統師、系統操作員、文書檔案員、金融業者
7. 銷售 (Selling)	專技銷售、一般銷售、販賣等 3 大類。	零售販賣、產業設備業務、商品銷售
8. 個人服務 (Accommodating)	接待服務、美容及美髮服務、客運服務、顧客服務、隨從服務等 5 大類。	空服員、美髮造型師、客服員、高鐵服務員
9. 社會福利 (Humanitarian)	社會服務；護理、治療及特殊教育服務；兒童及成人照顧 3 大類。	護理師、照顧服務員、教保員、少年觀護人
10. 領導	數學及統計、教育及圖書館服務、社會研究、法律、行政主管、**財經**、服務性行政、傳播、促銷、法規執行、企業管理、合約等 12 類。	經理、電視節目主持人、圖書館館員、司法人員、財經教授
11. 體能表演	運動與體能特技 2 大類。	職業籃球員、體操選手、運動教練
12. 動植物	農林漁牧狩獵業管理、農林漁牧狩獵業督導、動物訓練及服務、農林漁牧狩獵業基層工作 4 大類。	森林巡守員、訓獸師、鰻魚養殖、乳牛飼育業者

表格製作：自行整理

四、操作與分析（我喜歡做的事）

（一）此套系統在分析每項職業從業人士所需要的興趣及性向，並編製工具測量受試者的一般職業興趣及性向，協助受測者適合特性的職業範圍內，做（職）生涯探索。

（二）本測驗含職業或活動有關的試題計 168 題，受測者看過每個題目 (1) 閱讀題目 (2) 依直覺勾選 (2-1) 喜歡或 (2-2) 不喜歡。

（三）受測填寫問卷時，應注意事項：

  1. 測驗時間：約 20 分鐘（作答中斷或閒置超過 20 分鐘以上，系統強制登出）。

  2. 測驗題數：168 題

  3. 測驗規範（注意事項）：

    (1) 仔細閱讀測驗的指導說明。

    (2) 閱讀試題，再依直覺勾選與您的喜好程度。

    (3) 答案無對錯之分，毋須想太多。

    (4) 依序作答，勿跳題或留空，一次完成，不要中途離開。

（四）評量表結果說明：

  1. 自我比較：

  受測者可利用該分數對**自我**各項**職業類別**作比較。

  2. 他人比較（選擇百分等級常模）：

  將自己的興趣分數與別人的興趣比較二者**高低**。

  比較受測者的興趣分數高過（或低於）某專業人員團體之 %。

五、「我喜歡做的事」測驗實例【110-3】

萬君在「台灣就業通」填寫「我喜歡做的事」，得到下表的結果。請根據下表資料，回答下列問題：

興趣類別	原始分數	PR 值	職業特性
A 藝術	3	23	喜歡以創造性的方式來表達感受。
B 科學	1	21	喜歡發現、蒐集自然界事務，並且將科學研究結果應用解釋生命科學及自然科學的問題。
C 動植物	0	10	喜歡做農、林、漁畜、牧狩獵等與動植物有關之事情。
D 保全	0	14	喜歡助人保護生命及財產。
E 機械	0	17	喜歡使用機器手工具及有關技術，把機械援例應用在日常生活。
F 工業生產	0	17	喜歡在工廠重複、具體而有組織的工作。
G 企業事務	1	24	喜歡做非常具體、很組織化、需要注意細節、精確性的工作。
H 銷售	0	16	喜歡以自己說服的方法及銷售技術讓別人聽從自己的意見。

興趣類別	原始分數	PR 值	職業特性
I 個人服務	0	13	喜歡依個別需要及期望，提供照顧性服務。
J 社會福利	2	29	喜歡幫助別人解決心理、精神、社會、職業上的困難。
K 領導	2	29	喜歡使用高等語言及數理能力來影響別人。
L 體能表演	0	20	喜歡在觀眾前面表演體能活動。

（一）根據上表的資料，萬君最有興趣的 3 個職業類型依序是哪 3 個？請依序寫出該類型的 A、B、C、……代碼。

（二）請依照萬君最有興趣之 3 個職業類型，應連結下表哪一個職業：

雜藝人員	護理師	職籃選手	疫苗實驗員	美髮造型師
機械工程師	保全員	財務教授	資訊系統工程師	作業員

《參考解》

（一）依題意，G(企業事務)、J(社會福利)、K(領導)。

（二）依題意，G(企業事務)………連結「資訊系統工程師」。

J(社會福利)………連結「護理師」。

K(領導)……………連結「財務教授」。

肆、工作氣質測驗 (Job Temperament Test)

一、意義：「工作氣質測驗」係用以瞭解個人工作態度量表的工具。

二、功用：藉由「工作氣質測驗」，協助就業會談者及就業服務，協助受測者之職業選擇。

本測驗須結合 (1)「職業興趣量表」(2)「通用性向測驗」更周延。

三、「工作氣質測驗」7 個量表：

「工作氣質測驗」7 個量表量表內涵 (指個人特質)，分列於下：

量表	量表內涵
1. 人際效能	得高分者面對因應人際間的事務，督導他人、說服他人、與人親和都有良好效果。
督導性分量表	得高分者擅於工作規劃，能督導部屬執行工作，並分派及約制部屬。
說服性分量表	得高分者，良好說服技巧，改變他人的想法、態度。
親和性分量表	得高分者，善於與人相處，亦於打成一片，建立良好人際關係。
表達性分量表	得高分者，善於表達自己的感受及想法，以創意眼光加以表達。
※2. 優柔猶豫	得**高分**者，**難以**依據主客觀資料，做出決定。 ※ 得**低分**者，**容易**以依據主客觀資料，做出決定。
3. 審慎精確	得高分者做事力求精確，能接受精準的標準。
※4. 偏好單純	得**高分**者能執行**單調或例行**工作。 ※ 得**低分**者能執行**不同性質**工作，不覺力不從心。

量表	量表內涵
5. 堅忍犯難	得高分者在危險或惡劣工作環境下，有性執行工作。
6. 獨處自為	得高分者能獨立工作，不感覺難受。
7. 世故順從	**得高分者能**依照工作指示，推行工作；守本分，不冒犯上司；謹守傳統關係，注重和諧，不得罪人。 **得低分者不能**依照工作指示，推行工作；不守本分，敢冒犯上司；不守傳統關係，不注重和諧，易得罪人。

【註】「優柔猶豫／偏好單純」負面量表，測驗得低分，始具正面特質。

四、「工作氣質測驗」實例 (109 年)

就業服務人員對前來求職的甲君、乙君及丙君實施「工作氣質測驗」，並將其測驗得分換算為百分等級。另外，也整理求才職缺中的「觀光導遊」、「鑄造工」及「餐飲服務員」等 3 個職業種類所強調的工作氣質組型如下表：

工作氣質測驗

工作氣質測驗			表示該職業種類強調的工作氣質組型			百分等級		
分量表		分量表含意	觀光	鑄造工	餐飲服務員	甲	乙	丙
A 人際效能	1. 督導性	擅於做工作規劃督導與分派工作。	◆			88	46	32
	2. 說服性	具備良好說服技巧，改變他人的想法、態度。	◆		◆	90	70	34
	3. 親和性	善於與人相處，亦於打成一片，建立良好人際關係。	◆		◆	88	81	25
	4. 表達性	善於表達自己的感受及想法，以創意眼光加以表達。	◆		◆	91	88	38
B	優柔猶豫	**難以**依據主客觀資料，做出決定。				6	41	32
C	審慎精確	做事力求精確，能接受精準的標準。		◆	◆	80	80	99
D	偏好單純	能執行**單調或例行**工作，不覺單調或厭煩。		◆		15	41	98
E	堅忍犯難	在危險或惡劣工作環境下，有性執行工作。	◆	◆		93	81	94
F	獨處自為	能獨立工作，不感覺難受。		◆		69	52	91
G	世故順從	依照工作指示，推行工作；守本分，不冒反上司；謹守傳統關係，注重和諧，不得罪人。		◆	◆	59	89	82
H	虛飾傾向	原始分數 9 其可信度低。				15	8	14

（一）依據受測者測驗得分的百分等級及職種組合相似氣質做判斷，針對甲君、乙君及丙君 3 人，與「觀光導遊」、「鑄造工」及「餐飲服務員」3 種不同職種，寫出每人相符程度最高的 1 項職種配對。(6 分)

（二）檢視甲君、乙君及丙君 3 人在「優柔猶豫」的百分等級，哪 1 位在下決定方面的能力最強？(2 分)

（三）在「虛飾傾向」的原始分數：甲君 15 分、乙君 8 分及丙君 14 分，哪 1 位最可能有作答不實的情況？(2 分)

參考解

（一）甲君：工作氣質 A、E 類 分數高，適合 觀光導遊。

乙君：工作氣質 A、C、G 類 分數高，適合餐飲服務員。

丙君：工作氣質 C、D、E、F 類分數高，適合鑄造工。

（二）甲君「優柔寡斷」6 分，比其他人低，顯示處事比較乾脆，決策快速，下決定能力較強。

（三）乙君「虛飾傾向」8 分，低於 9 分，可信度偏低，比較可能有作答不實情況。

五、「工作氣質測驗」實例【112-1】

張君為了找到適合自己的職業，在勞動力發展署網站的職涯測評專區填答了「工作氣質測驗」，其個氣質因素之百 PR 值，及跟印刷職業常模相較的結果，如下方表、圖。張君帶著測驗結果前來尋求就業服務人員的協助。

氣質因素	PR	結果解釋
A1 督導性	34	得高分者善於做工作規劃，能督導部屬執行工作，並會分派與約制部屬的活動。
A2 說服性	50	得高分者具備良好的說服技巧，能夠改變別人的判斷、想法及態度。
A3 親和性	21	得高分者善於與人相處，能與人打成一片，以建立良好的人際關係。
A4 表達性	21	得高分者善於表達個人的感受與想法，並能以創意的眼光加以展現。
B. 決策果斷（擅於決策）	63	得高分者較能依據個人的主觀感受與事物的客觀資料，進行工作評核或下決定。
C. 審慎精確	30	得高分者做事力求精確，不會發生錯誤，能夠接受精確的標準，否則會造成重大的災害。
D. 偏好單純	69	得高分者能執行重複性或例行性工作，而不覺得單調或厭煩。得低分者能夠同時執行各種性質不同的工作職務，而不覺得力不從心。
E. 擔險耐勞（堅忍犯難）	86	得高分者在危險或困難的環境下，亦能有效執行工作。
F. 獨處自為	91	得高分者能與別人分開，自己單獨工作，而不感到難受。
G. 敬上順從	31	得高分者能依照既定的工作指示，忠實地推行工作；能守本分，並能順從上司，考慮上司的感受，與上司維持良好的關係；能謹守人與人之前的傳統關係，注重和諧，不得罪人。

本測驗與印刷職業之「常模」相較結果如下：

「nn」表示「常模」PR 值；「.」表示張君各氣質的 PR 值。

PR 值 / 氣質因素	常模 PR 值 (nn)	甲君 PR 值		
		0-33	34-66	67-99
A1 督導性	34		·	
A2 說服性	50		·	
A3 親和性	21	· ·		
A4 表達性	21	· ·		
B 決策果斷	63		·	
C 審慎精確	30	· ·		
D 偏好單純	69			·
E 擔險耐勞	86			·
F 獨處自為	91			·

請回答下列問題：

（一）張君詢問就業服務人員：「網頁上說超過 66 算高分，但我只有『偏好單純』、『擔險耐勞』、『獨處自為』這三項的 PR 值超過 66，是否表示我的「個性」跟「職場（工作）需要」不合呢？」

　　　請問：就業服務人員最適合採用 A、B、C 之中的哪一種反應來說明「工作氣質測驗」功用？

　　　A. 萬君與常模相符合。就業服務人員回答：「各個工作需要的「氣質組型」，若與你測驗顯示「氣質組型」相配（同），則表示二者「氣質組型」配合；不在於你測驗顯示各「氣質組型」PR 值」。

　　　B. 工作有很多，高高低低都有，雖然你只有三項比別人強，但好好利用這三項，還是能夠找到工作。

　　　C. 個性是可以學習改變的，你的「說服性」、「決策果斷」分數也不低，好好培養，就可以提升你的市場競爭力。

《參考解》依題意，A。

（二）萬君接著提問：「我覺得很奇怪，我的『獨處自為』怎麼會這麼高，我其實平常也喜歡交朋友、有不少朋友啊？」請問：根據「工作氣質測驗」，就業服務人員比較適合採用 D、E 之中的哪一種反應？(2 分)

　　　D. 百分等級是跟別人比較出來的，雖然你平常朋友不少，但根據統計，別人的朋友更多，所以你的「獨處自為」才會這麼高。

　　　E. 生活時和工作時的偏好不一定會一樣，你平常生活中喜歡交朋友是一回事，但你工作時是否喜歡「與別人分開，單獨工作」呢？

《參考解》依題意，E。

第二十五章 職業選擇理論

壹、ROE 心理動力及需求論

一、ROE 心理動力及需求論內容

人格的發展大多數取決於個人在**兒童早期**基本**需求**獲得 (1) **滿足**或受到 (2) **挫折**的經驗，上述經驗又常受到**家庭**文化背景或**社經**條件影響。

早期經驗心理需求滿足，對其職業選擇之影響有下列數個層面：

(一) 如果兒童在成長發展過程中，**心理需求穩定**而獲得**滿足**，則較**不會**變成潛意識主導**職業**行為。

(二) 如果兒童早期經驗中，**(心理) 需求不穩定**或受到延宕，則該需求即變成潛意識驅動力，主導其用於滿足**需求**的**職業**行為。

※(三) 如果兒童早期經驗中，較**高層次**的**心理需求** (尊重、自我實現) 從未獲得滿足，則該需求很可能消失無蹤。

※(四) 如果兒童早期經驗中，較**低層次**的**心理需求** (生存、安全及愛與歸屬) 從未獲得滿足，則該需求很可能成為職業選擇的最大主宰力量。例如貧窮者職業選擇，偏愛金錢追求。

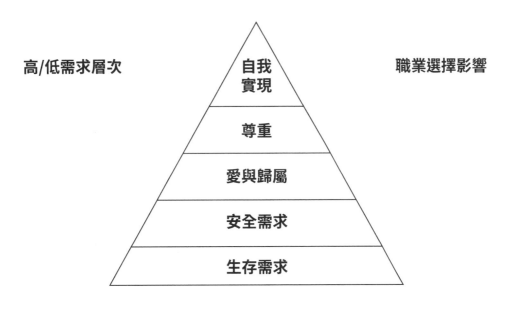

Maslow 需求理論圖示

貳、Clayton Alderfer 人本主義需求理論 (改自 維基百科)

一、簡介

美國耶魯大學艾德福提出的「**人本主義需求理論**」。以**馬斯洛**「需求層次理論」的基礎，提出 (1) **生存**需要 (Existence needs)、(2) **相互關係**需要 (Relatedness needs)(3) **成長發展**需要 (Growth needs)，「組織生活中」(指社會、職場) 具有的需求。

二、三大核心需求

（一）生存需求：指個人在生理及物質慾望的需求。在組織（企業等職場）中，表現謀求**薪資給付、福利、工作環境**等。

（二）關係需求：於職場、社會（社區）環境中人與人之間互動，含二者或眾人之間的**情感交流和互動**。

（三）成長需求：個人在企業經營、職場工作上的實務累積或另有創造，促成的**個人成長**。

三、三大需求之間的關係

（一）需要滿足：愈低層次需求愈被滿足，則愈期待能滿足較高層次需求。

（二）需要加強：每一層次需求的滿足愈少，則愈希望能夠獲取滿足。

（三）需要受挫：較高層次需求的滿足愈小，則愈轉而追求較低層次需求的滿足以資補償，稱為「**挫折退化現象**」。

參、HOLLAND 生涯類型論

人們在「工作選擇」中表達自己（我）、個人興趣、工作價值。

一、理論要義：（卜莞貞）

（一）人類的興趣與職業皆可區分為 6 個類型。

（二）人境適配。

（三）差異性：求職者對 6 個類型職業，顯示對某類型喜歡或不喜歡。

（四）一致性：6 個類型職業中，取其二個類型比較二者之間人格特質相似或不相似。

二、理論目標

提供理論內容，協助求職者做**職業選擇**。

三、職業類型簡介【108】

實用型 (R、Realistic)

特徵	**順從**、坦率、**謙虛**、自然、**堅毅**、實際、有禮、穩健、節儉。
人格傾向	1. 喜愛實用性的職業或情境，以從事所喜好的活動，避免社會性的職業或情境。 2. 以具體實際的能力解決工作及其他方面的問題，較缺乏人際關係方面的能力。 3. 重視具體的事物或個人明確的特性，如金錢、權力或地位等
典型職業	一般勞工、工匠、農夫、機械師、線上操作員…。
環境類型	實用型環境的工作大多明確，多在戶外進行，一般需要機械能力、耐力及體力。 此環境一般包括機械工廠、農場、營造廠、加油站或理髮店。

研究型 (I、Investigative)

特徵	分析、**謹慎**、批評、好奇、**獨立**、聰明、內向、條理、**謙遜**、精確、理性、**保守**。
人格傾向	1. 喜愛研究性性質的職業或情境，避免企業型的職業或情境。 2. 以研究的能力解決工作及其他方面的問題，亦即自覺自己好學、有自信、重視科學，但缺乏領導方面的才能。 3. 重視科學價值，擁有科學方面的能力，但缺乏領導才能。
典型職業	研發工程師、化學師、數學師、科學家、研究學者…。
環境類型	研究型環境的工作大多需要抽象思考及創造力完成，而不太需要個人的主觀意見、理解力及敏感度。 成就是漸進長期的；但有一套客觀的方法來測量工作成果。

藝術型 (A、Artistic)

特徵	複雜、想像、衝動、**獨立**、直覺、無秩序、情緒化、**理想化**、**不順從**、有創意、有表情、不重實際。
人格傾向	1. 喜愛藝術性的職業或情境，避免傳統型的職業或情境。 2. 以藝術方面的能力解決工作或其他方面的問題，自覺富有表達能力、創造能力，擁有藝術與音樂方面的能力（包括表演、寫作、語言） 3. 重視審美價值與美感經驗。
典型職業	詩人、小說家、音樂家、畫家、舞台導演、室內設計師、美術設計人員…。
環境類型	藝術型環境需要工作者以感性、想像及品味去創作及鑑賞藝術作品。

社會型 (S、Social)

特徵	合作、**友善**、**慷慨**、**助人**、仁慈、負責、圓滑、**善社交**、善解人意、說服他人、**理想主義**、**富洞察力**。
人格傾向	1. 喜愛社會性的職業或情境，而避免實用性的職業或情境，並以社交方面的能力解決工作及其他方面的問題。 2. 自覺喜歡幫助別人、了解別人、有教導別人的能力，且重視社會與倫理的活動與問題。
典型職業	中小學教師、傳教士、輔導人員、社會工作者、心理顧問、護理人員…。
環境類型	社會型環境中的工作需要有了解及改正人類行為的能力，並有關懷他人及與人溝通的興趣。 一般而言，此類環境常會增加工作者的自尊。

企業型 (E、Enterprising)

特徵	**冒險**、野心、獨斷、衝動、**樂觀**、**自信**、追求享樂、精力充沛、**善於社交**、獲取注意、**知名度**。
人格傾向	1. 喜愛企業性質的職業或情境，而避免研究性的職業或情境，並以企業方面的能力解決工作及其他方面的問題。 2. 自覺有衝動、自信、善社交、知名度高、有領導與語言能力、缺乏科學能力，但重視政治與經濟上的成就。
典型職業	推銷員、政治家、企業經理、律師、電視製作人員、業務人員
環境類型	企業型環境中需要工作者有語文能力，以說服或影響他人。 此類環境大多是政治機構如房地產公司、廣告公司、商業機構及貿易公司。

事務型 (C、Conventional)

特徵	**順從**、謹慎、保守、自抑、服從、規律、**堅毅**、實際穩重、有效率、**缺乏想像力**。
人格傾向	1. 喜愛傳統性質的職業或情境，而避免藝術性的職業或情境，並以傳統的能力解決工作及其他方面的問題。 2. 具有**文書作業**、**數字計算能力**，並重視商業與經濟上的成就
典型職業	出納員、會計人員、銀行行員、行政助理、秘書、文書處理人員…。

四、何倫類型理論在生涯探索應用的觀念

何倫類型理論在「**生涯探索**」應用的觀念，分述如下：

(一) 差異性 (differentiation)(分化性)

(意義)：求職者對 6 個類型職業，逐一顯示對某類型喜歡或不喜歡。

若求職者對某特定類型職業如 R、I、A 類型職業，顯現高度興趣，則表示求職者對 R、I、A 類型職業的差異性高。

反之，對於 S、E、C 類型職業顯示出興趣缺缺，則表示求職者對前述 3 類型職業差異性低。

(功能或用途)

求職者差異性愈高，即求職者對部分類型職業喜歡程度高。差異性高者，興趣趨向明顯，不論自己容易或就服人員**容易**為其推介喜愛類型的**工作**。

反之，求職者對多數類型職業差異性**愈低**，就服人員**愈困難**為其尋到喜歡類型之工作。

(計算方式)

差異性指標計算方式有二

(1) 何倫碼：由何倫 6 碼中找出**最高分**減**最低分**(相差的) **值**。

(2) 觀察何倫值 6 碼之側面圖：差異性高者，其側面圖高峰低谷，反之，則側面圖較為平坦。

(二) 一致性 (consistency)

6 個類型職業中，逐次取其二個類型比較二者之間人格特質相似或不相似。

6 個類型**相鄰者**具有**較高**的相似性，如社會型與藝術型、何倫碼 SAI 者，其 3 碼相對位置均在 6 角形相鄰兩邊，其類型的一致性**較高**。

何倫前兩碼（第一碼、第二碼）相對位置在**對角線**的兩端，其一致性顯然**較低**：如藝術型和事務型、社會型和實際型、研究型和企業型。

一致性程度及人格類型表

一致性程度	人格類型
高	RI、RC、IR、IA、AI、AS
中	RA、IS、SC
低	RS、IE、AC、SR、EI、CA

五、何倫類型理論應用的實例（分析林君何倫碼之差異性及一致性）

林君之何倫碼 (Holland Code) 興趣測驗的結果：

(1) 何倫碼為 ACE

(2) **R：10**、I：20、**A：45**、S：20、E：25、C：40。

(一) 差異性：林君之興趣碼最高分 A 為 45 分，最低分 R 為 10 分，二者相差 35 分，其**差異性高**。

(二) 一致性：林君之興趣代碼為 ACE，首碼 A 類型與次碼 C 類型成對角線，其**一致性低**。

林君之何倫碼 (Holland Code) 興趣測驗的結果（如側面圖）

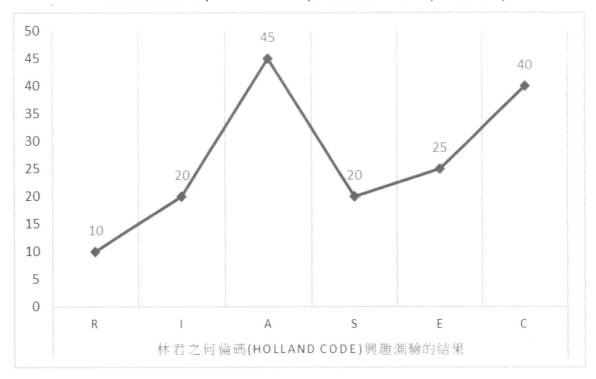

繪圖製作：林秋梅繪製

六、何倫類型理論應用的實例（分析甲～丁君何倫碼之差異性及一致性）

甲君、乙君、丙君、丁君 4 位求職者在「何倫碼興趣測驗」的施測結果如下表，請根據測驗分數，回答下列問題。【111-1】

（一）就人境適配的分化性 (differentiation) 而言，4 位求職者中哪 1 位的興趣多元且分化明確？哪 1 位最可能缺乏熱情與動機且分化低？

《參考解》

1. 甲君興趣差異 (分化) 性高 (明確)，2. 丁君可能缺乏熱情與動機且差異 (分化) 性低。

（二）就人境適配的一致性 (consistency) 而言，4 位求職者中哪 1 位的一致性最高？哪 1 位的一致性最低？

《參考解》1. 甲君 (ASE) 一致性最高，2. 乙君一致性 (ACR) 最低。

求職者興趣測驗分數表

何倫碼 求職者	R	I	A	S	E	C
甲君	22	15	35	30	25	14
乙君	3	2	10	1	1	5
丙君	22	23	31	22	27	22
丁君	2	3	3	4	3	4

七、何倫類型理論實務應用（卜莞貞）

各類型職業人物

吳健雄	德雷莎修女	賈伯斯	郭台銘	小學班導師
會計師	社工人員	佛朗基	證嚴法師	信義房仲業務員
王建民	郵局員工	女神卡卡	李安	生命線張老師
邱毅	陳冠宇	川普	達賴喇嘛	全國電子公司工程人員
吳大猷	秘書	公務員	達爾文	中興系統保全工程師
心理師	歐巴馬			芭芭拉史翠珊

圈選與連結

類型	職業
(1)R 型	中興系統保全工程師、全國電子公司工程員、王建民、佛朗基
(2)I 型	達爾文、吳健雄、吳大猷
(3)A 型	李安、女神卡卡、陳冠宇、芭芭拉史翠珊
(4)S 型	小學班導師、達賴喇嘛、德雷莎修女、證嚴法師、社工人員、生命線張老師、心理師
(5)E 型	郭台銘、歐巴馬、邱毅、信義房仲業務員、賈伯斯、川普
(6)C 型	郵局員工、會計師、秘書、公務員

第二十六章 諮商程序及諮商技巧

壹、諮商階段

一、探索階段：建立「雙方互信」關係、蒐集資訊。

二、洞察階段：增進瞭解、針對問題設定 (1) 計畫目標與 (2) 達成目標方案。

三、行為改變階段：實施計畫的方案、必要時修訂計畫（內容、方案）。

四、結束階段：結案準備、做好記錄。

各諮商階段及使用技巧表 (1)

就業諮詢階段（一）	就業諮詢技巧	就業諮詢階段（二）
一、探索階段	專注＋傾聽、專注＋接納、專注＋尊重、發問＋試探＋澄清、反應＋同理心（情緒反映）、溫暖、真誠	一、建立雙方**互信關係**階段
二、洞察階段	**分析＋解釋、安慰＋支持、摘述＋面質、自我揭露、立即性、確認、鼓勵**	二、議題開展／揭露階段
三、行為改變階段	**行為改變、家庭作業、腦力激盪、力場分析、賦能／賦權**	三、促進行為**改變**階段
四、結案階段	高層同理心、連結、理解	**四、關係結束**準備階段

貳、諮商技巧

一、諮商技巧 - 專注、接納（探索階段）

　　目的：傾聽、接納個案的想法、感受。

　　方式：（一）行為（態度）上的專注

　　　　　　　面談時座位位置、舉止姿勢、眼神、臉部表情、肢體語言等表現出關心與投入。

　　　　　（二）心理上的專注

　　　　　　　傾聽對方講話、觀察及了解非語言的訊息。

　　原則：

　　　　　（一）注意自己的肢體語言

　　　　　（二）讓對方自由、自在的表現自己

　　　　　（三）避免選擇性傾聽

　　　　　（四）控制自己的情感

　　　　　（五）妥善處理沉默

二、諮商技巧 - 同理心（探索階段）

目的：感同身受、抓住對方的感覺

方式：

針對個案表達的意思及感覺，就業服務人員表達理解並加以反映。

表達公式＝情緒反映＋簡述語意

簡述語意＝你覺得…＋情緒…因為…+…事情

原則：

（一）保持傾聽＋專注＋接納。

（二）對所感覺的內容做出適度「情緒」（非同情）的表達。

三、諮商技巧 - 真誠（探索階段）

目的：諮詢過程中就業服務人員保有真實感（或誠懇的心）。

原則：

（一）就業服務人員以真實（誠懇）自我與個案接觸、互動。

（二）行動、想法、感覺一致。（勿「口是心非」或「口非心是」）

（三）無防衛性的行為。（指就服人員心存：忌妒、自私…）

（四）自發性的行為。（諮商係出自於真心服務）

四、諮商技巧 - 尊重（探索階段）

目的：建立彼此互信關係，激發個案的自信心。

方式：

（一）接納個案的行為、言語、態度。

（二）尊重個案是個獨特的個體。

（三）尊重個案的自我決定。

原則：

（一）表裡一致。

（二）積極關懷。

五、具體化（洞察階段）

就業服務人員協助個案明確的表達個人的感覺、經驗、行為、問題，針對特定的問題探索，就業服務人員清晰地回應。

「具體化」的技術通常涉及人、時、地、什麼、怎麼、如何、為何等。

六、重新框架：（洞察階段）

重新看問題的技術，或重新建構問題，把問題從人身上抽離出來，換言之，換個角度想問題。

七、諮商技巧 - 面質（洞察階段）

目的： 針對個案一些不合理的想法，例如個案內在的衝突、矛盾、歪曲、逃避的行為
與態度，於諮商過程了解案情並按實情反應。

原則：

(一) 採取同理心的態度。

(二) 使用緩和而有彈性的語氣。

(三) 需在安全、信任關係建立後才實施。

※ (四) 倘若個案處於極度混亂、迷惑、不穩定時，則避免使用。

(五) 採用漸近法。

面質技術之注意事項：

(一) 有事實根據：事實不充分，不明顯時，不宜採用。

(二) 避免變成個人發洩：不可變成諮商師發洩情緒和攻擊的工具。

(三) 避免無情攻擊：應考慮個案的情境，若無情地面質，使個案無法招架，而陷入痛苦。

八、自我表露（洞察階段）

就業服務人員將自己類似的感受、想法、經驗和行為說出來與個案分享，以增加個案對
自己的處境或行為後果了解，並得到積極的啟示。

九、諮商技巧 - 立即性（洞察階段）

目的： 恢復了解雙方「諮商（互信）關係」，讓個案更投入。

方式： 就業服務人員徵得個案的同意，暫停對推介就業的問題之討論，轉而對「互信關
係」做溝通、回饋。

十、諮商技巧 - 賦能（或賦權、充權、充能、授能、培力等（行為改變階段）

在諮商歷程中個案得以從挫折與壓力中，促使其變得堅強。(指鼓勵個案行為改變期間，
要自立自強，所謂「自助者，天助之」)

十一、高層次同理心（結束階段）

就業服務人員針對個案在所敘述的內容中，有隱含或暗示的部分，從台面下帶到台面
上，更充分探索，刺激個案以新的觀點來思考自己及其所處環境的關係，使其得到**新
的頓悟**。

參、諮詢（商）技巧實例

**一、甲君高職畢業後從事平面設計工作 10 年，之後因為結婚辭職成為家庭主婦，30 歲時成
為兩個孩子的媽，家庭生活幸福美滿。40 歲時丈夫車禍過世。為了撫養孩子， 甲君決
定重新投入職場，兩年以來持續換了 10 個工作、每個工作都沒辦法持續 1 個月以上。**

於是，甲君至就業服務機構求職及接受就業諮詢。請針對下列 5 種晤談對話中就業服務
人員所使用的諮詢技巧，從 (A)~(L) 項中依序選出最適合的 1 項 (寫出代碼或名詞皆可)：

A 安慰	B 支持	C 允許	D 專注	E 同理	F 分析
G 解釋	H 建議	I 面質	J 澄清	K 比較	L 自我揭露

下列個案晤談對話：

（一）在第 1 次晤談中，甲君情緒消沉地抱怨著目前生活的種種，就業服務人員沒有打斷甲君，也沒有安慰或勸阻甲君，只是上身前傾、注視著甲君，聆聽甲君說的每一句話並頻頻點頭。

《參考解》(D) 專注。

（二）在第 2 次晤談中，甲君反覆描述過去從事平面設計工作的風光與現在求職處處碰壁的窩囊，就業服務人員說：「聽起來，你年輕時做什麼都得心應手、人人誇讚，現在卻處處格格不入、經常被嫌東嫌西，讓你感到沮喪。」

《參考解》(E) 同理。

（三）在第 3 次晤談中，就業服務人員數次邀請甲君談談自己對「好好工作撫養孩子」的期望，甲君都說「我想有什麼用，老闆不懂得欣賞，一切白搭」，並接著滔滔不絕訴說著過去的風光與現在的窩囊。於是，就業服務人員說：「你求職時說你想要『好好工作撫養孩子』，但到目前為止，你卻一直在談過去的風光和現在的悲慘，似乎拒絕討論如何尋找與維持工作。我想邀請你問問自己，你是真期待透過我們討論以便『好好工作撫養孩子』嗎？」

《參考解》(I) 面質。

（四）在第 4 次晤談中，甲君描述過去從事平面設計時總是不斷挑戰與超越自己既有風格的經驗，就業服務人員說：「在你過去做設計尋求自我挑戰時，你認為是什麼幫助你持續努力尋求突破呢？」

《參考解》(F) 分析。

（五）在第 5 次晤談中，就業服務人員對甲君說：「你提到過去做設計尋求自我挑戰時，都是靠著告訴自己『超越自己才能擁有更美好的明天』來激勵自己，你不妨想想，如何用類似的方法來把『手上的工作做好』？」

《參考解》(H) 建議。

二、**甲君，女性，31 歲，高中畢業，未婚，自述過去找工作時，有很長一段時間由於自己的身心障礙而處處受挫，會來到公立就業服務機構尋求協助，是因為一位好朋友的介紹和鼓勵。(110-3)**

就業服務人員在提供就業諮詢的 4 個階段（建立關係階段、議題開展與揭露階段、促進改變階段，以及關係結束的準備階段），分別運用了許多相關的會談技巧，請問下列 4 組會談技巧，一般而言，各主要對應到上述哪一階段？（每組技巧只對應 1 個階段，每個階段只對應 1 組技巧）

（一）面質、賦能／賦權。

《參考解》依題意，此技巧應用面質應用在「**議題開展與揭露階段**」；賦能／賦權應用在「**促進改變階段**」。

（二）反映／回應、確認、鼓勵。

《參考解》依題意，此技巧應用「**議題開展與揭露階段**」。

（三）連結、理解、高層次同理心。

《參考解》依題意，此技巧應用「**關係結束**」。

（四）接納、傾聽、初層次同理心、觀察。

《參考解》依題意，此技巧應用「**建立關係階段**」。

肆、諮商人員之倫理

一、求助者

（一）保密

（二）以當事人的福祉為最高指導原則

（三）不可強加自己的價值觀與選擇於當事人

（四）避免問及不相關的細節

二、助人者

（一）諮商員有影響力的

（二）瞭解自己能力的限制

（三）不可濫用誤用自己的影響力

（四）不可傷害求助者（當事人）

伍、諮商人員之專業倫理層次

一、專業倫理層次

（一）對服務對象之責任

保障其利益、尊重其個別性、自主性、人性尊嚴、平等不歧視、隱私保密、同意權利、收費標準等。

（二）對自己之責任

專業能力、執業標準、執行法律規定、繼續教育、專業目的、責任及執行職業範圍、婉拒餽贈。

（三）對同事之責任

尊重態度、團隊合作、團隊溝通、相互信任、舉發報告。

（四）對機構之責任

遵守機構政策、機構效能、善用資源、公私分明。

（五）對專業之責任

充實專業知識、維持專業標準、提升專業品質、加入專業團體、忠實評估與記錄及遵守法律規範。

（六）對社會之責任

社會教育、政策建言、提倡公義、維護正義。

第二十七章 就業服務會談（理論）、技巧

壹、就業服務諮詢（會談）彙整

一、就業諮詢策略與技巧 (111-2)

甲君是 56 歲男性，受疫情影響，失業在家已逾 3 個月，希望再就業，以維持家庭經濟收入。

因此，前往公立就業服務機構登記求職。

請說明就業服務人員在對話中所使用的諮詢技巧。請就每一題的提問，從下表所擇一最適合答案，寫出代號或名稱。

(A) 同情反映	(B) 情感反映	(C) 結構化
(D) 決策平衡單	(E) 決策樹	(F) 重新框架
(G) 解釋	(H) 澄清	(I) 優點轟炸
(J) 自我揭露		

（一）對話 1：甲君對就業服務人員說：「我是一名專業經理人，也是家中主要經濟來源，誰知道疫情攪局，我竟然失業了，很多事都不在我的掌控中… 我覺得自己真沒價值…。」就業服務人員說：「失業，讓你感到失落，也擔心家裡的收入甚至自我懷疑，一定很不好受。」

《參考解》依題意，使用 **(B)「情感反映」** 諮詢技巧。

（二）對話 2：甲君對就業服務人員說：「還好你瞭解我的心情，我也常告訴自己危機就是轉機。」就業服務人員說：「雖然不好受，但你能坦然面對失業，主動求詢，將艱難的處境，視為自己重新出發的機會。」

《參考解》依題意，使用 **(F)「重新框架」** 諮詢技巧。

（三）對話 3：三週後，就業服務人員媒合甲君至一家民營事業機構就職。不久，甲君再次前來諮詢，對就業服務人員說：「公司參與政府的『青銀共事』計畫，老闆也支持我加入，我不知要選擇哪一種方式。」就業服務人員說：「你指的是『世代合作、青銀共舞計畫』的推動方式，這個理解是否正確？」

《參考解》依題意，使用 **(H)「澄清」** 諮詢技巧。

（四）對話 4：甲君對就業服務人員說：「沒錯，就是這個。但我不知如何選擇。」就業服務人員對甲君說：「我可以陪伴你分析每一個推動方式的利弊得失，並針對你考慮的各個因素進行加權計分與計算，我們可以透過這個方式一起討論你想要的優先順序。」

《參考解》依題意，使用 **(D)「決策平衡單」** 諮詢技巧。

【決策（生涯）平衡單（生涯決策方法論之一）】

決策平衡單，將重大事件（如職業選擇）的決策思考集中到 4 個主題上，以表單的形式依據每項 4 主題（如下）計算得分，取主題高分者作為該事件決策（定）之選擇：

(1) 自我物質方面的得失、

(2) 其他物質方面得失、

(3) 自我讚許與否（自我精神方面的得失）、

(4) 社會讚許與否（他人精神方面的得失）、

（五）對話 5：甲君對就業服務人員說：「這個分析方式真不錯，讓我知道最適合自己的方式就是互為導師型，我可以運用自己的知識及實務經驗結合年輕同事的構想、意見與新技術，一起為公司提升營運績效。」

就業服務人員對甲君說：「很欣賞你的韌性與勇氣，努力克服失業危機，重新找到自己的工作發揮方向。」

《參考解》依題意，使用 (I)「優點轟炸」諮詢技巧。

【情感反應】(Reflection of feeling)

社會工作者在會談的過程當中，藉由正確的話語，表達出案主的情緒與感覺（指同理心），將案主的情緒如同「鏡子」般反映回去，使案主看見自己的情緒，重新確認自己的想法。

【(I) 優點轟炸、(D) 決策平衡單】

(I)「優點轟炸」學習單之功用：

　　1. 欣賞他人的優點。

　　2. 經由他人的優點，給自己的努力方向。

『優點轟炸』學習單

0 年 00 班座號 _____ 姓名 _____

1、就您平時對組內同學的觀察和了解，寫出他們的優點和長處。

姓名	優點或長處	具體事實

2. 他人認為我有什麼優點或長處？

3. 分組討論後，我發現自己有下列優點或長處。

二、就業諮詢策略與技巧【110-3】

受到 COVID-19 疫情影響，甲君的餐飲專賣店開幕不到 10 天即因配合防疫而停業，惟仍需支付店租、水電及人事等費用。

面對外部環境驟變，不僅沒有收入尚有大筆開銷要支付，甲君因此失眠、焦慮，同時在腦海裡一再出現：「我慘了」。為了度過此一難關，甲君求助就業服務人員。

請依上列敘述及下列各問題情境，自下表所列「**職涯理論、概念與技巧**」，選擇 1 個最適合的答案或代號，依序回答下列問題：

職業理論與概念		
(A) 奇異吸子	(B) 蝴蝶效應	(C) 鐘擺效應
(D) 善用機緣論	(E) 生涯建構論	(F) 社會認知生涯論
職業諮詢策略與技巧		
(G) 引導式心像	(H) 漸進式肌肉放鬆	(I) 壓力免疫訓練
(J) 奇蹟問句	(K) 過度糾正	(L) 消弱
(M) 系統檢敏感法	(N) 普力馬原則	(O) 重新框架

（一）甲君初見就業服務人員有感而發的說：「一個小病毒竟能撼動我的職業生涯而且改變人們的日常生活」。依甲君所言，即使是一個微小的起始差異，也能產生巨大改變，係屬「**職涯混沌理論**」的何種概念？

《參考解》依題意，(B)「**蝴蝶效應**」。

（二）就業服務人員邀請甲君閉上眼睛，想像自己處在一個心情平靜的地方，並進入此一畫面，直到有比較放鬆的感覺才張開眼睛，以緩和焦慮，係屬何種諮詢技巧？

《參考解》依題意，(M)「**引導式心像**」。

【引導式心像】

「引導式心像法」是一種心理治療方法，在藝術治療中運用。

治療師可能在療程中引導個案走向一片廣大的草原或是蔚藍的大海（引導的心像需視治療目的、個案喜好等而定），在這樣的（心像）環境下，促進個案平靜與放鬆，爾後再請個案將心像畫面畫下來，並將這幅畫隨身攜帶或是放在個案生活居所的特定地方作為提醒。

【免疫法系統減敏感法】

在臨床心理學中用於幫助患者克服恐懼或其他焦慮症。

包含 3 個步驟：首先 1. 建立焦慮的等級層次，然後再學習 2. 放鬆或其他應對策略，3. 學習的克服第一步中建立的焦慮等級。

最終，引導患者能夠逐步克服焦慮等級中的每一個層次。

（三）就業服務人員引導甲君使用：「我會辛苦，但不會被擊垮」的話語取代「我慘了」的負面想法，幫助甲君從正向的觀點看問題，係屬何種諮詢技巧？

《參考解》依題意，(O)「重新框架」。

【重新框架】(Reframe)

促使求助者重新以不同角度，重新考量面對之困難問題。換言之，提醒求助者對於生涯（職涯）面臨的問題，加以重新賦予新角度新看法，而讓它具有正向的意義。

（四）就業服務人員陪伴甲君辨識壓力來源，探討有哪些可以改變、哪些無法改變，然後學習問題解決技巧、資源應用並建立支持系統，以協助其度過難關，係屬何種諮詢技巧？

《參考解》依題意，(I)「壓力免疫訓練」。

【壓力免疫法】

認為人類的壓力以及對壓力的因應，會受到<u>認知、自我信念、情緒、行為</u>與行為結果之交互作用的影響。

若能在面對壓力源時學習<u>改變</u>**告知、信念與想法**，就能逐漸<u>減輕壓力</u>對身心的負面影響，從<u>較輕度壓力</u>到<u>較大的壓力</u>都可以漸漸因應。

（五）透過諮詢，甲君學會以彈性、樂觀的心態，面對此一偶發疫情事件，對其餐飲事業造成的影響，而且找到新的應變策略。此一諮詢策略最接近何種職涯理論觀點？

《參考解》依題意，(D)「善用機緣論」。

貳、情緒勞動（企業、雇主、勞工）

（一）意義：勞工在工作中應依雇主的要求，表現出的工作情緒。

（二）情緒失調：勞工在工作過程因受個人其他因素影響而顯現之情緒；通常不符合雇主要求，表現出的工作情緒。

（三）情緒壓抑：勞工在工作過程因受個人其他因素影響而出現之不良情緒；但卻能自身妥善處理不良的情緒。

（四）情緒分類：

1. 感知情緒：勞工內心真實的情緒（即個人對工作之認知）。

2. 顯示情緒：雇主要求勞工表現出的工作的情緒，上述（情緒）視為與工作相符之情緒。

3. 表層偽裝：為了符合雇主要求表現出的工作的情緒，而隱藏勞工之內心感受，放棄內心真實感受的（情緒）表達。(電梯服務人員忍受<u>生理不舒服</u>，隱藏不舒服，強忍表達出<u>微笑迎客</u>好情緒）。

   此使得勞工更大壓力，因勞工勢必節制內心真實的情緒。

4. 深層偽裝：為了符合雇主要求表現出的工作的情緒，而嘗試修改之內心真實感受（認知）。（如醫護人員照顧病患，而產生出<u>同理心</u>）。

參、情緒勞動理論、情緒健康實例

一、情緒勞動

它是在職場的人際中是一項<u>能否將工作做好</u>的重要<u>因素</u>。

以下敘述 5 項不同<u>情緒類別</u>和<u>情緒掌握</u>的情況：請依據下列 5 項情緒類別和情緒掌握的情況，就以下所列名詞定義，依序寫出 1 個最符合的正確答案。(每個選項僅能對應 1 次)

A：感知情緒、B：顯示情緒、C：情緒失調、D：深層偽裝、E：表層偽裝

（一）員工為符合情緒表現的規定而隱藏內心感受，放棄真實情緒表達而仍對顧客微笑。

（二）員工基於符合情緒表現的規定而嘗試修正自己內心的感受而對顧客有更多的同理心。

（三）員工感受到一種情緒卻必須展現另一種情緒，因而產生情緒的不一致現象。

（四）員工在組織中被要求展現且被視為與工作相符的情緒。

（五）員工個人的真實情緒。

《參考解》

（一)(E) 表層偽裝、（二)(D) 深層偽裝、（三)(C) 情緒失調

（四)(B) 顯示情緒、（五)(A) 感知情緒。

二、情緒健康 - 周哈里窗及愛語概念

甲君是公司主管，致力營造良好組織並關切員工情緒健康，將周哈里窗及愛語概念，轉化為關懷員工之行動。

周哈里窗把員工的溝通分為**開放自我、隱藏自我、盲目自我、未知自我** 4 個區域。4 個區域相互影響，任何一個區域變大，其他區域就縮小，反之亦然。

愛語包括**肯定語辭、精心時刻、接受禮物、服務行動及身體接觸** 5 項方法。

針對下列情境，選出下列敘述，上述區域或愛語最適切對應代碼：

（一）主動關懷員工，除了分享主管心情，也會引導談員工背景及興趣，增進主管與員工情誼，此種作法，最能擴展員工周哈里窗哪一個區域？

《參考解》**開放自我區（象限）**。主管分享自己心情（主管開放自我），引導員工自己興趣（員工開放自我）。

（二）提供心靈成長課程，協助員工知道與自己本身有關；但平常不會覺察或注意的情勢，例如員工未意識到習慣或口頭禪，此種作法，最能縮小員工周哈里窗哪一個區域？

《參考解》**隱藏自我區（象限）**。提供員工心靈成長課程，協助知道與本身有關；但不會察覺的事。

（三）規劃公司旅遊，安排員工在一起，相互陪伴、聆聽及分享心情，此種作法，最符合哪一種愛語的方法？

《參考解》(F) **精心時刻**。舉辦旅遊員工彼此相伴、聆聽及分享心情，符合愛語「精心時刻」之方法。

（四）鼓勵員工參與志工的活動，每位員工一年有 4 天公假，以行動關懷社會弱勢，此種作法，最符合哪一種愛語的方法？

《參考解》(H) **服務行動**。4 天公假讓員工以行動關懷弱勢族群，符合愛語「服務行動」之方法。

（五）尋找員工的優點並告訴員工主管欣賞那些優點，此種作法，最符合哪一種愛語的方法？

《參考解》(E) **肯定語詞方法**。主管主動尋找員工優點並告知其人格或工作優點，符合愛語「肯定語詞」之方法。

周哈里窗

		主管	
		知道	未知
員工	知道	開放自我	盲目自我
	未知	隱藏自我	未知自我

三、情緒調節技巧

從下列 5 項情緒調節技巧：

(A) 表層演出、(B) 深層演出、(C) 認知重評、(D) 情緒壓抑、(E) 社交分享。

請根據 (一)~(五) 描述的情境，回答各屬哪一類情緒調節技巧？(110-3)

(一) 甲君最近一直處理不同求職者的客訴問題而深感困擾，因此，甲君去跟同事乙君說：我對有些求職者的耐性已快到極限，而感覺這樣的狀況很糟。

《參考解》依題意，此技巧應用 (E) **社交分享**。

(二) 甲君說：因為服務單位規定員工對求職者不可以冒犯，所以面對求職者的無禮，仍然要和顏悅色的解釋。

《參考解》依題意，此技巧應用 (A) **表層演出**。

(三) 甲君又說：有一天求職者一來，我還沒搞清楚狀況就被大罵了 3 分鐘，當下我也很生氣，但是我請同事先處理，然後跑進廁所用冷水沖臉。

《參考解》依題意，此技巧應用 (D) **情緒壓抑**。

(四) 乙君向甲君表示：我面對來客訴的求職者，都能同理他們一定是在接受服務過程不開心了才有這些舉動，所以可以冷靜的跟求職者談問題。

《參考解》依題意，此技巧應用 (B) **深層演出**。

(五) 甲君又說：那次被求職者大罵 3 分鐘後，我想應該找出那位求職者的服務記錄，再對應他抱怨的內容，把重點放在他的問題，而不是把求職者暫時推給同事服務。

《參考解》依題意，此技巧應用 (C) **認知重評**。

第二十八章 生涯發展理論概要

壹、Super 職業生涯發展階段理論

一、簡介

Donald E. Super 職業生涯發展階段理論，著重對個人的 (1) 職業傾向 (2) 職業選擇過程研究。

Super 以美國白人作為研究對象，個人的職業生涯 (指職涯) 劃分為 **5 個主要階段：(1) 成長階段、(2) 探索階段、(3) 確 (建) 立階段、(4) 維持階段和 (5) 衰退階段。**

二、理論內容【108】

Super 認為典型的生涯發展階段 5 個階段。(請參考表 1)。

認為個人發展由 3 個層面所組成：時間 (5 個階段)、廣度 (扮演角色) 及深度 (角色投入程度)；不同時間進入新的生涯發展階段，完成各階段生涯發展任務，以達成生涯成熟。

Super 生涯發展論的發展階段及發展任務 (1)

發展階段	發展任務
成長期 (0-14 歲)	1. 發展自我概念。 2. 充滿好奇和幻想；但年齡增長，興趣與能力顯得重要。 3. 了解在世界中工作的意義。
探索期 (15-24 歲)	1. 在學校、休閒活動及各種工作經驗中，進行角色試探及職業探索。 2. 對於職業偏好會分成三個階段：具體化、特殊化、付諸行動實現。
建立期 (25-44 歲)	1. 尋獲適當的職業領域，逐步建立穩固的地位。 2. 工作 (或職位) 可能變遷，不會改變職業。
維持期 (45-64 歲)	1. 接受自身條件的限制，且專注於自己的工作。 2. 面對職涯等挑戰。 3. 維持領域中地位和成就。
衰退期 (65 歲以上)	1. 身心狀況衰退，工作減少或停止。 2. 嘗試在生活中發展新的角色，如義工等。

三、基本觀點：

(一) 生活廣度：生涯的發展歷程分為：成長、探索、建立、維持、衰退 5 階段。

(二) 生活空間：個人在同一時期所扮演**不同的角色**。

(三) 4 個人生劇場：家庭、學校、社會、工作場所。

職業生涯發展各階段之生活角色及社會活動表 (2)

發展階段 ＼ 角色活動	生活角色	職場或社會活動
成長時期 (0-14 歲)	兒童、學生	班級幹部、學校社團
探索時期 (15-24 歲)	學生、公民、工作者	兼職、學校社團、工作
建立時期 (25-44 歲)	公民、配偶、父母、休閒者、工作者	企業或公部門低 / 中階主管、家長會長、社團
維持時期 (45-45 歲)	公民、配偶、父母、休閒者、主管、理事長 (含理事)	企業或公部門中 / 高階主管、社團、產業 (公) 工會
衰退時期 (65 歲以上)	公民、退休者	公益活動、非營利組織

表格製作：自行整理

貳、Gelatt 積極不確定論 (positive uncertainty)

Gelatt 於 1989 年提出了「**積極的不確定**」論點。

它以積極的態度，面對<u>生涯決定</u>之諸多<u>不確定情況</u>，如<u>資訊</u>的不確定、<u>認知</u>的不確定、<u>成功機率</u>的不確定。

生涯的不確定性在生涯發展過程可能遭遇的課題，Gelatt 以彈性、直覺等非傳統的方式來面對生涯的不確定性。

職業 (職涯) 決定模式步驟如下：

(一) 做決定的必要性。

(二) 收集相關資料，了解方案的可能結果。

(三) 分析資料，並且預測方案選擇性之可能後果。

(四) 預估工作價值體系的重要性。

(五) 慎重決定。

參、生涯渾沌理論

(資料來源： (NCDA-06 月份國際職涯新觀點當生命投出變化球－生涯因應)

一、生涯渾沌理論簡介 (Chaos Theory of Careers, CTC)

Bright 與 Pryor 2003 年提出，協助個人藉由「封閉系統」走入「**開放系統**」，並將無法預測的可能，視為生涯的機會而非威脅。

主張求職者應預料與因應「生涯不確定性」，使其未來面對生涯轉換更能符合實際 (或現實) 的狀況。

二、生涯選擇內涵

生涯渾沌理論：「學習」乃終生努力的過程，個人認知的生涯方案可以被接受，無須排斥或刪除一些可能的職涯方案。

三、生涯選擇運用

諮商師促使求職者了解與執行該理論所需之生涯心理組合：

（一）建構「開放心態」，不排斥所認知的一切（可能）。

（二）鼓勵做好「預備」，而非做好「計畫」。

（三）提醒「適應能力」比做「決定」更重要。

（四）增進「覺察能力」，建立可轉換與使用的技能。

四、職（生）涯渾沌個案實例

王君國立大學財經所畢業，參加經濟部國營事業台電等公司特考，王君高分錄取為中油公司。分發該公司財務部門，擔任財務人員，負責該公司匯率避險等工作。

王君服務該公司 8 年後，工作績效優良且工作認真，升任中階主管，其職涯一路看好。

紀君為王君大學同學，近年接手父親首創 A 公司（機械設備製造業），業務以外銷歐美及東南亞地區為主。外銷外幣匯率，A 公司資深副總莊君負責業務延攬及財務運作；惟 6 個月後屆齡退休。

為遴選莊君後繼人選，紀君親自邀請王君能接替莊君職務，王君對紀君邀請，十分驚奇，不知所措。

試問：

（一）紀君突然邀請擔任新職，對王君職涯是否造成衝擊？

（二）王君職涯接受紀君新職，應考量哪 4 種因素？

《參考解》

（一）王君若期待穩定的職涯，新職不會造成職涯衝擊。

反之，王君職涯富有彈性，新職令其樂於試試意願，不會造成衝擊。

（二）王君職涯接受紀君新職前，應考量哪 4 種因素

(1) 持有「職涯開放心態」，職涯不排斥其他可能？

(2) 做好「財務預備」，努力參加各種訓練或公司專案？

(3) 評估公、民企業「適應能力」，能良好適應？

(4) 如何補足「業務延攬能力」，是否能勝任？

第二十九章 生涯決定理論概要

壹、班杜拉 (Albert Bandura) 生涯決策理論（社會學習理論）

一、概述

社會學習理論是由美國心理學家阿爾伯特·班杜拉 1977 年提出的。

班杜拉探討個人的 **(1) 認知**、**(2) 行為**、**(3) 環境因素**三者及其交互作用對**人類行為**的影響。

二、社會學習理論的基本觀點（理論指標）

※（一）自我調節理論

認為**自我調節**是個人的內在強化過程，個人通過將自己對行為的預期與行為的現實成果加以**對比**和**評價**，**調節自己行為**的過程。

（二）自我效能理論

自我效能指對自己能否在一定水平上完成某一活動所具有的**能力判斷、信念**。

三、自我調節理論舉例

112 年小明 HR 相關科系畢業，立即自力準備就業服務技術士檢定測驗，提前一個月報名，然後繼續閱讀學長傳承之講義資料；但，該梯次就業服務技術士檢定，一個月後小明深夜上技能檢定中心網頁，搜尋其檢定成績，學科 75 分、術科 55 分，無法及格。

小明自以為十拿九穩之就業服務技術檢定，居然因術科不及格而翻船；但強烈求勝的熱忱及信心，依然未減，為下一梯次檢定預做準備。

依 Bandura 「社會學習理論」，小明雖敗不餒，願意再試試檢定挑戰。請問小明行為適用 A 或 B?

A：自我效能

對自己能否在一定水平上完成某一活動所具有的**能力判斷、信念**。

B：自我調節

個人的內在強化過程，個人通過將自己對行為的預期與行為的現實成果加以**對比**和**評價**，**調節自己行為**的過程。

《參考解》

依題意，小明行為適用 (B)「自我調節」。

貳、Krumboltz 生涯決定（社會學習理論）

Krumboltz 運用「社會學習理論」在生涯輔導的領域裡，討論影響個人做出決定的因素。

影響個人生涯發展的因素，主要有四大類：

一、遺傳與特殊能力：

個人與生俱來的特點，含性別、種族、智力、外貌、特殊才能等。

二、環境及重要事件：

教育或職業的選擇依個人計畫而行；但，更多無法掌握的特殊情況：如天災、社會經濟變化、政府政策等，衝擊職業決定。

三、學習經驗：

學習經驗分為 (1) 直接學習經驗 **(2)** 連結性學習經驗。

(1) 直接學習經驗：個人對於行為後果的認識與解讀。(認真學習考好成績的科目)

(2) 連結性的經驗：個人對職業的偏好，因其他刺激連結而形成對職業的偏好或厭惡。(醫院看病聯想打點滴)

四、任務取向的技能：

1. 遺傳、2. 環境及 3. 學習經驗三項因素的交互作用，使得個人會以獨特的價值、認知及情緒來處理問題，影響其職業決定。

參、生涯決定的類型 (David Tiedeman & Robert O'Hara)

心理學家 David Tiedeman & Robert O'Hara 認為，以個體對自己及環境的正確瞭解，進而決定所選定之職涯。

選定之職涯方式，以 (個人，工作環境) 二類因素，分為「自己—環境」、「瞭解—不瞭解」兩個向度考慮，將生涯決定者的類型分為 4 大類，如下圖：

環境之情況	自己之條件		
		不了解	了解
	不了解	猶豫型	直覺型
	了解	依賴型	邏輯型

(一) 猶豫型— 對自己不瞭解，對環境也不瞭解，做決定時舉棋不定、猶豫不決，常會過度延宕、錯失良機。

(二) 直覺型— 對自己瞭解，對環境不瞭解，做決定時常憑對自己的感覺下注，很少的時間去收集資料或理智思考，會受到個人偏見的影響。

(三) 依賴型— 對自己不瞭解，對環境瞭解，容易受到親朋好友或「意義他人」等外在意見的影響而做決定。

※(四) 邏輯型— 對自己瞭解，對環境也瞭解，能夠按步就班，分析利弊得失，做最適當的決定，但亦不排除考慮感受或專家及他人之意見。

肆、明尼蘇達工作適應理論

(原文網址：https：//kknews.cc/zh-tw/career/nm926o5.html)

一、羅圭斯特 (Lofquist) 與戴維斯 (Dawis) 提出強調人境符合的適應論。

二、主要觀點：

該理論認為 (1) 選擇職業 (2) 生涯發展固然重要；但 (3) 工作適應問題更值得長期觀察及適應。

戴維斯等人從工作適應的角度，分析適應良好的因素：

個人努力尋求「個人工作」與「工作環境」之間的適應性，當「工作環境」能滿足「個人需求」，其適應程度隨之提高。

三、職業四個要素

理論將個人工作 (或職業) 適應，分為 4 個要素：

(一) **個人能力**：能力、學歷、專長或人際資源。

(二) **職業要求**：任務、績效、目標。

(三) **個人需求**：經濟、專業成長、成就感。

(四) **職業回饋**：薪資、福利、晉升、聲譽。

羅圭斯特與戴維斯之人境適應論表 (1)

相關　　　　ITEM	個人	職業
個人**能力**≧職業要求	個人能力、學歷、專長或人際資源。	職業任務、績效、目標。
個人**需求**≦職業回饋	個人需求：經濟、專業成長、成就感。	職業薪資、福利、晉升、聲譽。

表格製作：自創表

伍、Hershenson 工作適應理論

一、工作適應的簡介

Hershenson 的工作適應理論主張，工作者在職場的工作適應，和工作者工作概念發展以及與職場環境有關。

工作概念的發展有三個主要的影響因素，依序為：

(一)「**工作人格**」：在學前即已發展，如：工作者的自我概念、工作動機、工作價值觀等。

(二)「**工作能力**」：在學習過程中所學習到，如工作習慣、工作技巧、與工作有關的人際關係等)

(三)「**工作目標**」：在各個階段所學習到的知能而建構而成。

二、工作適應的結果

上述三者彼此影響，也會和環境交互作用，而形成工作適應的結果包括：(1) 工作角色行為、(2) 工作表現、(3) 工作滿意的程度。

三個主要的影響因素連結工作適應的結果 (參考 Hershenson 的工作適應理論表)：

(1)「工作人格」連結「工作角色行為」。

(2)「工作能力」連結「工作表現」。

(3)「工作目標」連結「工作滿意」的程度。

Hershenson 的工作適應理論表

主要影響因素 ＼ 工作概念發展	連結	工作適應的結果
工作人格	→	工作角色行為
工作能力	→	工作表現
工作目標	→	工作滿意

三、工作適應的實例

（一）一位已在職場工作 10 年的工作者，發生中途致障的情形但仍很想工作，所發生的障礙情形，最先會影響到個人在工作概念發展的哪一個因素？

《參考解》：工作 10 年因致障但仍很想工作，最先會影響到工作概念發展的「**工作能力**」，要考慮工作習慣的轉換，工作技巧是否銜接與新職務的人際關係如何重新建立等適應問題。

（二）再者，對於一位先天的障礙者而言，最先會影響到個人在工作概念發展的哪一個因素？

《參考解》：先天的障礙者而言，最先會影響到工作概念發展的「**工作人格**」，要考慮能在哪裡工作，有什麼工作專長與能有多少收入等問題。

第三十章 溝通模式、情緒、壓力概要

壹、溝通的程序（參 岑淑筱 靜宜大學）

一、目標 (Goal)：

發話人溝通之前先有明確的目標及目標相關的內容，建立溝通任務。

二、訊息 (Encoding)：

溝通目標確定後，轉化成溝通的訊息。

主要以語言做為傳送的訊息，溝通時遣詞用字宜謹慎；非語言的溝通方式，如短片、圖表、半成品、設計圖等，均可做為傳送的訊息組合。

三、傳送 (Transmission)：

確定傳送的訊息後，將之傳送出去，注意選擇適當傳送工具。

傳送工具如 mail、Line.. 均可考量，留意與溝通目標、職場禮節等。

四、接收 (Receiving)：

發話人須確定受話人確實收到訊息，且要確認訊息的完整性。

五、解碼 (Decoding)：

受話人接收到的訊息解碼，應還原為正式的訊息；但要注意避免錯誤的解碼（讀），以免做出錯誤的解碼。

解碼時不得斷章取義，應客觀，足夠訊息再解讀，尤其聽聞「噪音」時，應審慎辨識，切忌造成誤判。

六、噪音 (Noise)：

受話人接收到的訊息過程中，得知或獲得與解碼相關（正面或負面）的資訊，可能左右受話人解碼。

受話人解碼期間針對相關正面或負面的資訊，應以確認訊息加以解讀，噪音僅供參考。

七、回饋 (Backfeed)：

針對解碼的訊息、溝通目標，回饋給發話人。

貳、人際溝通類型

一、自我狀況類型

「溝通分析理論」將個人的行為或自我狀態，分為下列三種：

1. **父母型（法）**：（具有權威、專制之特徵）

個人人格中的具有父母狀態，其行動及說話像父母或類似父母型態。溝通時常常使用「應該」、「不要」。

父母型者喜愛對事物加以**評價**。

2. **成人狀態（理）**：（具有客觀、理性之特徵）

其人格中富有邏輯思考，不激情；喜歡諮詢而非責備；其溝通時之狀態秉持**客觀的**。

3. **兒童狀態（情）**：（具有情緒、衝動之特徵）

其人格中處於情感的、**衝動的**。

兒童型傾向好奇而喜**探索**新事物。

※ 二、人際溝通的型態

（一）**互補式**溝通 (complementary transaction)

溝通雙方「自我狀態」成互補的，溝通過程對方表現出 (1) 適當的或 (2) 應有的反應（即回話、答覆）。

當（事件、訊息的）**刺激**和**反應**（答覆對方）在 P-A-C 成平行，即是平行溝通，溝通可以持續互動。

（二）**交錯式**溝通 (crossed transaction)

溝通雙方「自我狀態」成交叉的，溝通過程對方沒有表現出適當的或應有的反應（即回話、答覆）。

當**刺激**和**反應**在 P-A-C 成交叉，形成交叉溝通，溝通陷於停頓。

（三）**隱藏式**溝通 (ulterior transaction)

溝通時雙方完整的訊息，而刻意刪除其中訊息，不明白顯示或表達，使得一方無法獲知完整的訊息。

隱藏式溝通使得一方不知對方 (1) 表達訊息意思或 (2) 隱藏訊息之真正目的，致無法回答或部分回答，甚至答非所問。

溝通結果不是陷於破裂，甚至誤解對方意思。

（四）**防衛性**溝通

個人感覺或預測將受到對方威脅或不利情境時，所採取防衛自己的溝通行為或方法。

三、人際溝通的型態舉例

（一）互補式溝通

小強：「台北國際書展五月開始，屆時約好我們一起去？」。

小花：「豬年買的書都看完了，正想看看新書。好，一起去。」。

（二）交錯式溝通

小宣：「週六我不能答應去看「阿凡達」電影，因父親住院了。」。

小傑：「可是，週六是最後一天放映，不看太可惜了！」。

（三）隱藏式溝通

工廠：「下週二下午 3 時，公司要開上半年業務檢討會議，請問業務部會提供前 5 個月營收統計數據？」。

業務部：「我們盡量；但不敢保證提供至 5 月分營收數據。」。

（四）防衛性溝通

　　小華數學科月考成績 55 分，回家交給爸爸，被嚴格訓話。

　　小華爸爸臉色鐵青，不發一語。

　　小華謹慎回答：「這次全班沒有人及格」，爸爸臉色緩和許多。

參、周哈里窗之溝通技巧

一、周哈理之窗 (JOHARI WINDOW) 簡介

自我認知與溝通：包括 (1) 開放的象限、(2) 盲目的象限、(3) 隱藏的象限、(4) 未知的象限等 4 個象限。請參「周哈理之窗」圖示：

周哈理窗各限象圖

周哈理之窗的自我認知表 (1)

象限	意義	使用溝通
開放的象限 (OPEN SELF)	自己與他人都知道的領域。	魯夫特：**第一象限最小的人，最少溝通或溝通最差。**
盲目的象限 (BLIND SELF)	他人知道的領域；但自己不知道。	減少盲目的象限，尋求他人告知自己不知道的領域。
隱藏的象限 (HIDDEN SELF)	自己知道的領域；但未讓他人知道。	「自我揭露」：有意義對話，建立開放性氣氛。
未知的象限 (UNKONOWN SELF)	自己與他人均不知道的領域。	涉獵或參加相關專業活動等，打開未知區域。

各象限顯示雙方衝突之情況：

※**1.「開放象限」：「開放象限」雙方皆可溝通，最不易引發人際衝突。**

　2.「隱藏象限」：「隱藏象限」象限占優勢的人，容易人引發人際衝突。

　3.「盲目象限」：「盲目象限」象限占優勢的人，容易人引發人際衝突。

※**4.「未知象限」：「未知象限」雙方皆不知，最易引發人際衝突。**

二、周哈理窗 (JOHARI WINDOW) 運用【109-1、110-1】

任何象限（或區域）的變化，帶動其他象限的改變。（如下圖）

易言之，象限幅員非分別獨立或固定不變，而是**相互作用**（或影響）會受到二方溝通技巧之運用，而使其幅員變動或調整。

若對方將自己知道的部分告知自己；則此互動，將促使自己「盲目象限」縮小。（參下圖）

周哈理窗運用方法：

（一）自我揭露 (self-disclosure)：

以「自我揭露」方法，縮小「隱藏象限」及擴大「開放象限」，將<u>對方</u>原本不知道的象限，告知<u>對方</u>。

運用「自我揭露」方法後，則對方「隱藏象限」會變小，二方「開放象限」會擴大。

（二）他人回饋 (feedback solicitation)：

以「他人回饋」方法，縮小「盲目象限」及擴大「開放象限」，接受<u>對方的回饋</u>，使自己得知原先所不知道的象限。

運用「他人回饋」方法後，則使自己「盲目象限」變小，二方的「開放象限」擴大。

象限調整圖

肆、非語言溝通的功能及管道

一、主要功能

（一）加強語言訊息：傾聽對方說話時，以點頭表示，專注…。

（二）補充語言訊息：傾聽對方說話時，以握住對方手表示，同理心…。

（三）取代語言訊息：溝通時，以搖頭表示，不同的意思（見）。

（四）調節語言溝通進行：溝通（或座談）時，以舉手表示，需要暫停或補充意見。

二、七種管道、意涵

（一）目光接觸或注視

　　1. 目光接觸或注視，表達善意及興趣、敵意及挑釁等，如情侶凝視、吵架瞪視。

　　2. 調節互動行為 - 瞪視，表達敵意及挑釁；含情脈脈，表達愛意。

（二）臉部表情

    1. 臉部表情，可表達情緒感受。

    2. 臉部表情最豐富（真實或虛偽）：喜悅、憤怒、悲哀、驚訝、嫌惡…。

    3. 真實表情 2 組對照句，古云：「相由心生」，英國人：「表情是最佳告密者。」。

（三）肢體語言（含姿勢、動作…）

    姿勢顯示情緒狀態；動作表現特定行為意思，如藉著手勢幫助於溝通。

    2-1. 手勢 - 手勢「V」表示勝利。

    2-2. 姿勢 - 見面時熱烈擁抱時，表示相見歡…。

    2-3. 動作 - 溝通不良時，身體往對方傾，表示反對（或反感）。

（四）觸摸行為

    1. 肢體接觸引發對方正 / 負面反應，如初次（男性）見面時，以握手表示高興見面。反之，若見面時，一方拒絕招呼或握手，表示勉強見面或前來談判。

    2. 肢體接觸應依照各國或地區的文化、風俗等禮節，用錯肢體接觸方式，恐引起對方負面反應或評語。

    如在華人地區男性與女性初次見面時，相互介紹不應以西式擁抱之肢體接觸。

（五）空間距離 - 空間距離表示雙方親密關係。

    1. 親密距離 -50 公分，指家人、好朋友等，肢體碰觸如摟肩…。

    2. 個人距離 -50-125 公分，指普通朋友等，可拍拍肩膀…。

    3. 社交距離 -125-350 公分，指同事間，相遇時，以點頭打招呼。

    4. 公開距離 -350-700 公分，指參加（座談會等）公開場所等互不認識，不會有互動，多半以眼神相會示意。

（六）聲音線索

    1. 聲音線索：包括音量大小、語調、語氣停頓、音質等。

    2. 語氣、說話速度，傳達不同的意義。

    3. 聲音線索能透漏對方對我方態度與感受（友善或敵意）。

（七）衣著打扮

    1. 衣著具有個人風格，顯示個人鮮明色彩。

    2. 外表美貌具有正向特質，使人樂於親近。

伍、薩提爾溝通型態（薩提爾五大溝通模式）

Virginia Satir 認為大部分人長年在無效的溝通方式中載浮載沉，改善人際關係，應先了解與人之間是否存有溝通缺點：

一、指責型 (Blamer)：故事中的爸爸

眼中只有自己，並會透過支配征服他人來鞏固自我價值感。他們習慣把所有責任往外推，無論什麼事情第一反應總是先指責他人。

指責型的人用強硬而高傲的態度掩飾孤獨與被排擠的感受，容易與他人起不必要的衝突。

二、討好型 (Placater)：故事中的媽媽

他們因為很在乎別人對自己的看法，因此在別人面前總將自己壓得很低，處處讓步討好，處事有時優柔寡斷，面對他人進犯能忍則忍，較少激烈反對他人意見，總是尋求被認同與被接納。

三、超理智型 (Computer)：故事中的兒子

都以冰冷理智做判斷，喜歡用毫無人性溫度的方式侃侃而談數據、邏輯等；但實際上用冷淡專業的面具來掩飾內心的人性脆弱。

超理智型的人眼中沒有自己也沒有他人，只有整體「情境」，習慣在他人面前營造高冷聰明的形象以鞏固自我價值。

四、打岔型 (Distractor)：故事中的女兒

總是抱持著一種事不關己，甚至有點不按牌理出牌的態度，人家說一他就突然跳到二，但這追根究柢其實是為了得到他人的關注。

打岔型的人在面對令人感到焦慮不安的情境時，習慣透過轉移話題來模糊重點，一方面是為了掩藏內心的孤獨感與自卑感，一方面也可能單純是為了操縱他人。

五、一致型 (Leveler)：我們應該看齊的溝通方式

不容易被外界影響自尊自信，他們情緒穩定，同時兼顧自我、他人與整體情境，容易與各式各樣的人形成連結。

通常是非常表裡合一的，他的意圖、舉動、言談、聲調與臉部表情全都處在一致的狀態，不會用虛假態度應對，也不會替自己戴上面具，個人情緒與人際關係相對優質穩定。

六、總論

沒有人會一輩子屬於某種溝通類型，面對他人的態度會隨著年紀與心境（人格成熟）而改變。

例如「超理智型」給人一種冰冷距離感；但此類型的人通常也知識豐富，想要成為 leveler，不妨保留求知思考的動力，調整待人處世心態，無形打通人際障礙。

七、薩提爾溝通型態（薩提爾五大溝通模式）

職場的溝通習性，假設，依薩提爾溝通型態
A：指責型 (Blamer)
B：討好型 (Placater)
C：超理智型 (Computer)
D：打岔型 (Distractor)
E：一致型 (Leveler)

（一）DA 公司 HR 部門，新鮮人需要向資深員工請教時，該新鮮人與資深員工溝通，傾向 A~E 哪一種行溝通？

（二）DB 公司 HR 部門，該部門員工發生業務失誤時，主管與員工溝通，傾向 A~E 哪一種行溝通？

《參考解》

(一) 依題意，傾向「討好型」溝通。

(二) 依題意，傾向「指責型」溝通。

陸、衝突的處理模式

常見的模式有 5 種：

(一) 退縮 (withdrawal)

將自己 (的身體或心理) 抽離衝突情境，換言之，身體或心理) 抽離離開或拒絕討論衝突的問題；心理抽離，使自己靜下來。

(二) 投降 (surrender)

接受對方的意見或觀點，而放棄自己的意見或觀點。

如過經過協調後，而作部分的讓步，屬正向處理方式。

但若開始即不戰而降，屬於負向處理，非良好的處理。

(三) 攻擊 (aggression)

以語言或行為，脅迫對方接受意見或觀點，屬暴力型處理方式。

可能模糊衝突焦點，亦可能升高衝突，人際關係惡化。

(四) 說服 (persuasion)

採取說服性溝通，試圖改變對方意見或觀點。

若是開放且合理的討論，屬於正向處理；

反之，若是詭辯或操縱，無法解決真正的衝突。

(五) 問題解決方式的討論 (Problem-solving discussion)

雙方均以誠意、客觀、開放的態度釐清問題。

共同找出解決問題的方法，最理想的方式。

柒、情緒與壓力

一、情緒的定義：

情緒定義：個人在維持本身 (心理) 均衡狀態時，受到外在刺激 (事件或訊息) 或內在身體狀況的影響，所引起自覺的**心理失衡**現象。(張春興 1989)

此種心理失衡的現象包含複雜的情感反應，如：喜、怒、哀、懼、愛、惡、慾等**七情**。

二、Arnold 的情緒評價論 (appraisal theory) Magda Arnold (1950)

Arnold 的情緒評價論，強調**外在的環境刺激**必須經過「評價的過程」方能產生「情緒」。

經個人腦部「評價」而了解「刺激情境」是否符合**個人的 (1) 需要和 (2) 意圖**。若與 (1) (2) 不相符合，則「刺激」未能讓個人產生正、負面之「情緒」。

三、情緒管理 - 喚醒水平的控制、「倒U」理論

(一)「喚醒水平」

根據 Gould 與 Krane(1992)，「喚醒水平」泛指一個**有機體 (人) 的生理及心理活動，程度上可由熟睡**一直伸延至**強烈的興奮。**

當人處於「過高」的「喚醒水平」時，就會經歷從自主神經系統而來的，種種使人厭惡的情緒反應 (例如，緊張、擔擾、恐懼、不安等)，這些反應對運動表現通常都會造成負面的影響。

(二)「倒U」理論 (Inverted-U Principle；Yerkes 與 Dodson，1908)

根據「倒 U」理論，在某一程度之下，個人「喚醒水平」(如情緒、壓力、期待等) 越高，其表現越好。但<u>超過某程度</u>之後，「喚醒水平」越高，其<u>表現就會越差</u>。「倒 U」理論適用教育考試、職涯規劃等。

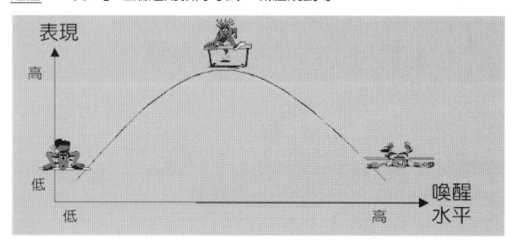

四、壓力的界定

張春興 (1998) 認為壓力是一個人面對具有威脅性的刺激情境中， 一時無法消除威脅，脫離困境時的一種被壓迫的感受。

五、壓力的特性 -「倒U」理論 (Inverted-U Principle)

適度的壓力能夠激發最好的表現；過度的壓力會降低你的抵禦能力。

六、壓力的主要來源

(一) 生理類：生命成長過程、氣候的變化、生理的疾病…

(二) 心理類：人格的特質、責任感、使命感、自我期許…

(三) 社會類：生活擔子應付、職場面對競爭、突發的社會事件…

生活改變與壓力感應表　　　壓力單位：衝擊量 (LCUs)

事件	衝擊量	事件	衝擊量
1 喪失配偶	100	11 工作責任的改變	29
2 離婚	73	12 傑出個人成就	28
3 結婚	50	13 入學或畢業	26

資料來源：Holmes & Rahe,1967、國立勤益科技大學 李泰山

就業服務技術士 PASS V 學科單選試題

01 (3) 勞工受僱從事「**無法預期**且**非繼續性**工作」，雇主應與其簽訂哪一種勞動契約？

(1) 短期性定期契約　　　　　　(2) 特定性定期契約

(3) 臨時性定期契約　　　　　　(4) 季節性定期契約

02 (1) 勞工受僱從事「可**預期**且**非繼續性**工作」，雇主應與其簽訂哪一種勞動契約？

(1) 短期性定期契約　　　　　　(2) 特定性定期契約

(3) 不定期契約　　　　　　　　(4) 季節性定期契約

03 (2) 勞工受僱從事「在特定期間完成**非繼續性**工作」，雇主應與其簽訂哪一種勞動契約？

(1) 短期性定期契約　　　　　　(2) 特定性定期契約

(3) 不定期契約　　　　　　　　(4) 季節性定期契約

04 (3) 派遣事業單位與派遣勞工簽訂哪一種勞動契約？

(1) 短期性定期契約　　　　　　(2) 特定性定期契約

(3) 不定期契約　　　　　　　　(4) 季節性定期契約

05 (3) 勞雇雙方約定無法預期 (如颱風) 且非繼續性工作，稱之臨時性定期契約，其工作期間？

(1) 1 個月　　　　　　　　　　(2) 3 個月

(3) 6 個月　　　　　　　　　　(4) 9 個月

06 (4) 要派單位違反不得與派遣勞工事先面試後，且已受領派遣勞工勞務者，派遣勞工**得**於提供勞務日起幾日內，得向「要派單位」提出訂定**勞動契約**之意思表示

(1) 10 日　　　　　　　　　　(2) 30 日

(3) 60 日　　　　　　　　　　(4) 90 日

07 (1) 勞動契約因不可歸責於勞工事由而於最低服務年限屆滿前終止者，哪一項是正確的？

(1) 勞工**不負**違反最低服務年限約定 (違約金)

(2) 雇主不發給資遣費

(3) 雇主不需預告勞工終止契約

(4) 雇主要求償還對勞工之培訓費用

08 (2) 雇主業務所需而調動勞工工作，調動後工作應符合哪一項條件？

(1) 因職務而減薪 　　　　　　 (2) 妨礙個人生活利益

(2) 技術可勝任 　　　　　　　 (4) 調動工作地點不得超過 300 公里

09 (2) 雇主與勞工訂有離職後競業禁止之期間，不得逾越營業秘密之生命週期，且最長不得幾年？

(1) 1 年 　　　　　　　　　　 (2) 2 年

(3) 3 年 　　　　　　　　　　 (4) 5 年

10 (2) 勞工定期契約屆滿後，未滿幾個月而訂定新約，其前後二階段工作年資，應合併計算？

(1) 1 個月 　　　　　　　　　 (2) 3 個月

(3) 6 個月 　　　　　　　　　 (4) 9 個月

11 (4) 雇主終止勞工契約之預告，而勞工繼續工作 3 個月以下，雇主應幾日前預告勞工？

(1) 10 日 　　　　　　　　　 (2) 20 日

(3) 30 日 　　　　　　　　　 (4) 無須預告

12 (3) 雇主終止勞工契約之預告，而勞工繼續工作 3 年以上，雇主應幾日前預告勞工？

(1) 10 日 　　　　　　　　　 (2) 20 日

(3) 30 日 　　　　　　　　　 (4) 60 日

13 (1) 雇主資遣員工時，應於員工離職之幾日前，將被資遣員工之姓名、擔任工作、資遣事由及需否就業輔導等事項，列冊通報公立就業服務機構？

(1) 10 日 　　　　　　　　　 (2) 20 日

(3) 30 日 　　　　　　　　　 (4) 無須通報

14 (4) 雇主終止與勞工勞動契約理由，不包括下列情形之一者？

(1) 歇業時 　　　　　　　　　 (2) 業務緊縮時

(3) 虧損時 　　　　　　　　　 (4) 不可抗力暫停工作 3 個月以上時

15 (2) 勞工有下列情形之一者，雇主得不經預告終止契約，哪一正確理由？

(1) 雇主遭遇不可抗力暫停工作 1 個月以上時

(2) 勞工對雇主代理人，實施暴行行為者

(3) 雇主業務緊縮時

(4) 雇主違反**勞動契約**，情節重大者

16 (4) 勞工有下列情形之一者，雇主得不經預告終止契約，哪一正確理由？

(1) 勞工未違反**工作規則**，情節重大者

(2) 勞工遵守**營業上**之**秘密**，未致雇主受有損害者

(3) 勞工無正當理由**繼續曠工 2 日者**

(4) 勞工無正當理由一個月內曠工達 6 日者

17 (1) 雇主終止勞工契約，應發給勞工資遣費，依《勞工退休金條例》雇主按勞工之工作年資，每滿一年發給幾個月平均工資？

(1) 1/2 個月　　　　　　　　(2) 1 個月

(3) 3 個月　　　　　　　　(4) 6 個月

18 (2) 可歸責於雇主理由而終止勞工契約，依《勞工退休金條例》雇主按勞工之工作年資，應發給勞工資遣費，最高限制發給幾個月平均工資？

(1) 3 個月　　　　　　　　(2) 6 個月

(3) 10 個月　　　　　　　(4) 12 個月

19 (3) 事業單位因哪一理由而大量解僱勞工，且解僱符合規定人數？

(1) 勞工違反**工作規則**，情節重大者

(2) 勞工違反遵守**營業上**之**秘密**，致雇主受有損害者

(3) 雇主**併購、改組**

(4) 勞工無正當理由**繼續曠工 3 日者**

20 (3) A 公司大量解僱勞工時，「解僱計畫書」不得以下列理由加以歧視；但不包括哪一理由？

(1) 種族　　　　　　　　(2) 性別

(3) 性傾向　　　　　　　(4) 身心障礙

21 (3) A 公司員工 400 人，因連續虧損，而經董事會決議「大量解僱」，依照「大量解僱」指標：60 日內解僱勞工多少人始符合「大量解僱」？

(1) 30 人　　　　　　　　(2) 50 人

(3) 100 人　　　　　　　(4) 200 人

22 (4) A 公司實施大量解僱勞工時，應於符合「大量解僱」情形之日起幾日前，將「解僱計畫書」通知當地主管機關後，並公告揭示？

(1) 10 日　　　　　　　　(2) 20 日

(3) 30 日　　　　　　　　(4) 60 日

23 (2) A 公司實施大量解僱勞工時，未於期限前將「解僱計畫書」通知主管機關，其將處以多少罰鍰？

(1) 3 萬元以上 15 萬元以下罰鍰

(2) 10 萬元以上 50 萬元以下罰鍰

(3) 15 萬元以上 75 萬元以下罰鍰

(4) 30 萬元以上 150 萬元以下罰鍰

24 (1) 事業單位依法提出「解僱計畫書」之日起幾日內，勞、雇雙方應「自治精神」進行協商？

(1) 10 日 (2) 20 日

(3) 30 日 (4) 60 日

25 (3) A 公司實施大量解僱期間，勞資代表組成「協商委員會」協商達成協議，作成「協議書」，主管機關於協議成立日起幾日內，將「協議書」送請管轄法院審核？

(1) 3 日 (2) 5 日

(3) 7 日 (4) 14 日

26 (1) 200 人以上企業大量解僱勞工時，積欠勞工 (1) **工資** (2) **退休金** (3) **資遣費**，達到積欠多少金額時，屆期未清償者，勞動部得函請**內政部移民署**禁止其代表人出國？

(1) 2,000 萬元 (2) 1,000 萬元

(3) 500 萬元 (4) 300 萬元

27 (2) 雇主招募勞工時，用於工作報酬（工資）之議定，最適用哪一項？

(1) 原領工資 (2) 基本工資

(3) 平均工資 (4) 預告工資

28 (3) 「平均工資」用於發給勞工下列補償計算標準（金額）；但不包括哪一項？

(1) **職災補償** (2) **資遣費**

(3) 延長工作時間工資 (4) **退休金**

29 (1) 勞工發生職業災害後，請公傷病假治療期間，用於勞工工資補償

(1) 原領工資 (2) 基本工資

(3) 平均工資 (4) 預告工資

30 (3) 「同工同酬」原則禁止工資歧視，雇主對勞工不得因哪一理由而有差別之待遇？

(1) 工作 (2) 性傾向

(3) 性別 (4) 年齡

31 (3) 派遣勞工如果遭派遣公司積欠工資，且經裁罰後仍未限期給付者，得向要派單位請求先給付，要派單位在請求後的幾天內給付？

(1) 10 日　　　　　　　　　　(2) 20 日

(3) 30 日　　　　　　　　　　(4) 40 日

32 (4) 雇主應置備工資清冊應保存幾年？

(1) 1 年　　　　　　　　　　(2) 2 年

(3) 3 年　　　　　　　　　　(4) 5 年

33 (2) 勞雇應於勞動契約中約定工資給付日發放工資，如逾工資計算週期屆滿後幾日者，地方主管機關應輔導企業向前調整？

(1) 10 日　　　　　　　　　　(2) 15 日

(3) 30 日　　　　　　　　　　(4) 40 日

34 (2) 雇主不得因勞工因妊娠未滿 3 個月流產而請「普通傷病假」，扣發哪一種獎金？

(1) 年終獎金　　　　　　　　(2) 全勤獎金

(3) 專業津貼　　　　　　　　(4) 健身津貼

35 (4) 雇主經「工會」同意，使勞工「延長工作時間」(加班) 一個月不得超過，且每 3 個月不得超過 138 小時？

(1) 40 小時　　　　　　　　(2) 44 小時

(3) 48 小時　　　　　　　　(4) 54 小時

36 (2) 勞工工作採輪班制者，更換班次時，應有連續幾小時之休息時間？

(1) 8 小時　　　　　　　　　(2) 11 小時

(3) 18 小時　　　　　　　　(4) 24 小時

37 (2) 受僱者請「陪產檢及陪產假」時，如為陪伴配偶生產，應在配偶分娩當日及其前後合計幾日期間內請休？

(1) 10 日　　　　　　　　　　(2) 15 日

(3) 20 日　　　　　　　　　　(4) 30 日

38 (1) 雇主給付 (1)「產檢假」、(2)「陪產檢及陪產假」薪資後，逾幾日之部分得向勞動部申請補助？

(1) 5 日　　　　　　　　　　(2) 7 日

(3) 10 日　　　　　　　　　　(4) 15 日

39 (4) 育嬰留職停薪期間，每次不少於 6 個月為原則；但受僱者少於 6 個月之需求者，得以不低於幾日之期間提出申請，並以 2 次為限？

(1) 10 日   (2) 15 日

(3) 20 日   (4) 30 日

40 (3) 子女未滿 2 歲須受僱者親自哺（集）乳者，雇主應每日另給哺（集）乳時間幾分鐘？

(1)15 分鐘   (2)30 分鐘

(3)60 日   (4)90 日

41 (2) 僱用 30 人以上雇主之受僱者於其家庭成員 (1) 預防接種 (2) 發生嚴重之疾病須親自照顧時，得請「家庭照顧假」，全年以幾日為限？

(1)5 日   (2)7 日

(3)14 日   (4)21 日

42 (1) 受僱於僱用幾人以上雇主，應設置哺（集）乳室，得向主管機關申請經費補助？

(1) 100 人   (2) 200 人

(3) 300 人   (4) 500 人

43 (3) 依〈哺集乳室與托兒設施措施設置標準及經費補助辦法〉第四條規定，雇主新興建並登記立案托兒設施補助費用最高幾萬元？

(1) 100 萬元   (2) 200 萬元

(3) 300 萬元   (4) 400 萬元

44 (2) 性騷擾，以下描述屬於哪 1 種性騷擾：受僱者（受害人）於執行職務時，任何人（加害人）以性要求、具有性意味或性別歧視之行為，對其造成敵意性或冒犯性之工作環境，致影響其工作表現？

(1) 交換性   (2) 敵意性

(3) 職勢性   (4) 其他

45 (3) 對於因僱用、求職或執行職務關係受自己指揮、監督之人，利用權勢或機會為性騷擾，上述描述屬於哪 1 種性騷擾？

(1) 交換性   (2) 敵意性

(3) 職勢性   (4) 其他

46 (3) 僱用受僱者幾人以上者，應訂定性騷擾：防治措施、申訴及懲戒辦法，並公開揭示？

(1) 10 人   (2) 20 人

(3) 30 人   (4) 50 人

47 (3) **最高負責人涉嫌性騷擾案，經當地主管機關「性別平等工作會」確認性騷擾成立，主管機關對其處以**多少萬罰鍰？

(1) 1~10 萬元 　　　　　　　　(2) 1~50 萬元

(3) 1~100 萬元 　　　　　　　(4) 1~150 萬元

48 (1) 被申訴人涉嫌性騷擾案，經當地主管機關「性別平等工作會」進行調查，被申訴人規避、妨礙、拒絕調查或提供資料者，主管機關對其處以多少萬罰鍰？

(1) 1~5 萬元 　　　　　　　　(2) 1~50 萬元

(3) 1~100 萬元 　　　　　　　(4) 1~150 萬元

49 (2) 行為人為最高負責人，因「權勢性騷擾」應負損害賠償責任者，法院得因被害人之請求，依侵害情節，酌定損害額被害人得請求損害額幾倍之懲罰性賠償金？

(1) 1~3 倍 　　　　　　　　(2) 3~5 倍

(3) 5~10 倍 　　　　　　　(4) 10~50 倍

50 (3) 申訴案經雇主或地方主管機關調查後，認定為性騷擾，且情節重大者，雇主得知悉該調查結果日起幾日內，不經預告終止勞動契約？

(1) 10 日 　　　　　　　　(2) 20 日

(3) 30 日 　　　　　　　(4) 40 日

51 (2) 雇主拒絕勞工申請生理假之損害賠償請求權，自請求權人知有損害及賠償義務人時起，幾年間不行使而消滅？

(1) 1 年 　　　　　　　　(2) 2 年

(3) 3 年 　　　　　　　(4) 5 年

52 (3) 受僱者遭受性騷擾，但雇主未處理或不服雇主所為調查或懲戒結果，受僱者得向地方主管機關提起申訴之期限，**被申訴人具權勢地位：自知悉性騷擾時起，幾年內提起者**？

(1) 1 年 　　　　　　　　(2) 2 年

(3) 3 年 　　　　　　　(4) 5 年

53 (1) 申訴人為被申訴人為最高負責人或僱用人性騷擾，申訴人得於離職之日幾年內申訴？

(1) 1 年 　　　　　　　　(2) 2 年

(3) 3 年 　　　　　　　(4) 5 年

54 (3) 性騷擾發生時，申訴人為未成年，得於成年之日起幾年內申訴？

    (1) 1 年   (2) 2 年

    (3) 3 年   (4) 5 年

55 (4) 被害人因性騷擾情事致生法律訴訟，於受司法機關通知到庭期間，雇主應給予？

    (1) 事假   (2) 普通病假

    (3) 家庭照顧假   (4) 公假

56 (3) 主管機關核發現行身心障礙者之身心障礙證明有效期間最長為幾年？

    (1) 1 年   (2) 3 年

    (3) 5 年   (4) 10 年

57 (2) 為協助身心障礙者適性就業，就業前了解其職業興趣、技能、工作人格、生理狀況等，而提供身心障礙者哪 1 種措施加以協助？

    (1) 職務再設計   (2) 職業重建服務計畫

    (3) 職業訓練   (4) 創業輔導

58 (3) 主管機關對於身心障礙者就業服務，各級勞工主管機關對於具有就業意願及就業能力，而不足以獨立在「競爭性就業市場」工作之身心障礙者提供哪 1 種就業服務？

    (1) 居家性   (2) 專案性

    (3) 支持性   (4) 庇護性

59 (2) 主管機關對於身心障礙者就業服務，各級勞工主管機關對於具有就業意願，而就業能力不足，無法進入「競爭性就業市場」，提供哪 1 種就業服務？

    (1) 居家性   (2) 庇護性

    (3) 支持性   (4) 專案性

60 (1) 針對身心障礙者僱用比就業保障規定：各級政府機關員工總人數在 34 人以上者，進用具有就業能力之身心障礙者人數，不得低於員工總人數幾 %？

    (1) 3%   (2) 5%

    (3) 10%   (4) 2%

61 (1) 民營事業機構員工總人數在幾人以上者，進用具有就業能力身心障礙者人數，不得低於員工總人數 1%？

    (1) 57 人   (2) 67 人

    (3) 77 人   (4) 87 人

62 (2) 事業單位依規定進用「重度以上身心障礙者」，每進用一人以幾人核計？

(1) 1 人   (2) 2 人

(3) 3 人   (4) 5 人

63 (2) 依「身心障礙者之**推動職務再設計服務計畫**」本計畫適用對象有 3 種勞工；但不包含哪一勞工？

(1) 身心障礙者   (2) 職業災害勞工

(3) 逾 65 歲高齡者   (4) 45 歲至 65 歲中高齡者

64 (3) 主管機關針對調解案件組成「調解委員會」，應指派委員調查事實，應於受指派後幾日內，將調查結果及解決方案提報「調解委員會」？

(1) 3 日   (2) 5 日

(3) 10 日   (4) 15 日

65 (2) 調解期間何謂「視為調解不成立」指經調解委員會會議，連續幾次調解委員出席人數未過半數？

(1) 1 次   (2) 2 次

(3) 3 次   (4) 5 次

66 (3) 勞資爭議經調解成立，當事人一方為勞工團體時，視為爭議當事人間之哪一種新約定或關係？

(1) 勞動契約   (2) 工作規則

(3) 團體協約   (4) 勞資會議紀錄

67 (1) 「**調整事項**」之勞資爭議涉及經濟部的**自來水股份有限公司**，而勞雇雙方未能約定「??? **條款**」者，**任一方**得向**中央主管機關**申請交付「仲裁」？

(1) 必要服務條款   (2) 最低服務年限條款

(3) 離職後競業條款   (4) 同工同酬條款

68 (2) 直轄市主管機關收到仲裁申請書，通知當事人於收到通知幾**日內**，遴聘之仲裁委員？

(1) 3 日   (2) 5 日

(3) 10 日   (4) 15 日

69 (4) 裁決之申請，應自知悉有違反事由或事實發生次日起幾日內為之？

(1) 30 日   (2) 50 日

(3) 60 日   (4) 90 日

70 (2) 中央主管機關應組成「**不當勞動行為**裁決委員會」，而裁決委員任期幾年？

    (1) 1 年   (2) 2 年

    (3) 3 年   (4) 5 年

71 (2) 勞資爭議，非經哪一種爭議處理不成立，不得罷工？

    (1) 怠工   (2) 調解

    (3) 仲裁   (4) 裁決

72 (1) 影響重大公共利益之事業，勞資雙方應約定「???? 條款」，工會始得宣告罷工？

    (1) 必要服務條款   (2) 最低服務年限條款

    (3) 離職後競業條款   (4) 同工同酬條款

73 (3) 依照《勞動基準法》規定，勞工退休金之給付，雇主應於勞工退休之日起幾日內給付？

    (1) 10 日   (2) 20 日

    (3) 30 日   (4) 60 日

74 (4) 依照《勞動基準法》規定，勞工退休金之給與標準，最高總數以幾個基數為限？

    (1) 30 個月   (2) 35 個月

    (3) 40 個月   (4) 45 個月

75 (2) 依照《勞動基準法》規定，強制退休勞工，其**身心障礙**係因執行職務所致者，依規定加給幾 %?

    (1) 10%   (2) 20%

    (3) 30%   (4) 40%

76 (4) 勞工請領**退休金**之權利，自退休之次月起，因幾年間不行使而消滅？

    (1) 1 年   (2) 2 年

    (3) 3 年   (4) 5 年

77 (3) 雇主應為適用《勞工退休金條例》規定之受僱勞工負擔提繳之退休金，不得低於勞工每月工資多少 %?

    (1)3%   (2)5%

    (3)6%   (4)12%

78 (2) 受僱於同一雇主勞工，一年內調整勞工退休金之提繳率，以幾次為限？

(1) 1 次　　　　　　　　　　　(2) 2 次

(3) 3 次　　　　　　　　　　　(4) 不限次數

79 (1) 適用《勞工退休金條例》規定之受僱勞工，得在其每月工資幾 % 範圍內，自願 (加) 提繳退休金？

(1) 1-6%　　　　　　　　　　(2) 2-6%

(3) 3-6%　　　　　　　　　　(4) 4-6%

80 (3) 雇主按勞工「每月工資總額」，依「月提繳工資分級表」月提繳工資；若勞工每月工資如不固定者，以最近幾個月工資之平均為準？

(1) 1 月　　　　　　　　　　(2) 2 月

(3) 3 月　　　　　　　　　　(4) 4 月

81 (3) 雇主適用《勞工退休金條例》後新成立之事業單位，應於幾日內申報？

(1) 5 日　　　　　　　　　　(2) 10 日

(3) 15 日　　　　　　　　　(4) 20 日

82 (3) 勞工留職停薪、入伍服役，雇主應於發生事由之日起幾日內向勞保局申報停止提繳退休金？

(1) 3 日　　　　　　　　　　(2) 5 日

(3) 7 日　　　　　　　　　　(4) 10 日

83 (2) 依《勞工退休金條例》勞工符合 (? 歲，工作年資滿 ? 年) 請領月領退休金？

(1)(60 歲，工作年資滿 10 年)　　(2)(60 歲，工作年資滿 15 年)

(3)(55 歲，工作年資滿 10 年)　　(4)(55 歲，工作年資滿 15 年)

84 (1) 勞工領取退休金後繼續工作者，雇主仍應提繳勞工退休金。勞工領取資重新計算之退休金，一年以幾次為限？

(1) 1 次　　　　　　　　　　(2) 2 次

(3) 3 次　　　　　　　　　　(4) 不限次數

85 (4) 雇主未依本條例提繳勞工退休金，勞工得向雇主請求損害賠償。請求權，自勞工離職時起，因幾年間不行使而消滅？

(1) 1 年　　　　　　　　　　(2) 2 年

(3) 3 年　　　　　　　　　　(4) 5 年

86 (2) 勞工凡 (年滿？歲以上？歲以下)，應以其雇主為「投保單位」，全部參加勞工保險為被保險人：

(1)(滿 15 歲以上 60 歲以下)　　　　(2)(滿 15 歲以上 65 歲以下)

(3)(滿 20 歲以上 60 歲以下)　　　　(4)(滿 20 歲以上 65 歲以下)

87 (2) 受僱於僱用幾人以上公司，應以其雇主為「投保單位」，全部參加勞工保險為被保險人？

(1) 3 人　　　　　　　　　　　　　(2) 5 人

(3) 10 人　　　　　　　　　　　　(4) 15 人

88 (2) 被保險人有下列情形之一者，「**得**」繼續參加勞工保險：

(1) 因案停職或被羈押

(2) 派遣出國研習

(3) 因傷病請假致留職停薪，普通傷病未超過 2 年

(4) 退休後，年逾 65 歲繼續工作者

89 (3) 受僱勞工之勞工保險費分為雇主分攤、勞工分攤、政府補貼，其中雇主及勞工分攤比率：

(1)(雇主 50%、勞工 20%)　　　　(2)(雇主 60%、勞工 20%)

(3)(雇主 70%、勞工 20%)　　　　(4)(雇主 80%、勞工 20%)

90 (2) 營造技術職業工會之會員勞工保險費分為勞工分攤、政府補貼，其中勞工分攤、政府補貼分攤比率：

(1)(勞工 50%、政府補貼 50%)　　(2)(勞工 60%、政府補貼 40%)

(3)(勞工 70%、政府補貼 30%)　　(4)(勞工 80%、政府補貼 20%)

91 (2) 依《勞工保險條例》之勞工保險投保薪資分級表中，勞工月薪資總額 43,901 元以上之「月投保薪資」(指勞工每月之投保薪資) 是多少？

(1) 44,800 元　　　　　　　　　　(2) 45,800 元

(3) 46,800 元　　　　　　　　　　(4) 72,800 元

92 (4) 投保單位未為勞工投保，按自僱用日起 (起日)，至參加保險前一日止 (迄日) 應負擔保險費，處幾倍罰鍰？

(1) 1 倍　　　　　　　　　　　　　(2) 2 倍

(3) 3 倍　　　　　　　　　　　　　(4) 4 倍

93 (4) 投保單位將投保薪資金額以多報少或以少報多者，按其短報或多報之保險費金額，處幾倍罰鍰？

(1) 1 倍 　　　　　　　　　　　　(2) 2 倍

(3) 3 倍 　　　　　　　　　　　　(4) 4 倍

94 (2) 依 98 年 1 月 1 日修正生效《勞工保險條例》之 (新制)「平均投保薪資」按被保險人加保期間最高幾個月 (任選幾年投保年資) 月投保薪資予以平均計算？

(1) 36 個月 　　　　　　　　　　(2) 60 個月

(3) 120 個月 　　　　　　　　　(4) 180 個月

95 (3) 勞工保險被保險人領取保險給付之請求權，自得請領之日起，因幾**年間**不行使而消滅？

(1) 1 年 　　　　　　　　　　　　(2) 3 年

(3) 5 年 　　　　　　　　　　　　(4) 10 年

96 (2) 勞工保險之普通傷害補助費，均按被保險人「平均月投保薪資」50% 發給，以幾個月為限？

(1) 3 個月 　　　　　　　　　　(2) 6 個月

(3) 9 個月 　　　　　　　　　　(4) 12 個月

97 (2) 勞工保險之被保險人普通疾病，經評估為「不再具有任何工作能力而須退出職場」，與符合下列哪一種症狀，得請領「失能年金」？

(1) 喪失原有工作能力 　　　　　(2) 終身無工作能力

(3) 失能第 6 級 　　　　　　　　(4) 失能第 8 級

98 (2) 勞工保險之「失能年金」給付標準，依被保險人之保險年資計算，給付標準金額最低多少元？

(1) 3,000 元 　　　　　　　　　(2) 4,000 元

(3) 8,000 元 　　　　　　　　　(4) 10,000 元

99 (3) 勞工保險被保險人請領「失能年金給付」者，同時有符合眷屬補助之眷屬時，每一人加發「失能年金」幾%之眷屬補助？

(1) 10% 　　　　　　　　　　　(2) 20%

(3) 25% 　　　　　　　　　　　(4) 50%

100 (3) 勞工保險被保險人領取失能年金給付後,保險人應至少每幾年審核其失能程度?

　　　　(1) 3 年　　　　　　　　　　　　(2) 4 年

　　　　(3) 5 年　　　　　　　　　　　　(4) 10 年

101 (4) 依《勞工保險條例》規定,於 113-114 年期間勞工被保險人符合哪一種條件 (年滿幾歲、保險年資幾年),請領老年年金給付?

　　　　(1)(年滿 63 歲、保險年資 10 年)　　(2)(年滿 63 歲、保險年資 15 年)

　　　　(3)(年滿 64 歲、保險年資 10 年)　　(4)(年滿 64 歲、保險年資 15 年)

102 (1) 勞工保險被保險人申領老年年金給付,依依「保險年資」每滿一年,按其「平均月投保薪資」乘以 0.775%,並乘以「保險年資」計算其年金,並加計多少元?

　　　　(1) 3,000 元　　　　　　　　　　(2) 4,000 元

　　　　(3) 5,000 元　　　　　　　　　　(4) 5,000 元

103 (2) 勞工保險被保險人符合請領「老年年金」給付條件而延後請領者,每延後一年,依「老年年金」增給幾%?

　　　　(1) 1%　　　　　　　　　　　　　(2) 4%

　　　　(3) 5%　　　　　　　　　　　　　(4) 10%

104 (2) 勞工保險被保險人保險年資滿 15 年,未符合請領老年年金年齡者,得提前幾年請領?

　　　　(1) 1 年　　　　　　　　　　　　(2) 5 年

　　　　(3) 10 年　　　　　　　　　　　(4) 15 年

105 (2) 勞工保險被保險人死亡,其配偶得申領喪葬津貼:被保險人死亡按其「平均月投保薪資」發給幾個月喪葬津貼?

　　　　(1) 3 個月　　　　　　　　　　　(2) 5 個月

　　　　(3) 10 個月　　　　　　　　　　(4) 15 個月

106 (2) 勞工保險被保險人死亡,但其無遺屬者,尤處理喪事者得按死亡者平均月投保薪資,申領幾個月喪葬津貼?

　　　　(1) 5 個月　　　　　　　　　　　(2) 10 個月

　　　　(3) 20 個月　　　　　　　　　　(4) 30 個月

107 (2) 勞工保險被保險人死亡，其配偶得申領「遺屬津貼」，若被保險人生前之保險年資合計已滿 2 年者，按其「平均月投保薪資」發給幾個月？

(1) 5 個月　　　　　　　　　　(2) 10 個月

(3) 20 個月　　　　　　　　　(4) 30 個月

108 (1) 就業保險之給付，有 4 種，下列哪 1 種除外？

(1) 就業交通補助金　　　　　(2) 提早就業獎助津貼

(3) 職業訓練生活津貼　　　　(4) 失業給付

109 (4) 被保險人申領「失業給付」條件，下列哪一項為其中 5 大條件之一：

(1) 被保險人於「自願離職」

(2) 辦理退保當日前 3 年內，保險年資合計滿 3 年以上

(3) 辦理退保當日前 3 年內，保險年資合計滿 2 年以上

(4) 辦理退保當日前 3 年內，保險年資合計滿 1 年以上

110 (3) 被保險人申領「失業給付」條件，下列哪一項為其中 5 大條件之一：

(1) 自求職登記日起 7 日內無法推介就業

(2) 自求職登記日起 10 日內無法推介就業

(3) 自求職登記日起 14 日內無法推介就業

(4) 自求職登記日起 15 日內無法推介就業

111 (3) 被保險人因「**定期契約**」屆滿離職，逾一個月未能就業，且離職前一年內，契約期間合計滿幾個月以上者，「**視為非自願離職**」？

(1) 1 個月　　　　　　　　　　(2) 3 個月

(3) 6 個月　　　　　　　　　　(4) 9 個月

112 (3) 就業保險之被保險人得申請「失業給付」，自向公立就業服務機構辦理求職登記之第幾日起算？

(1) 5 日　　　　　　　　　　　(2) 10 日

(3) 15 日　　　　　　　　　　(4) 20 日

113 (3) 申請人與原雇主間因離職事由發生勞資爭議者，仍得請領「失業給付」。爭議結果申請人不符失業給付，應於確定日起幾日內，返還失業給付？

(1) 5 日　　　　　　　　　　　(2) 10 日

(3) 15 日　　　　　　　　　　(4) 20 日

114 (3) 中高齡者「失業給付」，按其辦理本保險退保時之當月起前 6 個月「平均月投保薪資」60%按月發給，最長發給幾個月？

(1) 3 個月
(2) 6 個月
(3) 9 個月
(4) 12 個月

115 (2) 被保險人非自願離職退保後，於請領「失業給付」期間，有「受扶養之眷屬者」，每人按申請人「平均月投保薪資」幾 %「加給失業給付」？

(1) 5%
(2) 10%
(3) 20%
(4) 25%

116 (2) 被保險人非自願離職退保後，領滿給付期間者，自領滿之日起幾年內再次請領「失業給付」，以發給原給付期間 1/2 為限？

(1) 1 年
(2) 2 年
(3) 3 年
(4) 4 年

117 (2) 就業保險被保險人於失業期間另有工作，每月工作收入超過「？？工資」者，不得請領「失業給付」？

(1) 原領工資
(2) 基本工資
(3) 預告工資
(4) 平均工資

118 (4) 就業保險被保險人於失業期間另有工作，每月工作收入未超過「基本工資」者，其該月工作收入加上「失業給付」總額，超過其「平均月投保薪資」幾 % 部分，應自「失業給付」中扣除？

(1) 50%
(2) 60%
(3) 70%
(4) 80%

119 (3) 就業保險被保險人符合「失業給付」請領條件，於「失業給付」請領期限屆滿前受僱工作，並參加本保險幾個月以上者，得申領「提早就業獎助津貼」？

(1) 1 個月
(2) 2 個月
(3) 3 個月
(4) 6 個月

120 (1) 就業保險被保險人符合「提早就業獎助津貼」請領條件，按其尚未請領之「失業給付」金額之幾 %，一次發給「提早就業獎助津貼」？

(1) 50%
(2) 60%
(3) 70%
(4) 80%

121 (3) 女性被保險人申領「育嬰留職停薪津貼」，自 2021 年 7 月 1 日起加發幾 %「育嬰留職停薪薪資補助」，與「育嬰留職停薪津貼」合併發給？

(1) 5%
(2) 10%

(3) 20%
(4) 25%

122 (3) 依《勞工職業災害保險及保護法》規定，年滿 15 歲以上勞工，應以其雇主為投保單位，參加勞工職業災害保險為被保險人，保險費分攤比率為何 (勞工 %、雇主 %)？

(1)(勞工 100%、雇主 0%)
(2)(勞工 50%、雇主 50%)

(3)(勞工 0%、雇主 100%)
(4)(勞工 20%、雇主 70%)

123 (3) 依《勞工職業災害保險及保護法》規定，年滿 15 歲以上無一定雇主而參加職業工會會員，應以其所屬團體為投保單位，參加勞工職業災害保險為被保險人，保險費分攤比率為何 (勞工 %、政府補貼 %)？

(1)(勞工 20%、政府補貼 80%)
(2)(勞工 20%、政府補貼 70%)

(3)(勞工 60%、政府補貼 40%)
(4)(勞工 50%、政府補貼 50%)

124 (3) 依《勞工職業災害保險及保護法》規定，年滿 15 歲以上勞工，於政府登記有案之職業訓練機構接受訓練者，應以其所屬機構參加勞工職業災害保險為被保險人，保險費分攤比率為何 (勞工 %、雇主 %)？

(1)(勞工 100%、雇主 0%)
(2)(勞工 50%、雇主 50%)

(3)(勞工 0%、雇主 100%)
(4)(勞工 20%、雇主 70%)

125 (1) 依《勞工職業災害保險及保護法》規定，職業災害保險被保險人在保險有效期間遭遇職業傷病，於保險效力停止之翌日起算幾年內，得請領同一傷病及其引起疾病之醫療給付？

(1) 1 年
(2) 2 年

(3) 3 年
(4) 4 年

126 (4) 依《勞工職業災害保險及保護法》規定，勞工職業災害保險被保險人之「平均月投保薪資」應按被保險人發生保險事故之當月起前幾個月之實際「月投保薪資」，平均計算？

(1) 3 個月
(2) 4 個月

(3) 5 個月
(4) 6 個月

127 (3) 依《勞工職業災害保險及保護法》規定，勞工職業災害保險被保險人申請「傷病給付」，自第 3 個月起按被保險人「平均月投保薪資」幾 % 發給？

(1) 50%　　　　　　　　　　(2) 60%

(3) 70%　　　　　　　　　　(4) 80%

128 (2) 依《勞工職業災害保險及保護法》規定，勞工職業災害保險被保險人申請「傷病給付」，最長以幾年為限？

(1) 1 年　　　　　　　　　　(2) 2 年

(3) 3 年　　　　　　　　　　(4) 4 年

129 (1) 依《勞工職業災害保險及保護法》規定，職災保險被保險人遭遇職災，經診斷被保險人「完全失能者」，得請領失能年金，請選出正確給付 (「平均月投保薪資」=Winsa)

(1) 「**Winsa**」70%　　　　　(2) 「**Winsa**」100%

(3) 「**Winsa**」50%　　　　　(4) 「**Winsa**」20%

130 (3) 依《勞工職業災害保險及保護法》規定，職災保險被保險人遭遇職災，經診斷被保險人「嚴重失能者」，得請領失能年金，請選出正確給付 (「平均月投保薪資」=Winsa)

(1) 「**Winsa**」70%　　　　　(2) 「**Winsa**」100%

(3) 「**Winsa**」50%　　　　　(4) 「**Winsa**」20%

131 (1) 依《勞工職業災害保險及保護法》規定，職災保險被保險人請領「失能年金」者，同時有符合條件之眷屬，每一人加發「失能年金」幾 % 之眷屬補助？

(1) 10%　　　　　　　　　　(2) 20%

(3) 25%　　　　　　　　　　(4) 30%

132 (3) 依《勞工職業災害保險及保護法》規定，職災保險被保險人於保險有效期間，遭遇職業傷病致死亡時，配偶請領「遺屬年金」者，按死亡被保險人「平均月投保薪資」幾 % 發給？(「平均月投保薪資」=Winsa)

(1) 「**Winsa**」70%　　　　　(2) 「**Winsa**」100%

(3) 「**Winsa**」50%　　　　　(4) 「**Winsa**」20%

133 (4) 依《勞工職業災害保險及保護法》規定，職災保險被保險人於保險有效期間，遭遇職業傷病致死亡時，配偶請領「遺屬津貼」，按死亡被保險人「平均月投保薪資」發給幾個月？(「平均月投保薪資」=Winsa)

(1) 10 個月「**Winsa**」　　　　(2) 20 個月「**Winsa**」

(3) 30 個月「**Winsa**」　　　　(4) 40 個月「**Winsa**」

134 (4) 依《勞工職業災害保險及保護法》規定，職災保險被保險人請領津貼或補助之請求權，自得請領之日起，因幾年間不行使而消滅？

(1) 2 年

(2) 3 年

(3) 3 年

(4) 5 年

135 (4) 依《勞工職業災害保險及保護法》規定，勞工職業災害保險投保薪資分級表最高級（第 24 級）之月投保薪資多少元？

(1) 45,800 元

(2) 55,800 元

(3) 65,800 元

(4) 72,800 元

136 (1) 《中高齡者及高齡者就業促進法》雇主對求職或受僱之中高齡者及高齡者，不得以下哪一理由而差別待遇？

(1) 年齡

(2) 性別

(3) 婚姻

(4) 身心障礙者

137 (1) 勞工遭受年齡歧視之損害賠償請求權，自請求權人知有損害及賠償義務人時起，幾年間不行使而消滅？

(1) 2 年

(2) 3 年

(3) 3 年

(4) 5 年

138 (2) 雇主為「中高齡者及高齡者」申請「職務再設計」，得向主管機關申請補助。補助金額，按每人每年以幾萬元為限？

(1) 5 萬元／年

(2) 10 萬元／年

(3) 20 萬元／年

(4) 25 萬元／年

139 (2) 雇主為所僱用「中高齡者及高齡者」傳承技術經驗，促進「世代合作」，採取「由不同世代共同合作，發展職務互補或時間分工，且雙方應有共同工作時段」屬於下列哪一型式？

(1) 人才培育型

(2) 工作分享型

(3) 互為導師型

(4) 能力互補型

140 (3) 雇主為所僱用「中高齡者及高齡者」傳承技術經驗，促進「世代合作」，採取「結合不同世代專長，雙方互為導師，共同提升營運效率」屬於下列哪一型式？

(1) 人才培育型

(2) 工作分享型

(3) 互為導師型

(4) 能力互補型

141 (3) 依《中高齡者及高齡者就業促進法》雇主繼續僱用 65 歲屆齡退休者申請補助者，
應符合其所僱用人數符合屆退總人數之幾 %？

(1) 10%　　　　　　　　　　(2) 20%

(3) 30%　　　　　　　　　　(4) 50%

142 (2) 依《中高齡者及高齡者就業促進法》雇主繼續僱用 65 歲屆齡退休者申請補助者，
應繼續僱用期間達幾個月以上？

(1) 3 個月以上　　　　　　　(2) 6 個月以上

(3) 9 個月以上　　　　　　　(4) 12 個月以上

143 (2) 依據《在職中高齡者及高齡者穩定就業辦法》，繼續僱用之補助，按月計酬方式
給付薪資者，雇主繼續僱用中高齡者期間滿幾個月，每人每月補助 (??? 元，補助 ?
個月)，請選出正確組合？

(1)(13,000 元、3 個月)　　　(2)(13,000 元、6 個月)

(3)(15,000 元、3 個月)　　　(4)(15,000 元、6 個月)

144 (1) 65 歲以上勞工，雇主得以「?? 勞動契約」僱用之？

(1) 定期勞動契約　　　　　　(2) 派遣契約

(3) 不定期勞動契約　　　　　(4) 以上皆非

145 (4) 依《退休中高齡者及高齡者再就業補助辦法》雇主辦理勞工退休後再就業職涯發
展，同一雇主每年最高幾萬元？

(1) 10 萬元　　　　　　　　　(2) 20 萬元

(3) 30 萬元　　　　　　　　　(4) 50 萬元

146 (4) 依《退休中高齡者及高齡者再就業補助辦法》雇主僱用高齡者傳承專業技術及經
驗，得向主管機關申請補助，每位雇主每年最高補助幾萬元？

(1) 10 萬元　　　　　　　　　(2) 20 萬元

(3) 30 萬元　　　　　　　　　(4) 50 萬元

147 (2) 依《失業中高齡者及高齡者就業促進辦法》主管機關補助中高齡者及高齡者創業
貸款，其利息補貼之最高貸款額度為幾萬元？

(1) 100 萬元　　　　　　　　(2) 200 萬元

(3) 300 萬元　　　　　　　　(4) 500 萬元

148 (3) 依《失業中高齡者及高齡者就業促進辦法》主管機關補助中高齡者及高齡者創業貸款，利息補貼期間最長幾年？

(1) 3 年   (2) 5 年

(3) 7 年   (4) 10 年

149 (1) 中高齡者參加「職場學習及再適應」，津貼補助期間最長幾個月？

(1) 3 個月   (2) 6 個月

(3) 9 個月   (4) 12 個月

150 (2) 高齡者參加「職場學習及再適應」，津貼補助期間最長幾個月？

(1) 3 個月   (2) 6 個月

(3) 9 個月   (4) 12 個月

151 (2) 中高齡者及高齡者轉換「職場學習及再適應」、「臨時性工作」等各單位促進就業措施之期間應合併計算，2 年內合併期間最長幾個月？

(1) 3 個月   (2) 6 個月

(3) 9 個月   (4) 12 個月

152 (4) 中高齡者及高齡者失業期間連續達幾日以上，向公立就業服務機構辦理求職登記無法推介就業者，公立就業服務機構得發給僱用獎助推介卡？

(1) 7 日   (2) 10 日

(3) 15 日   (4) 30 日

153 (4) 雇主僱用領有獎助推介卡之高齡者連續滿 30 日，發給僱用獎助。高齡者與雇主約定以按月計酬「全時工作」，僱用獎助依受僱人數每人每月發給幾元？

(1) 12,000 元   (2) 13,000 元

(3) 14,000 元   (4) 15,000 元

154 (4) 雇主實施「減班休息」(指無薪休假) 期間達幾日以上，且雇主與受僱勞工 (必須投就業保險) 協商減少工時，得領取「薪資補貼」？

(1) 7 日   (2) 10 日

(3) 15 日   (4) 30 日

155 (3) 雇主實施「減班休息」而符合「薪資補貼」，公立就業服務機構應計算其被保險人「薪資補貼」時，須分別計算「平均投保薪資」與實施減班休息後實際「協議薪資」，有關「協議薪資」限制為「勞工保險投保薪資分級表」哪一項月投保薪資？

(1) 40,100 元   (2) 43,900 元

(3) 45,800 元   (4) 72,800 元

156 (3) 中央主管機關召開僱用安定措施諮詢會議，辦理「僱用安定措施」。辦理期間，**最長為幾**個月？

(1) 3 個月   (2) 6 個月

(3) 12 個月   (4) 24 個月

157 (4) 雇主實施「減班休息」且符合薪資補貼條件時，勞工薪資補貼，按勞工於實施「減班休息」日前 1 個月至前 3 個月之「平均月投保薪資」，與實施「減班休息」後實際「協議薪資」差額幾 % 發給？

(1) 10%   (2) 20%

(3)30%   (4)50%

158 (4) 雇主對僱用員工，不得以下列哪一理由，予以岐視？

(1) 工作年資   (2) 工作考績

(3) 技術士證   (4) 星座

159 (1) 雇主招募不得以「種族類」之哪一理由，針對求職者加以就業歧視？

(1) 出生地   (2) 年齡

(3) 五官   (4) 性別

160 (3) 雇主招募美食外送員條件：限未婚、男性、忌身心障礙者，不包括哪一理由而差別待遇？

(1) 婚姻   (2) 身心障礙者

(3) 五官   (4) 性別

161 (4) 雇主招募員工時，曾為不實之廣告，主管機關將處以多少罰鍰？

(1) 3 萬元以上 15 萬元以下   (2) 6 萬元以上 30 萬元以下

(3) 15 萬元以上 75 萬元以下   (4) 30 萬元以上 150 萬元以下

162 (2) 雇主招募員工時，曾違反求職人意思，留置國民身分證，主管機關將處以多少罰鍰？

(1) 3 萬元以上 15 萬元以下　　(2) 6 萬元以上 30 萬元以下

(3) 15 萬元以上 75 萬元以下　　(4) 30 萬元以上 150 萬元以下

163 (2) 雇主招募員工時，曾提供職缺之「**經常性薪資**」**未達**新臺幣 4 萬元而未公開揭示或告知其薪資範圍，主管機關將處以多少罰鍰？

(1) 3 萬元以上 15 萬元以下　　(2) 6 萬元以上 30 萬元以下

(3) 15 萬元以上 75 萬元以下　　(4) 30 萬元以上 150 萬元以下

164 (1) 《就業服務法》第五條所定隱私資料之「個人生活資訊」，不包括下列哪一項資訊？

(1) 心理測驗　　(2) 信用紀錄

(3) 犯罪紀錄　　(4) 懷孕計畫

165 (2) 中央主管機關掌理事項，不包括下列哪一項？

(1) 全國性法令訂定　　(2) 就業歧視認定

(3) 雇主申請聘僱外國人許可　　(4) 全國性就業市場資訊提供

166 (4) 受大專校院邀請知名優秀外籍專業人士，來台從事專門性工作商務技術指導，其停留期間在幾日以下，得以「入國簽證」視為工作許可？

(1) 7 日　　(2) 10 日

(3) 20 日　　(4) 30 日

167 (3) 外國人受大專校院邀請知名優秀專業人士，來台從事專門性工作商務技術指導，其停留期間在幾日以下，得以「入國簽證」視為工作許可？

(1) 10 日　　(2) 20 日

(3) 30 日　　(4) 60 日

168 (2) 聘僱外國人從事《就業服務法》專門性或技術性工作，許可期間最長為幾年？

(1) 2 年　　(2) 3 年

(3) 5 年　　(4) 10 年

169 (3) 第一類外國人工作資格條件規定：外國人受聘僱從事工作，應符合下列資格：取得相關系所學士學位且應有幾年以上相關工作經驗者？

(1) 1/2 年　　(2) 1 年

(3) 2 年　　(4) 3 年

170 (3) 在我國大專以上校院畢業僑生，依「外國留學生、僑生或其他華裔學生評點數制度」計算之累計點數滿幾點者，得受聘僱〈白領審查標準〉專門性或技術性工作？

(1) 50 點   (2) 60 點

(3) 70 點   (4) 80 點

171 (1) 雇主聘僱正在我國大專以上校院求學僑生從事工作，得不受《就業服務法》第四十六條限制；其工作時間除寒暑假外，每星期最長為幾小時？

(1) 20 小時   (2) 30 小時

(3) 40 小時   (4) 60 小時

172 (3) 依《外國專業人才延攬及僱用法》雇主聘僱從事專業工作之「外國特定專業人才」，其聘僱許可期間最長為幾年？

(1) 3 年   (2) 4 年

(3) 5 年   (4) 10 年

173 (2) 依《外國專業人才延攬及僱用法》規定，「就業金卡」有效期間為？年至？年，得於有效期間屆滿前重新申請？

(1) 1-2 年   (2) 1-3 年

(3) 2-3 年   (4) 3-5 年

174 (4) 產業類 (如製造業) 雇主申請「中階技術工」人力名額，不超過核准第二類外國人核配率幾 %?

(1) 10%   (2) 15%

(3) 20%   (4) 25%

175 (1) 製造業申請「中階技術工」，每月經常性薪資達幾萬元以上？

(1) 3.3 萬元   (2) 4.3 萬元

(3) 5.3 萬元   (4) 6.3 萬元

176 (4) 社福類 (如家庭看護) 雇主申請「中階技術工」，每月經常性薪資達幾萬元以上？

(1) 2.3 萬元   (2) 2.4 萬元

(3) 2.5 萬元   (4) 2.6 萬元

177 (3) 任何人違反非法容留外國人從事工作規定者，主管機關處以行為人處多少罰鍰？

(1) 3 萬元以上 15 萬元以下   (2) 6 萬元以上 30 萬元以下

(3) 15 萬元以上 75 萬元以下   (4) 30 萬元以上 150 萬元以下

178 (2) 第二類外國人已在我國境內受聘僱從事工作，符合現受聘僱從事工作，且連續工作期間達幾年以上者，具有受聘僱從事「中階技術工作」資格？

(1) 3 年　　　　　　　　　　　(2) 6 年

(3) 9 年　　　　　　　　　　　(4) 11 年

179 (4) 第二類外國人曾在我國境內受聘僱從事工作，符合曾受聘僱從事工作期間累計達幾年以上出國後，再次入國工作者，(國內前後) 工作期間累積達幾年 6 個月以上者，得受聘僱從事「中階技術工作」？

(1) 3 年　　　　　　　　　　　(2) 6 年

(3) 9 年　　　　　　　　　　　(4) 11 年

180 (1) 雇主由國外引進外國人「中階技術工」，於外國人入國後幾日內，應規劃並執行外國人「生活照顧服務計畫書」，並通知當地主管機關實施檢查？

(1) 3 日　　　　　　　　　　　(2) 6 日

(3) 15 日　　　　　　　　　　(4) 30 日

181 (1) 雇主申請聘僱外國人從事中階技術工作，於國內聘僱中階技術外國人，自申請聘僱許可日起幾日內，應規劃並執行外國人「生活照顧服務計畫書」，並通知當地主管機關實施檢查？

(1) 3 日　　　　　　　　　　　(2) 6 日

(3) 15 日　　　　　　　　　　(4) 30 日

182 (4) 雇主有繼續聘僱第三類外國人之必要者，於聘僱許可有效期限屆滿日前幾個月內，向中央主管機關申請展延聘僱許可？

(1) 1 個月　　　　　　　　　　(2) 2 個月

(3) 3 個月　　　　　　　　　　(4) 4 個月

183 (4) 從事中階技術工作之外國人，經雇主依《轉換雇主準則》規定，接續聘僱為第二類外國人，除從事「中階技術工作」期間外，其工作期間合計不得逾幾年之工作年限？

(1) 3 年　　　　　　　　　　　(2) 6 年

(3) 9 年　　　　　　　　　　　(4) 12 年

184 (1) 雇主申請聘僱第二類外國人，應在國內招募時求才登記、求才廣告，同時於指定
國內新聞紙選定一家連續刊登 2 日者，自刊登期滿之次日起至少幾日辦理招募本
國勞工？

(1) 3 日   (2) 7 日

(3) 14 日   (4) 21 日

185 (3) 雇主辦理招募本國勞工，有招募不足者，得於招募期滿次日起幾日內，向原受理
求才登記之公立就業服務機構申請「求才證明書」？

(1) 5 日   (2) 10 日

(3) 15 日   (4) 20 日

186 (3) 雇主申請「招募許可」者，應於許可日起**幾個月內**引進外國人？

(1) 1 個月   (2) 3 個月

(3) 6 個月   (4) 12 個月

187 (3) 雇主為「被看護人」申請外籍家庭看護工資格：「外國家庭看護其照顧之被看護
者年齡滿 85 歲以上者，應具下列哪一條件？

(1) **全日**照護需要者   (2) 重度**依賴**照護需要者

(3) **輕度依賴**照護需要者   (4) 特定身心障礙重度等級者

188 (3) 外國人受聘僱於收容養護中度以上身心障礙者、精神病患及失智症患者之長期照
顧機構、養護機構，從事機構看護工作總人數，以其依法登記之許可業務規模床
數每幾床聘僱一人？

(1) 1 床   (2) 2 床

(3) 3 床   (4) 4 床

189 (3) 外國人受聘僱於住宿式服務類長期照顧服務機構，從事機構看護工作總人數，以
其依法登記之許可業務規模床數每幾床聘僱一人？

(1) 3 床   (2) 4 床

(3) 5 床   (4) 10 床

190 (1) 長期照顧服務機構聘僱外籍看護工，每 5 床得聘僱 1 人；但其聘僱外籍看護工不
得超過本國看護工及哪一種人員合計總數？

(1) 護理人員   (2) 藥師

(3) 伙食人員   (4) 出納人員

191 (2) 自 112 年 1 月 1 日起,「移工一站式服務中心」,雇主 (1) 從國外新聘外籍家庭看護工,應在預定入國日幾日前完成線上登錄及申請作業?

(1) 3 日 　　　　　　　　(2) 5 日

(3) 7 日 　　　　　　　　(4) 15 日

192 (4) 雇主於所招募第二類外國人 (除家庭看護工) 入國後幾日內,應申請「聘僱許可」?

(1) 3 日 　　　　　　　　(2) 5 日

(3) 7 日 　　　　　　　　(4) 15 日

193 (4) 從事家庭看護工,且經 (1) 專業訓練或 (2) 自力學習 (含「語言能力」、「工作能力」及「服務表現」),符合累積 60 點條件者,其工作期間累計不得逾幾年?

(1) 11 年 　　　　　　　　(2) 12 年

(3) 13 年 　　　　　　　　(4) 14 年

194 (1) 受聘僱外國人有連續曠職 3 日失去聯繫情事,雇主應於幾工作日內通知主管機關?

(1) 3 日 　　　　　　　　(2) 5 日

(3) 7 日 　　　　　　　　(4) 14 日

195 (1) 外國人於聘僱許可有效期間內,因不可歸責於雇主之原因而發生行蹤不明之情事經依規定通知入出國管理機關滿幾個月仍未查獲者,雇主得向主管機關申請遞補?

(1) 3 個月 　　　　　　　　(2) 4 個月

(3) 5 個月 　　　　　　　　(4) 6 個月

196 (1) 受僱外籍家庭看護於雇主處所發生行蹤不明之情事,通知入出國管理機關及警察機關滿幾個月仍未查獲?

(1) 1 個月 　　　　　　　　(2) 2 個月

(3) 3 個月 　　　　　　　　(4) 4 個月

197 (3) 外國人辦理轉換登記,以原從事「同一工作類別」為限。看護工及下列哪一項工作視為同一工作類別?

(1) 製造工 　　　　　　　　(2) 營造工

(3) 家庭幫傭 　　　　　　　　(4) 海洋漁撈

198 (3) 第二類外國人入國工作滿 6 個月、? 個月及 30 個月之日前後 30 日內，雇主應安排至指定醫院接受定期健康檢查？

(1) 12 個月 　　　　　　　　　(2) 15 個月

(3) 18 個月 　　　　　　　　　(4) 24 個月

199 (3) 製造業特定製程雇主聘僱外籍製造工，提高外國人核配比率 5% 以下，此額外增加僱用外籍製造工每人每月就業安定費如計算？

(1) 2000 元＋ 1000 元 　　　　(2) 2000 元＋ 2000 元

(3) 2000 元＋ 3000 元 　　　　(4) 2000 元＋ 5000 元

200 (4) 製造業特定製程雇主聘僱外籍製造工，提高外國人核配比率超過 15%，此額外增加僱用外籍製造工每人每月就業安定費如計算？

(1) 2000 元＋ 3000 元 　　　　(2) 2000 元＋ 5000 元

(3) 2000 元＋ 7000 元 　　　　(4) 2000 元＋ 9000 元

201 (3) 雇主有生活照顧服務人員變更，應於變更後幾日內，書面通知外國人工作所在地及住宿地點當地主管機關？

(1) 3 日 　　　　　　　　　　(2) 5 日

(3) 7 日 　　　　　　　　　　(4) 14 日

202 (2) 機構受委託管理外國人，同一國籍每幾人，應聘僱雙語翻譯工作 1 人？

(1) 30 人 　　　　　　　　　(2) 50 人

(3) 100 人 　　　　　　　　　(4) 200 人

203 (2) 雇主不得規避、妨礙主管機關檢查，若雇主違反規定者，主管機關依法處以幾萬元之間罰鍰？

(1) 3 萬元以上 15 萬元以下 　　(2)6 萬元以上 30 萬元以下

(3) 15 萬元以上 75 萬元以下 　　(4)30 萬元以上 150 萬元以下

204 (3) 雇主聘僱許可失效 (行蹤不明) 外國人，主管機關依法處以幾萬元之間罰鍰？

(1) 3 萬元以上 15 萬元以下 　　(2) 6 萬元以上 30 萬元以下

(3) 15 萬元以上 75 萬元以下 　　(4) 30 萬元以上 150 萬元以下

205 (2) 雇主未依規定安排所聘僱之外國人接受健康檢查，主管機關依法處以幾萬元之間罰鍰？

(1) 3 萬元以上 15 萬元以下 　　(2) 6 萬元以上 30 萬元以下

(3) 15 萬元以上 75 萬元以下 　　(4) 30 萬元以上 150 萬元以下

206 (1) 雇主因聘僱外國人致生資遣本國勞工，每資遣本國勞工 1 人，主管機關依法處以幾萬元之間罰鍰？

(1) 2 萬元以上 10 萬元以下　　　　(2) 6 萬元以上 30 萬元以下

(3) 15 萬元以上 75 萬元以下　　　(4) 30 萬元以上 150 萬元以下

207 (2) 雇主非法扣留所聘僱外國人之護照，主管機關依法處以幾萬元之間罰鍰？

(1) 3 萬元以上 15 萬元以下　　　　(2) 6 萬元以上 30 萬元以下

(3) 15 萬元以上 75 萬元以下　　　(4) 30 萬元以上 150 萬元以下

208 (4) 任何人「未經許可，不得從事就業服務。」，違反規定者，主管機關依法處以幾萬元之間罰鍰？

(1) 3 萬元以上 15 萬元以下　　　　(2) 6 萬元以上 30 萬元以下

(3) 15 萬元以上 75 萬元以下　　　(4) 30 萬元以上 150 萬元以下

209 (2) 營利私立就業服務機構設立，從事下列哪項仲介業務，應向中央主管機關申請許可？

(1) 仲介本國人在國內工作者　　　(2) 仲介本國人至國外工作者

(3) 就業歧視之認定者　　　　　　(4) 仲介本國人在國內工作者

210 (3) 辦理仲介外國人在國內工作之私立就業服務機構最低實收資本總額為幾萬元？

(1) 100 萬元　　　　　　　　　　(2) 300 萬元

(3) 500 萬元　　　　　　　　　　(4) 700 萬元

211 (3) A 申請營利私立就業服務機構設立許可時，應繳交由銀行出具金額幾萬元保證金之保證書，作為民事責任之擔保？

(1) 100 萬元　　　　　　　　　　(2) 200 萬元

(3) 300 萬元　　　　　　　　　　(4) 500 萬元

212 (1) 聘僱契約生效後 40 日內，因可歸責於「求職人」事由，致聘僱契約終止者，雇主得請求私立就業服務機構退還幾 % 介紹費？

(1) 50%　　　　　　　　　　　　(2) 100%

(3) 150%　　　　　　　　　　　(4) 200%

213 (3) 求職人或雇主已繳付登記費者，得請求原私立就業服務機構於 6 個月內推介幾次？

(1) 1 次　　　　　　　　　　　　(2) 2 次

(3) 3 次　　　　　　　　　　　　(4) 4 次

214 (2) 私立就業服務機構設置就業服務專業人員之數額，哪一設置標準錯誤？

    (1) 從業人員人數在 6 人以上 10 人以下者，應置至少 2 人

    (2) 從業人員人數逾 10 人者，應置至少 5 人

    (3) 從業人員自第 11 人起，每逾 10 人應另增置 1 人

    (4) 從業人員人數在 5 人以下者，應置 1 人

215 (2) 就業服務專業人員經依《就業服務法》規定廢止證書者，自廢止之日起幾年內不得再行申請核發證書？

    (1) 1 年   (2) 2 年

    (3) 3 年   (4) 4 年

216 (2) 私立就業服務機構許可證有效期限為幾年，有效期限屆滿前 30 日內，應重新申請設立許可及換發許可證？

    (1) 1 年   (2) 2 年

    (3) 3 年   (4) 4 年

217 (4) 私立就業服務機構營運期間違反「**為不實之廣告或揭示**」，主管機關將處以多少罰鍰？

    (1) 3 萬元以上 15 萬元以下   (2) 6 萬元以上 30 萬元以下

    (3) 15 萬元以上 75 萬元以下   (4) 30 萬元以上 150 萬元以下

218 (3) 私立就業服務機構營運期間違反「違反求職人意思，留置其 (本國) 國民身分證、(外國人) 工作憑證」，主管機關將處以多少罰鍰？

    (1) 2 萬元以上 10 萬元以下   (2) 3 萬元以上 15 萬元以下

    (3) 6 萬元以上 30 萬元以下   (4) 15 萬元以上 75 萬元以下

219 (4) 私立就業服務機構營運期間違反「**仲介求職人從事違背公共秩序工作**」，主管機關將處以多少罰鍰？

    (1) 3 萬元以上 15 萬元以下   (2) 6 萬元以上 30 萬元以下

    (3) 15 萬元以上 75 萬元以下   (4) 30 萬元以上 150 萬元以下

220 (3) 私立就業服務機構營運期間違反「未依規定揭示私立就業服務機構許可證、收費項目及金額明細表、就業服務專業人員證書」，主管機關將處以多少罰鍰？

    (1) 2 萬元以上 10 萬元以下   (2) 3 萬元以上 15 萬元以下

    (3) 6 萬元以上 30 萬元以下   (4) 15 萬元以上 75 萬元以下

221 (2) 私立就業服務機構營運期間違反「知悉受聘僱外國人疑似遭受雇主等性侵害、人口販運，而**未於 24 小時內向主管機關通報**」，主管機關將處以多少罰鍰？

(1) 3 萬元以上 15 萬元以下　　(2) 6 萬元以上 30 萬元以下

(3) 15 萬元以上 75 萬元以下　　(4) 30 萬元以上 150 萬元以下

222 (3) 私立就業服務機構營運期間違反「1 年內受停業處分 2 次以上」，主管機關將作何處分？

(1) 停業 1 年以下　　(2) 3 萬元以上 15 萬元以下罰

(3) 廢止聘僱許可　　(4) 6 萬元以上 30 萬元以下罰鍰

223 (1) 二元勞動市場主要勞動力市場之特色；但不包括哪一項？

(1) 工作不穩定　　(2) 收入高

(3) 工作條件好　　(4) 良好的晉升機制

224 (2) 勞動力參與率是指哪一項指標占「民間人口」的比率？

(1) 非勞動力　　(2) 勞動力

(3) 就業者　　(4) 失業者

225 (1) 哪一年齡層失業率最高？

(1) 15-24 歲者　　(2) 25-44 歲者

(3) 45-64 歲者　　(4) 65 歲以上

226 (3) 失業型態因其發生原因不同，可歸納為 5 種型態，若勞工缺乏新技術而致其失業屬於哪一種型失業？

(1) 摩擦性失業　　(2) 季節性失業

(3) 結構性失業　　(4) 循環性失業

227 (4) 就業市場處於「**衰退**」及「**蕭條**」**時期**，勞動需求不足，造成勞工失業屬於哪一種型失業？

(1) 摩擦性失業　　(2) 季節性失業

(3) 結構性失業　　(4) 循環性失業

228 (3) 人口老化指數它的計算比率，選出哪一項為正確？

    (1) 總人口數 /14 歲以下人口數

    (2) 65 歲以上人口數 /15~24 歲人口數

    (3) 65 歲以上人口數 /14 歲以下人口數

    (4) 以上皆非

229 (3) 根據世界衛生組織 (WHO) 的定義，一個國家內 65 歲以上的人口，佔總人口比率達幾 % 以上，即稱為超高齡社會？

    (1) 7%   (2) 14%

    (3) 20%   (4) 30%

230 (2) 哪一項不屬於職能冰山理論已潛伏冰山者？

    (1) 自我概念   (2) 社會角色

    (3) 學歷   (4) 特質

231 (1) 招募及面談方法描述如下：「將定職位或管理崗位的模擬環境中，由面試者提供一批該崗位常需要處理的檔案。要求求職者在一定的時間和規定的條件下處理完畢，並且還要以書面或口頭的方式解釋說明」，試問上述描述使用哪一種招募及面談方法？

    (1) 公文籃技術   (2) 團體式面談

    (3) 資歷查核   (4) 工作抽樣技術

232 (1) 公立就業服務中心進行施測前，告知求職者測驗之性質、目的及結果如何應用，試問就業服務人員應尊重求職者哪一項權益？

    (1) 知後同意權   (2) 測驗保密原則

    (3) 智慧財產權   (4) 測驗結果解釋

233 (3) 選出哪一個職業歸類第二大類專業人員？

    (1) 家庭清潔工   (2) 機械工程技術員

    (3) 營養師   (4) 人力資源經理人員

234 (2) 針對工作者從事工作，經蒐集相關資料，並就 5 項目進行分析，試問不包括哪一項？

    (1) 工作職責   (2) 工作者履歷

    (3) 使用設備   (4) 投入原料產出貨品

235 **(1)** 心理測驗之測量在相同條件下，使用同一份職業心理測驗，第 2 次受測者再做一次測驗。經查這些受測者在此期間的經驗並無太大變化，而其前後 2 次的測驗分數，得到幾乎一樣的計分結果。此描述謂之？

(1) 信度　　　　　　　　　　(2) 效度

(3) 常模　　　　　　　　　　(4) 智慧財產權

236 **(2)** 心理測驗之測量某種**行為特徵**的**正確度**，上述描述為哪一項指標？

(1) 信度　　　　　　　　　　(2) 效度

(3) 常模　　　　　　　　　　(4) 智慧財產權

237 **(3)** **心理**測驗規範（或注意事項），哪一項屬於錯誤：

(1) 仔細閱讀測驗的指導說明

(2) 閱讀試題，再依直覺勾選與您的喜好程度

(3) 答案無對錯，但要仔細想

(4) 依序作答，勿跳題或留空，一次完成，不要中途離開

238 **(2)** 在「我喜歡做的事」測驗顯出甲具有「喜歡在工廠重複、具體而有組織的工作。」，試問甲的職業特性喜歡哪一類職業？

(1) 企業事務　　　　　　　　(2) 工業生產

(3) 社會福利　　　　　　　　(4) 銷售

239 **(3)** 在「我喜歡做的事」測驗顯出乙具有「喜歡發現、蒐集自然界事務，並且將科學研究結果應用解釋生命科學及自然科學的問題。」，試問乙的職業特性喜歡哪一類職業？

(1) 企業事務　　　　　　　　(2) 藝術

(3) 科學　　　　　　　　　　(4) 機械

240 **(1)** 在「工作氣質測驗」7 個量表量表內涵（指個人特質），挑出哪一項非其量表內涵：

(1) 樂觀進取　　　　　　　　(2) 堅忍犯難

(3) 獨處自為　　　　　　　　(4) 世故順從

241 (4) 在「工作氣質測驗」4 位應徵「餐飲人員」應具親和性、表達性、審慎精確、世故順從 4 個量表內涵 (指個人特質)PR 值分數如下，挑出哪一位適合此工作？

	親和性	表達性	審慎精確	世故順從
甲	80	83	76	80
乙	76	60	55	60
丙	66	78	59	75
丁	82	95	88	82

(1) 甲　　　　　　　　　　(2) 乙

(3) 丙　　　　　　　　　　(4) 丁

242 (4) ROE 心理動力及需求論發現，心理需求滿足，對其職業選擇之影響，請挑出哪一個錯誤描述？

(1) 如果兒童在成長發展過程中，**心理需求穩定**而獲得**滿足**，則較**不會**變成潛意識主導**職業**行為

(2) 如果兒童早期經驗中，(心理) 需求不穩定或受到延宕，則該需求即變成潛意識驅動力，主導其用於滿足需求的職業行為

(3) 如果兒童早期經驗中，較高層次的心理需求 (尊重、自我實現) 從未獲得滿足，則該需求很可能消失無蹤

(4) 如果兒童早期經驗中，較高層次的心理需求 (尊重、自我實現) 從未獲得滿足，則該需求很可能成為職業選擇的最大主宰力量

243 (2) 下列學者馬斯洛人類需求，挑出哪一項是不屬於其中之一？

(1) 生存需求　　　　　　　　(2) 求學需求

(3) 尊重　　　　　　　　　　(4) 自我實現

244 (3) 艾德福 (Clayton Alderfer) 提出的「人本主義需求理論」，以馬斯洛「需求層次理論」的基礎，提出職涯三大需求。挑出哪一項是不屬於其中之一？

(1) 成長發展需要 (Growth needs)

(2) 生存需要 (Existence needs)

(3) 學習需要 (Learn needs)

(4) 相互關係需要 (Relatedness needs)

245 (2) HOLLAND 生涯類型論描述人們在「工作選擇」中表達個人興趣、工作價值。求職者的興趣與職業可區分為幾個類型？

(1) 3 個類型 　　　　　　　　(2) 6 個類型

(3) 9 個類型 　　　　　　　　(4) 12 個類型

246 (2) **求職者經** HOLLAND 測驗，其個人特質具有「分析、**謹慎**、批評、好奇、**獨立**、聰明、內向、條理、**謙遜**、精確、理性、**保守**」，請問求職者之職業類型屬於哪一類型？

(1) 實用型 　　　　　　　　　(2) 研究型

(3) 事務型 　　　　　　　　　(4) 藝術型

247 (1) **求職者經** HOLLAND 測驗，其個人特質具有「複雜、想像、衝動、**獨立**、直覺、無秩序、情緒化、**理想化**、**不順從**、有創意、有表情、不重實際」，請問求職者之職業類型屬於哪一類型？

(1) 藝術型 　　　　　　　　　(2) 企業型

(3) 社會型 　　　　　　　　　(4) 藝術型

248 (2) 「企業經理、律師、電視製作人員、業務人員」，請問求職者之職業類型屬於哪一類型？

(1) 藝術型 　　　　　　　　　(2) 企業型

(3) 社會型 　　　　　　　　　(4) 藝術型

249 (1) 「銀行行員、行政助理、秘書」，請問求職者之職業類型屬於哪一類型？

(1) 事務型 　　　　　　　　　(2) 企業型

(3) 社會型 　　　　　　　　　(4) 藝術型

250 (3) 6 個類型**相鄰者**具有一致性**較高**，下列哪一組型正確？

(1) 實用型與社會型 　　　　　(2) 企業型與研究型

(3) 社會型與藝術型 　　　　　(4) 藝術型與事務型

251 (4) 6 個類型相對位置在**對角線者**具有一致性**較低**，下列哪一組型正確？

(1) 實用型與事務型 　　　　　(2) 企業型與社會型

(3) 社會型與藝術型 　　　　　(4) 藝術型與事務型

252 (2) 張君之何倫碼 (Holland Code) 興趣測驗的結果：R：25、I：15、A：15、S：45、E：25、C：35。請問張君生涯各型差異性高低？

    (1) 20 分差異性高　　　　　　　(2) 30 分差異性高

    (3) 20 分差異性低　　　　　　　(4) 30 分差異性低

253 (1) 甲君、乙君、丙君、丁君 4 位求職者在「何倫瑪興趣測驗」的施測結果如下表，請問哪一位差異性高？

求職者 ＼ 何倫碼	R	I	A	S	E	C
甲君	22	15	35	30	25	14
乙君	3	2	10	1	1	5
丙君	22	23	31	22	27	22
丁君	2	3	3	4	3	4

    (1) 甲　　　　　　　　　　　　(2) 乙

    (3) 丙　　　　　　　　　　　　(4) 丁

254 (3) 「生命線張老師、心理師」，請問屬於 Holland Code 哪一位職業類型？

    (1) 事務型　　　　　　　　　　(2) 企業型

    (3) 社會型　　　　　　　　　　(4) 藝術型

255 (4) 「李安、女神卡卡、芭芭拉史翠珊」，請問屬於 Holland Code 哪一位職業類型？

    (1) 事務型　　　　　　　　　　(2) 企業型

    (3) 社會型　　　　　　　　　　(4) 藝術型

256 (1) 「系統保全工程師、電子公司工程員」，請問屬於 Holland Code 哪一位職業類型？

    (1) 實用型　　　　　　　　　　(2) 企業型

    (3) 社會型　　　　　　　　　　(4) 藝術型

257 (1) 就業諮商處於「建立「雙方互信」關係、蒐集資訊」，請問諮商關係處於哪一階段？

    (1) 探索階段　　　　　　　　　(2) 洞察階段

    (3) 行為改變階段　　　　　　　(4) 結束階段

258 (3) 就業諮商處於「實施計畫的方案、必要時修訂計畫 (內容、方案)」，請問諮商關係處於哪一階段？

    (1) 探索階段　　　　　　　　　(2) 洞察階段

    (3) 行為改變階段　　　　　　　(4) 結束階段

259 (2) 下列各諮商技巧，請問屬於哪一「洞察階段」之諮商技巧？

(1) 專注 + 傾聽　　　　　　　(2) **摘述 + 面質**

(3) 高層同理心　　　　　　　(4) 家庭作業

260 (3) 下列各諮商技巧，請問屬於哪一「行為改變階段」之諮商技巧？

(1) 自我揭露　　　　　　　　(2) 專注 + 傾聽

(3) 力場分析　　　　　　　　(4) 分析 + 解釋

261 (2) 治療師在療程中引導個案走向一片廣大的草原或是蔚藍的大海，在心像環境下，促進個案平靜與放鬆，屬於哪一項心理減壓技巧？

(1) 壓力免疫法　　　　　　　(2) 引導式心像

(3) 漸進式肌肉放鬆　　　　　(4) 免疫法系統減敏感法

262 (3) **求職者面對就業難題**，促使其重新以不同角度，重新考量面對之困難問題。換言之，提醒求職者對於生涯(職涯)面臨的問題，加以重新賦予新角度新看法，而讓它具有正向的意義。屬於哪一中就業諮商技巧？

(1) 決策樹　　　　　　　　　(2) 分析＋解釋

(3) 重新框架　　　　　　　　(4) 自我揭露

263 (3) 諮商期間使用「專注」技巧，諮商人員應遵守哪一原則？

(1) 選擇性傾聽　　　　　　　(2) 疏略處理沉默

(3) 注意自己的肢體語言　　　(4) 不在意自己的情感

264 (3) 諮商期間使用「尊重」技巧，諮商人員應遵守哪一原則？

(1) 排斥接納個案的行為、態度　(2) 不重視個案之個獨特的個體

(3) 尊重個案的自我決定　　　(4) 不在意自己的情感

265 (3) 諮商期間使用「面質」技巧，諮商人員應遵守哪一原則？

(1) 使用強硬的語氣

(2) 無需考慮在安全、信任關係建立後才實施

(3) 倘若個案處於極度混亂、迷惑、不穩定時，則避免使用

(4) 不採用漸近法

266 (1) **諮商人員**使用「**立即性**(洞察階段)」技巧，其目的：恢復了解雙方「諮商何種關係」，讓個案更投入？

(1) 二方之間互信關係　　　　(2) 撫平諮商不順關係

(3) 安慰個資復原關係　　　　(4) 解除誤解歧視關係

267 (4) 諮商人員對求助者應遵守之倫理，不包括哪一項倫理？

(1) 保密

(2) 以當事人的福祉為最高指導原則

(3) 不可強加自己的價值觀與選擇於當事人

(4) 不避開細節或不相關的細節

268 (2) 諮商人員對求助者應遵守之倫理，不包括哪一項倫理？

(1) 諮商員有影響力的　　　　(2) 自己能力的無限制

(3) 不可濫用誤用自己的影響力　(4) 不可傷害求助者（當事人）

269 (1) 諮商人員對其服務機構之責任應遵守之倫理，不包括哪一項倫理？

(1) 公私不明　　　　　　　(2) 善用資源

(3) 遵守機構政策　　　　　(4) 機構效能

270 (1) **小王在量販店任職 3 年**，喜歡此職務，為了符合店要求表現出的工作的情緒，而嘗試修改之內心真實感受（認知）。小王此情緒勞動行為符合哪一項情緒勞動？

(1) 深層虛偽　　　　　　　(2) 表層虛偽

(3) 情緒失調　　　　　　　(4) 情緒壓抑

271 (2) **小麗在百貨化妝櫃上班 3 個月**，喜愛此職務，小麗為符合情緒表現的規定而隱藏內心感受，放棄真實情緒表達而仍對顧客微笑。小麗此情緒勞動行為符合哪一項情緒勞動？

(1) 深層虛偽　　　　　　　(2) 表層虛偽

(3) 情緒失調　　　　　　　(4) 情緒壓抑

272 (4) 勞工在工作過程因受個人其他因素影響而出現之不良情緒；但卻能自身妥善處理不良的情緒，此情緒勞動行為符合哪一項情緒勞動？

(1) 深層虛偽　　　　　　　(2) 表層虛偽

(3) 情緒失調　　　　　　　(4) 情緒壓抑

273 (3) Super 職業生涯（指職涯）劃分為 5 個主要階段，哪一個階段排居第 3 個階段？

(1) 衰退階段　　　　　　　(2) 成長階段

(3) 建立階段　　　　　　　(4) 維持階段

274 (2) 勞工職涯期間處於「面對職涯等挑戰、維持領域中地位和成就」，勞工正處於哪一項職涯階段？

(1) 衰退階段

(2) 維持階段

(3) 建立階段

(4) 成長階段

275 (3) Super 職業生涯（指職涯）劃分為 5 個階段，同時勞工相對應 4 個人生劇場，勞工在其職涯「維持階段」，此時離不開哪一人生劇場？

(1) 學校

(2) 家庭

(3) 工作場所

(4) 社會

276 (3) Bright 與 Pryor 2003 年提出生涯渾沌理論，哪一項錯誤描述（或說明)?

(1) 建構「開放心態」，不排斥所認知的一切（可能）

(2) 個人認知的生涯方案可以被接受，無須排斥

(3) 鼓勵做好「計畫」，而非做好「預備」

(4) 由「封閉系統」走入「**開放系統**」

277 (3) 班杜拉探討個人的三個因素及其交互作用對人類行為的影響，哪一項錯誤因素？

(1) 行為

(2) 認知

(3) 職業

(4) 環境因素

278 (1) 依班杜拉社會學習理論「認為自我調節是個人的內在強化過程，個人通過將自己對行為的預期與行為的現實成果加以對比和評價，調節自己行為的過程」，上述說明屬於哪一項過程？

(1) 自我調節

(2) 自我評價

(3) 自我效能

(4) 自我主義

279 (1) Krumboltz 運用「社會學習理論」，影響個人生涯發展的因素，主要有 4 大類，不包括哪一因素？

(1) 學歷

(2) 學習經驗

(3) 重要事件

(4) 遺傳與特殊能力

280 (3) 心理學家 David Tiedeman & Robert O'Hara 認為，以個體對自己及環境的正確瞭解，進而決定所選定之職涯。將生涯決定者的類型分為 4 大類，哪一型最適職業決定？

(1) 猶豫型

(2) 直覺型

(3) 邏輯型

(4) 依賴型

281 (4) 羅圭斯特 (Lofquist) 與戴維斯 (Dawis) 提出強調人境符合的適應論。理論將個人工作 (或職業) 適應，分為 4 個要素，其中包含「經濟、專業成長、成就感」屬於哪一因素？

(1) 個人能力　　　　　　　　(2) 職業要求

(3) 職業回饋　　　　　　　　(4) 個人需求

282 (2) 溝通的程序，選出正確流程？

(1) 傳送→訊息→目標→接收→解碼

(2) 目標→訊息→傳送→接收→解碼

(3) 訊息→目標→傳送→接收→解碼

(4) 訊息→解碼→接收→目標→傳送

283 (2) 溝通雙方「自我狀態」成交叉的，溝通過程對方沒有表現出適當的或應有的反應 (即回話、答覆)。當刺激和反應在 P-A-C 成交叉，形成交叉溝通，溝通陷於停頓。上述描述屬於哪一種溝通？

(1) 自衛式溝通　　　　　　　(2) 交錯式溝通

(3) 互補式溝通　　　　　　　(4) 隱藏式溝通

284 (2) 下列對話上述描述屬於哪一種溝通？
高同學：「明年我們要歐洲留學，今年暑假使用儲蓄德國 15 日遊？」
李同學：「留學，我想法變了：想去日本，我規劃去日本。」

(1) 自衛式溝通　　　　　　　(2) 交錯**式**溝通

(3) **互補式**溝通　　　　　　　(4) 隱藏**式**溝通

285 (3) 下列對話上述描述屬於哪一種溝通？
張太太：「暑假小明高中學測後，我帶他德國 15 日遊？」
張先生：「小明用功準備學測，學測後該給他放鬆一下，贊成你陪他一起去遊德國。」

(1) 自衛式溝通　　　　　　　(2) 交錯**式**溝通

(3) **互補式**溝通　　　　　　　(4) 隱藏**式**溝通

286 (1) 哪一個「?? 象限」，最不易引發際衝突？

(1) 開放象限　　　　　　　　(2) 未知象限

(3) 隱藏象限　　　　　　　　(4) 盲目象限

287 (1) 哪一個「?? 象限」最小的人，最少溝通或溝通最差？

    (1) 開放象限   (2) 未知象限

    (3) 隱藏象限   (4) 盲目象限

288 (3) 周哈理窗運用「自我揭露」方法，縮小哪「?? 象限」，二方「開放象限」會擴大？

    (1) 開放象限   (2) 未知象限

    (3) 隱藏象限   (4) 盲目象限

289 (2) 非語言溝通的主要功能有四；但不包括哪一項功能？

    (1) 加強語言訊息   (2) 簡化語言訊息

    (3) 補充語言訊息   (4) 調節語言溝通進行

290 (4) 非語言溝通的形式或符號有多種；但不包括哪一項功能？

    (1) 臉部表情   (2) 目光接觸

    (3) 肢體語言   (4) 時間距離

291 (1) 薩提爾溝通五大溝通模式：職場的溝通習性，依薩提爾溝通型態，最優的模式是哪一項？

    (1) 一致型 (Leveler)   (2) 討好型 (Placater)

    (3) 打岔型 (Distractor)   (4) 指責型 (Blamer)

292 (4) KK 公司 HR 部門，該部門員工發生業務失誤時，主管與員工溝通，傾向 A~E 哪一種行溝通？

    (1) 一致型 (Leveler)   (2) 討好型 (Placater)

    (3) 打岔型 (Distractor)   (4) 指責型 (Blamer)

293 (2) KK 公司 HR 部門，該部門新鮮人需要項資深員工請教時，該新鮮人與資深員工溝通，傾向 A~E 哪一種行溝通？

    (1) 一致型 (Leveler)   (2) 討好型 (Placater)

    (3) 打岔型 (Distractor)   (4) 指責型 (Blamer)

294 (4) 衝突的處理模式常見的模式有 5 種，最優的模式是哪一項？

    (1) 說服   (2) 退縮

    (3) 攻擊   (4) 問題解決方式的討論時間距離

295 (3) 衝突之際，其一當事人採取「接受對方的意見或觀點，而放棄自己的意見或觀點」方式因應，指當事人採取哪一項方法？

(1) 說服　　　　　　　　　　　(2) 退縮

(3) 投降　　　　　　　　　　　(4) 攻擊

296 (2) 依 Arnold 的情緒評價論，強調外在的環境刺激必須經過「評價的過程」方能產生「情緒」。經個人腦部「評價」而了解「刺激情境」符合個人符合哪一項，始能產生情緒？

(1) 不符個人**需要**　　　　　　(2) 符合個人**需要和意圖**

(3) 不符個人**意圖**　　　　　　(4) 以上均非

297 (2) 根據「倒 U」理論，在某一程度之下，個人「喚醒水平」(如情緒、壓力、期待等) 越高，其表現越好。但超過某程度之後，「喚醒水平」越高，其表現就會如何？

(1) 越好　　　　　　　　　　　(2) 越差

(3) 沒影響　　　　　　　　　　(4) 維持原狀

298 (2) 「一個人面對具有威脅性的刺激情境中，一時無法消除威脅，脫離困境時的一種被壓迫的感受」，此描述指下列哪一項？

(1) 厭惡情緒　　　　　　　　　(2) 壓力

(3) 喜悅情緒　　　　　　　　　(4) 畏懼體驗

299 (2) 壓力的主要來源有三大類，若個人壓力係來自「人格的特質、責任感、使命感、自我期許」相關，請問其來自哪一類型壓力？

(1) 生理類　　　　　　　　　　(2) 心理類

(3) 社會類　　　　　　　　　　(4) 政治類

300 (3) 壓力的主要來源有三大類，若個人壓力係來自「生活擔子應付、職場面對競爭、突發的社會事件」相關，請問其來自哪一類型壓力？

(1) 生理類　　　　　　　　　　(2) 心理類

(3) 社會類　　　　　　　　　　(4) 政治類

就業服務技術士 PASS V 學科複選試題

01 (1、2、4) 113 年 10 月 AI 公司財務部女性 F1 勞工預計產假後,打算緊接申請育嬰留職停薪 6 個月,HR 人員於 113 年 9 月初已預先招募已退休高齡財務 F2 勞工,告知僱用期間 6 個月,以替代 F1 勞工職務,並不得與 F2 簽訂哪 3 種「定期契約」?

    (1) 臨時性   (2) 季節性

    (3) 短期性   (4) 特定性

02 (1、2、3) 左營高鐵站得標營造廠,按興建高鐵站之工程進度 (1. 地基、2. 車站營建工程、3. 儀電工程、4. 裝潢、5. 會計及 HR 各類工作子計畫),開工前分別於各階段按不同工程、期限與僱用勞工,簽訂不同工 (時) 期「定期契約」;但不與各工期勞工簽訂哪 3 種「定期契約」?

    (1) 臨時性   (2) 季節性

    (3) 短期性   (4) 特定性

03 (2、3) 前約 (A 約) 定期契約屆滿後,經另訂後約 (B 約),且有 (一) 及 (二) 情形者,後約「視為不定期契約」;請問前述規定僅適用哪 2 種屬性工作:
(一) A+B 要件:前、後勞動契約之工作期間超過 90 日、
(二) A-B 要件:前、後契約間斷期間未超過 30 日者。

    (1) 季節性工作   (2) 臨時性工作

    (3) 短期性工作   (4) 特定性工作

04 (1、2、3) 「資遣」歸責雇主理由,非有下列哪 3 種情形之一者,雇主不得預告勞工終止勞動契約?

    (1) 歇業   (2) 業務緊縮

    (3) 不可抗力暫停工作在 3 個月以上時   (4) 勞工不堪勝任工作

05 (1、2、3) 雇主有下列哪 3 種情形之一者,勞工得不經預告終止契約:

    (1) 雇主於訂立勞動契約時為虛偽之意思表示,使勞工誤信而有受損害之虞者

    (2) 雇主對於勞工,有重大侮辱之行為者

    (3) 雇主有法定傳染病,對共同工作之勞工有傳染之虞,且重大危害其健康者

    (4) 雇主未全額給付工作報酬

06 (1、2、3) A 公司提出之「解僱計畫書」內容，應記載項目包括哪幾項？

(1) 解僱理由 　　　　　　　　　　　(2) 解僱日期

(3) 解僱人數 　　　　　　　　　　　(4) 解僱對象之工作年資

07 (1、2) 雇主使勞工 (1)「延長工作時間」工作後，依勞工意願選擇「補休」；但是有哪 2 種理由未補休時數，應發給「延長工作時間工資」？

(1) 補休期限屆期 　　　　　　　　　(2) 勞動契約終止

(3) 育嬰留職停薪 　　　　　　　　　(4) 職災住院治療

08 (2、3、4) 僱用 30 人以上雇主之受僱者於其家庭成員因哪 3 種理由須親自照顧時，得請「家庭照顧假」？

(1) 出國旅遊 　　　　　　　　　　　(2) 預防接種

(3) 發生嚴重之疾病 　　　　　　　　(4) 其他重大事故

09 (3、4) 僱用受僱者 100 人以上雇主，應提供下列哪 2 項設施 (或措施)？

(1) 停車場 　　　　　　　　　　　　(2) 員工休息室

(3) 哺 (集) 乳室 　　　　　　　　　(4) 托兒設施或適當之托兒措施

10 (2、3、4) 薪資性別歧視之禁止；但有哪 3 種理由得例外？

(1) 保險年資相同 　　　　　　　　　(2) 具備職位技術士證

(3) 獎懲不同 　　　　　　　　　　　(4) 工作績效

11 (1、3、4) 勞動契約不得規定女性勞工，有哪 3 種情況，應行**離職**？

(1) 結婚 　　　　　　　　　　　　　(2) 公司發生虧損

(3) 懷孕 　　　　　　　　　　　　　(4) 分娩

12 (1、2、3) 身心障礙者之推動職務再設計服務計畫適用對象包括哪 3 種對象？

(1) 身心障礙者 　　　　　　　　　　(2) 年滿 45 歲至 65 歲之中高齡者

(3) 逾 65 歲之高齡者 　　　　　　　(4) 企業僱用之建教生

13 (3、4) 未滿 18 歲之人受僱從事工作者，雇主應置備哪 2 種文件？

(1) 畢業證書 　　　　　　　　　　　(2) 駕照

(3) 法定代理人同意書 　　　　　　　(4) 年齡證明文件

14 (2、3、4) 權利事項爭議指勞資雙方當事人因哪 3 種原因而引起之權利、義務之爭議爭議？

(1) 理念   (2) 法令

(3) 團體協約   (4) 勞動契約

15 (2、3) 證券公司與其企業工會要求 20 個月年終獎金而引發爭議，本案得以哪 2 種處理方法加以處理？

(1) 訴訟   (2) 調解

(3) 仲裁   (4) 裁決

16 (3、4) 勞資雙方當事人應本哪 2 項原則，解決勞資爭議？

(1) 比率原則   (2) 不溯及既往原則

(3) 誠實信用   (4) 自治原則

17 (1、2、3) 勞資爭議在調解或仲裁期間，禁止資方哪 3 種不當行為？

(1) 歇業   (2) 停工

(3) 終止勞動契約   (4) 善待勞工

18 (1、2、3) 勞資爭議在調解或仲裁期間，禁止勞方哪 3 種不當行為？

(1) 罷工   (2) 怠工

(3) 其他影響工作秩序之行為   (4) 以上皆非

19 (3、4) 直轄市主管機關受理調解之申請，應依申請人之請求，以哪 2 種方式之一進行調解？

(1) 協調   (2) 自治協商

(3) 指派調解人   (4) 組成勞資爭議調解委員會

20 (3、4) 主管機關受理仲裁之申請，以哪 2 種方式之一進行進行仲裁？

(1) 協調   (2) 自治協商

(3) 選定獨任仲裁人   (4) 組成勞資爭議仲裁委員會

21 (1、2、4) 下列有哪 3 種條件情形之一者，不得擔任同一勞資爭議事件之仲裁委員：

(1) 曾為該爭議事件之調解委員

(2) 本人或其配偶、前配偶或與其訂有婚約之人為事件當事人，或與當事人有共同權利人、共同義務人或償還義務人之關係

(3) 為爭議事件當事人 9 親等內之血親

(4) 現為或曾為該爭議事件當事人之代理人或家長、家屬

22 (1、3、4) 工會非經會員符合哪 3 種程序，不得罷工？

(1) 直接

(2) 間接

(3) 無記名投票

(4) 經全體過半數同意

23 (2、3) 爭議行為應依哪 2 種原則為之？

(1) 比率原則

(2) 誠實信用

(3) 權利不得濫用原則

(4) 不咎既往原則

24 (2、3、4) 勞工有下列哪 3 種情形之一者，得自請退休：

(1) 年滿 60 歲、工作 15 年以上者

(2) 年滿 60 歲、工作 10 年以上者

(3) 年滿 55 歲、工作 15 年以上者

(4) 工作 25 年以上者（年齡不限）

25 (1、2) 勞工非有下列哪 2 種情形之一者，雇主不得強制其退休：

(1) **年滿 65 歲**者

(2) 身心障礙**不堪勝任工作**者

(3) 年滿 60 歲、工作 15 年以上者

(4) 工作 25 年以上者

26 (1、3、4) 個人退休金專戶制指適用**《勞動基準法》哪 3 種受僱勞工**適用《勞工退休金條例》**雇主**應為適用《勞工退休金條例》**（受僱）勞工，按月提繳**退休金：

(1) 本國籍**勞工**

(2) 外國籍勞工

(3) 與我國境內設有戶籍國民結婚，且獲准居留而在臺灣地區**工作**之**外國人、大陸地區人民**

(4) 外國人擁「永久居留（權）」，且在臺灣地區工作者

27 (2、3、4) 下列哪 3 種身分，得自願依本條例提繳 6% 退休金？

(1) 失業勞工

(2) 自營作業者

(3) 受委任工作者

(4) 實際從事勞動之雇主

28 (2、3)　勞工符合 (60 歲，工作年資滿 15 年) 得以哪 2 種方式請領退休金？

(1) 年退休金 　　　　　　　　**(2) 一次月**退休金

(3) 月退休金 　　　　　　　(4) 按季退休金

29 (2、3、4)　符合下列哪 3 個條件事業單位得辦理保險法規定之年金保險？

(1) 僱用 100 人以上 　　　　　(2) 僱用 200 人以上

(3) 勞工選擇「年金保險」 　　(4) 經工會同意

30 (1、2、3、4)　勞工依《勞工保險條例》投保，請問「普通事故保險」，其哪幾種給付種類？

(1) 生育 　　　　　　　　　　(2) 傷病

(3) 失能 　　　　　　　　　　(4) 老年給付

31 (2、3、4)　被保險人有下列情形之一者，「得」繼續參加勞工保險：

(1) **在職勞工，年逾 60 歲繼續工作者**

(2) 應徵召服兵役者

(3) 派遣出國考察、研習或提供服務者

(4) 因傷病請假致留職停薪，普通傷病未超過一年

32 (1、2、3)　請領「失能年金給付」者，同時有符合下列哪些條件之眷屬時，每一人加發失能年金之眷屬補助？

(1) 配偶應年滿 55 歲且婚姻關係存續一年以上

(2) 配偶應年滿 45 歲且婚姻關係存續一年以上，且每月工作收入未超過投保薪資分級表第一級

(3) 無謀生能力子女

(4) 18 歲以下，在學，每月工作收入未超過「投保薪資分級表」第一級

33 (2、3)　勞工保險被保險人申領老年年金給付，依下列哪 2 種方式擇優發給？

(1) 依「保險年資」每滿一年，按其「平均月投保薪資」乘以 0.5%，**並乘以「保險年資」**計算其年金，並加計 **3,000 元**

(2) 依「保險年資」每滿一年，按其「平均月投保薪資」乘以 0.775%，**並乘以「保險年資」**計算其年金，並加計 **3,000 元**

(3) 依「保險年資」每滿一年，按其「平均月投保薪資」乘以 1.55%，並乘以「保險年資」計算其年金

(4) 依「保險年資」每滿一年，按其「平均月投保薪資」乘以 1.775%，並乘以「保險年資」計算其年金

34 (1、2、4) 被保險人在勞工保險有效期間死亡時,遺有配偶、子女、父母、受扶養孫子女,符合第二項「遺屬年金給付」之五大條件之一者,得請領「遺屬年金給付」。

遺屬請領「遺屬年金給付」其條件有哪 3 條件?

(1) 配偶年滿 55 歲且婚姻關係存續 1 年以上

(2) 未成年子女

(3) 父母年滿 45 歲,且每月工作收入未超過**投保薪資分級表**第一級者

(4) 無謀生能力孫子女

35 (1、2、4) 若勞工保險被保險人死亡,其配偶得申領哪 3 種給付之二?

(1) 喪葬津貼   (2) 遺屬年金

(3) 失能年金   (4) 遺屬津貼

36 (2、3) 若勞工保險被保險人死亡,A 其配偶「喪葬津貼」得按照被保險人死亡按其「平均月投保薪資」一次發給幾個月、B 但其無遺屬者,按其「平均月投保薪資」一次發給幾個月?

(1) A:3 個月   (2) A:5 個月

(3) B:10 個月   (4) B:20 個月

37 (2、3、4) 勞工保險被保險人死亡,若其配偶得申領遺屬津貼,請選出正確之 A、B、C:

A:保險年資合計未滿 1 年者,按其「**平均月投保薪資**」發給幾個月?

B:保險年資合計已滿 1 年而未滿 2 年者,按其「**平均月投保薪資**」發給幾個月?

C:保險年資合計已滿 2 年者,按其「**平均月投保薪資**」發給幾個月?

(1)A:5 個月   (2)A:10 個月

(3)B:20 個月   (4)C:30 個月

38 (2、3、4) 就業保險之給付,有 5 種,包含下列哪幾種?

(1) 就業交通補助金   (2) 提早就業獎助津貼

(3) 職業訓練生活津貼   (4) 失業給付

39 (1、2、3) 失業給付之請領條件如下;但包含哪 3 項條件?

(1) 被保險人於非自願離職及「視為非自願性離職」

(2) 辦理退保當日前 3 年內,保險年資合計滿 1 年以上

(3) 向公立就業服務機構辦理求職登記

(4) 自求職登記之日起 7 日內無法推介就業

40 (1、2、3) 就業保險被保險人非自願離職退保後，於請領「失業給付」，有受扶養之眷屬者得申領「加給失業給付」。受扶養眷屬，指受被保險人扶養包下列包括哪 3 種眷屬？

(1) 無工作收入配偶 　　(2) 未成年子女

(3) 身心障礙子女 　　(4) 無謀生能力子女

41 (1、2、4) 就業保險被保險人非自願離職退保後，已領取下列哪幾種津貼或補貼者，不得同時請領失業給付？

(1) 臨時工作津貼 　　(2) 職業訓練生活津貼

(3) 勞工保險老年年金 　　(4) 其他促進就業相關津貼

42 (1、3) 《勞工職業災害保險及保護法》之保險費率，分為哪 2 種費率？

(1) 行業別災害費率 　　(2) 普通傷病保險費率

(3) 上、下班災害單一費率 　　(4) 失能保險費率

43 (1、3、4) 《勞工職業災害保險及保護法》之保險 5 大給付，其中包括下列哪 3 種費率？

(1) 醫療給付 　　(2) 老年年金

(3) 失能給付 　　(4) 死亡給付

44 (2、3、4) 職業災害保險之保險被保險人失能程度，評估符合下列情形之一者，得請領失能年金，請選出正確給付（「平均月投保薪資」=Winsa）

(1) 完全失能：「**Winsa**」70% 　　(2) 完全失能：「**Winsa**」100%

(3) 嚴重失能：「**Winsa**」50% 　　(4) 部分失能：「**Winsa**」20%

45 (1、3、4) 職業災害未認定前，勞工得先請「??? 假」；普通傷病假期滿，申請留職停薪者，雇主應予 (2)「???」。經認定結果為職業災害者，再以「??? 假」處理，上述各種假包括下列哪種？

(1) 普通傷病假 　　(2) 事假

(3) 留職停薪 　　(4) 公傷病假

46 (1、2、3、4) 雇主為使所僱用「中高齡者及高齡者」傳承技術經驗，促進「世代合作」，得採同一工作分工合作等方式為之，請選出目前推動世代合作之方式有哪些型式？

(1) 人才培育型 　　(2) 工作分享型

(3) 互為導師型 　　(4) 能力互補型

47 (1、2、4) 依據《在職中高齡者及高齡者穩定就業辦法》雇主繼續僱用屆齡退休者申請補助者，應符合下列哪 3 種資格條件？

(1) 繼續僱用符合 65 歲屆齡退休者，達其所僱用符合屆退總人數之 30%

(2) 繼續僱用期間達 6 個月以上

(3) 繼續僱用期間達 12 個月以上

(4) 繼續僱用期間之薪資不低於原有薪資

48 (3、4) 中高齡者及高齡者參加「職場學習及再適應」，津貼補助期間中高齡者及高齡者分別各最長幾個月？

(1) 高齡者 3 個月　　　　　　　　(2) 中高齡者 6 個月

(3) 中高齡者 3 個月　　　　　　　(4) 高齡者 6 個月

49 (1、3、4) 雇主對求職人或僱用員工，不得以種族等 17 項理由，加以歧視。試問下列哪幾項理由屬於種族類理由？

(1) 籍貫　　　　　　　　　　　　(2) 性別

(3) 出生地　　　　　　　　　　　(4) 階級

50 (1、2、4) 雇主招募銀髮咖啡店服務人員之招募條件：限女性、容貌親和、高齡者、PT 人員（部分工時），請問此招募出現哪 3 項就業歧視理由？

(1) 性別　　　　　　　　　　　　(2) 年齡

(3) 宗教　　　　　　　　　　　　(4) 容貌

51 (2、3) 雇主招募違規下列哪幾項情事，主管機關處以 30 萬元以上 150 萬以下罰鍰？

(1) 求職人意思，留置國民身分證　(2) 為不實之廣告

(3) 指派求職人從事違背善良風俗工作　(4) 扣留求職人財物

52 (1、4) 雇主招募違規下列哪幾項情事，主管機關處以 6 萬元以上 30 萬以下？

(1) 收取求職人保證金

(2) 指派求職人從事違背善良風俗工作

(3) 聘僱外國人提供不實資料

(4) 要求提供非屬就業所需隱私資料

53 (2、4) 《就業服務法》第五條所定隱私資料之各人生活資訊，包括下列哪幾項資訊？

(1) 基因檢測　　　　　　　　　　(2) 信用紀錄

(3) 測謊　　　　　　　　　　　　(4) 懷孕計畫

54 (1、2、4) 中央主管機關掌理，包括下列哪幾項？

    (1) 全國性法令訂定　　　　　　　(2) 雇主申請聘僱外國人許可

    (3) 就業歧視之認定　　　　　　　(4) 全國性就業市場資訊提供

55 (1、3、4) 雇主聘僱外國人工作應向主管機關申請許可;請選出下列正確哪些情形之一？

    (1) 各級政府學術研究機構聘請外國人擔任研究工作者

    (2) 外國人與在我國境內設有戶籍之國民結婚，且獲准居留者

    (3) 受聘僱於大學進行學術研究經教育部認可者

    (4) 來台留學僑生，利用寒暑假期間工作

56 (2、3、4) 第二類外國人（曾）在我國境內受聘僱從事工作，符合下列哪幾種（條件）情形之一，得受聘僱從事中階技術工作？

    (1) 現受聘僱從事工作，且連續工作期間達 3 年以上者。(3+5)

    (2) 現受聘僱從事工作，且連續工作期間達 6 年以上者。(6+5)

    (3) 曾受聘僱從事工作期間累計達 6 年以上出國後，再次入國工作者，（國內前後）工作期間達 11 年 6 個月以上者。(6+5.5)

    (4) 曾受聘僱從事工作，（國內之前）累計工作期間達 11 年 6 個月以上，並已出國者。(11.5+0)

57 (3、4) 雇主曾以下列哪 2 種方式之一招募本國勞工，於無法滿足其需要時，得自招募期滿次日起 60 日內，申請「求才證明書」？

    (1) 向工作場所所在地之公立就服機構辦理**求才登記**次日起至少 3 日

    (2) 自行於本法就業資訊網登載**求才廣告**之次日起至少 5 日

    (3) 向工作場所所在地之公立就服機構辦理**求才登記**次日起至少 7 日

    (4) 自行於本法就業資訊網登載**求才廣告**之次日起至少 7 日

58 (1、2、4) 雇主申請聘僱第二類外國人者，應於外國人入國後 3 日內，檢附哪幾種文件通知當地主管機關實施檢查？

    (1) 外國人入國通報單

    (2) 外國人生活照顧服務計畫書

    (3) 招募許可

    (4) 外國人入國工作費用及工資切結書

59 (2、3、4) 「移工一站式服務中心」，外籍家庭看護工在中心受完訓練，雇主當日即可取得下列哪些文件？

    (1) 招募許可　　　　　　　　　　(2) 聘僱許可

    (3) 居留許可　　　　　　　　　　(4) 入國通報

60 (1、2、3、4) 第二類外國人有下列哪幾項情事之一者，經核准，得轉換雇主及工作？

    (1) 被看護者死亡   (2) 船舶無法繼續作業者

    (3) 雇主歇業   (4) 其他不可歸責於受聘僱外國人事由者

61 (1、2、4) 就業安定費計算按聘僱外國人從事行業，計算當季應繳就業安定費，請選出哪 3 個指標？

    (1) 就業安定費之數額   (2) 行業別

    (3) 外國人國籍別   (4) 聘僱人數

62 (1、2、4) 雇主落實《就業服務法》第四十六條外籍製造工之生活照顧，均應遵守「外國人生活照顧服務計畫書」應包括下列哪幾項？

    (1) 飲食及住宿之安全衛生   (2) 文康設施及宗教活動資訊

    (3) 外籍製造工國外家庭照顧事宜   (4) 生活照顧服務人員

63 (1、3、4) 雇主所聘僱外國人行蹤不明經通報後被查獲，經入出國管理機關依法遣送出國者，遣送所需之旅費，應由下列哪幾項負擔？

    (1) 非法聘僱外國人從事工作者   (2) 政府負擔

    (3) 遣送事由可歸責之雇主   (4) 被遣送之外國人

64 (2、3、4) 私立就業服務機構設立，從事下列哪幾項仲介業務，應向中央主管機關申請許可？

    (1) 仲介本國人在國內工作   (2) 仲介本國人至國外工作

    (3) 外國人至我國境內工作   (4) 仲介香港地區居民至臺灣工作

65 (1、3、4) 辦理仲介外國人至我國境內工作之營利私立就業服務機構申請設立許可，下列哪些應屬相關事項？

    (1) 最低實收資本總額為 500 萬元

    (2) 應向直轄市主管機關申請**設立許可**

    (3) 應以公司型態組織之

    (4) 應繳交由銀行出具金額 **300 萬元**保證金之保證書

66 (2、3、4) 就業服務專業人員職責如下，哪一項屬於其職責？

    (一) 辦理**職業訓練**

    (二) 協助釐定生涯發展計畫之**就業諮詢**

    (三) **查對**所屬私立就業服**機構**辦理就業服務之**申請文件**

    (四) 簽證**雇主**相關**申請書**

67 (2、4)　私立就業服務機構應置符合規定資格及數額之就業服務專業人員之數額如下，哪幾項設置標準正確？

(1) **從業人員**人數在 3 人以下者，應置至少 1 人

(2) 從業人員人數在 6 人以上 10 人以下者，應置至少 2 人

(3) 從業人員人數逾 10 人者，應置**至少 3 人**，並自第 11 人起，每逾 10 人應另增置 2 人

(4) 從業人員人數逾 10 人者，應置**至少 3 人**，並自第 11 人起，每逾 10 人應另增置 1 人

68 (1、2、4)　私立就業服務機構應將哪 3 項證件，揭示於營業場所內之明顯位置？

(1) 許可證

(2) 就業服務專業人員證書

(3) 資本額證明

(4) 收費項目及金額明細表

69 (1、4)　私立就業服務機構及其從業人員，不得有下列情事違規情事，違反者主管機關將處以 30 萬元以上 150 萬元以下罰鍰？

(1) 為不實之廣告

(2) 扣留求職人財物或收取推介就業保證金

(3) 要求、期約或收受規定標準以外費用，或其他不正利益

(4) 接受委任辦理聘僱外國人之申請許可、招募，提供不實資料

70 (3、4)　私立就業服務機構及其從業人員，不得有下列情事違規情事，違反者主管機關將處以 6 萬元以上 30 萬元以下罰鍰？

(1) 仲介求職人從事違背公共秩序或善良風俗之工作

(2) 辦理就業服務業務有恐嚇、詐欺、侵占或背信情事

(3) 未依規定辦理變更登記、停業申報或換發、補發證照

(4) 未依規定揭示私立就業服務機構許可證、收費項目及金額明細表、就業服務專業人員證書

71 (1、3、4)　就業市場二元理論，針對次要勞動力市場具有哪幾項特色？

(1) 工作不穩定　　　　　　　　(2) 培訓機會多

(3) 工作條件差　　　　　　　　(4) 收入低

72 (2、3、4)　民間人口在資料標準週內，15 歲以上我國人口，哪幾項是錯誤？

(1) 勞動力 + 非勞動力

(2) 就業人口 + 非勞動力

(3) 失業人口 + 勞動力

(4) 就業人口 + 失業人口

73 (1、3、4)　112 年 10 月就業市場各項指標描述，請選出哪幾項是正確？

(1) 15-24 歲年齡層勞動力人數最少

(2) 女性勞參率超過男性者

(3) 女性民間人口超過男性者

(4)「大專以上」教育程度勞動力人數最多

74 (1、2、4)　112 年 10 月就業市場「勞動力參與率」指標描述，請選出哪幾項屬於正確描述？

(1)「勞動力參與率」為測度「經濟景氣」的重要人力指標之一

(2)「勞動力」占「民間人口」比率

(3) 女性參動參與率超過男性

(4) 25-44 歲年齡層最高

75 (1、3、4)　就業市場「職缺訊息無法適時傳送給具有工作技能勞動者，致其無法獲得工作」描述，請選出哪幾項不屬於正確失業類型？

(1) 結構性失業

(2) 摩擦性失業

(3) 季節性失業

(4) 循環性失業

76 (2、3、4)　就業市場「1. 勞工缺乏新技術 2. 技術新要求 3. 產品喪失市場等理由，致勞工無法獲得工作」描述，請選出哪幾項不屬於正確失業類型？

(1) 結構性失業

(2) 摩擦性失業

(3) 季節性失業

(4) 循環性失業

77 (1、2)　根據世界衛生組織 (簡稱為 WHO) 的定義：一個國家內 65 歲以上的人口，佔總人口比例，塑造各類型社會，下列哪幾個指標屬正確描述？

(1) 65 歲以上的人口，佔總人口比例 7% 以上，稱為高齡化社會

(2) 65 歲以上的人口，佔總人口比例達 20%，稱為超高齡社會

(3) 65 歲以上的人口，佔總人口比例達 14%，稱為高齡化社會

(4) 65 歲以上的人口，佔總人口比例達 30%，稱為超高齡社會

78 (1、3、4)　招募及面談使用諸多方法，下列哪幾項屬於求職者招募及面試使用之方法？

(1) 公文籃技術　　　　　　　　　(2) 工作分析

(3) 工作抽樣技術　　　　　　　　(4) 資歷查核

79 (1、2、3)　我國職業標準分類將職業類別分為 10 類，請問「金屬製造設備操人員、藥品及化粧品機械操作人員、塑膠製品機械操作人員、發電設備操作員」，不歸類哪 3 類職業？

(1) 第九大類：非技術工及體力工員

(2) 第五大類：服務工作人員及售貨員

(3) 第三大類：技術員及助理專業人員

(4) 第八大類：機械設備操作工及組裝工

80 (1、3、4)　心理測驗重要觀察指標有三：「測量在相同條件下，重複測驗產生相似結果的 (高低) 程度。」，此描述非指哪 3 個指標？

(1) 常模　　　　　　　　　　　　(2) 信度

(3) 測驗說明　　　　　　　　　　(4) 效度

81 (1、3、4)　賈君經「我喜歡做的事」量表測驗，顯示其具有與職業特性：「喜歡用個人說服的方法及銷售的技術，讓別人聽從自計的意見。」，請問賈君職業興趣不喜歡哪 3 種職業興趣？

(1) 機械　　　　　　　　　　　　(2) 銷售

(3) 藝術　　　　　　　　　　　　(4) 企業事務

82 (3、4)　ROE 心理動力及需求論內容有 4 項，哪 2 項內容是正確的？

(1) 如果兒童早期經驗中，較高層次的心理需求 (尊重、自我實現) 從未獲得滿足，則該需求很不可能消失無蹤

(2) 如果兒童早期經驗中，較低層次的心理需求 (生存、安全及愛與歸屬) 從未獲得滿足，則該需求很不可能成為職業選擇的最大主宰力量

(3) 如果兒童早期經驗中，較高層次的心理需求 (尊重、自我實現) 從未獲得滿足，則該需求很可能消失無蹤

(4) 如果兒童早期經驗中，較低層次的心理需求 (生存、安全及愛與歸屬) 從未獲得滿足，則該需求很可能成為職業選擇的最大主宰力量

83　(1、3)　一致性 (consistency) 指 **6 個類型職業中，逐次取其二個類型比較二者之間人格特質相似或不相似。請選出哪 2 組**類型的一致性較高者？

(1) 實用型＋研究型　　　　　(2) 社會型＋實用型

(3) 企業行＋社會型　　　　　(4) 藝術型＋事務型

84　(2、3)　諮商階段分為 4 個階段，諮商過程，諮商師使用「面質、自我揭露、立即性」、「專注＋傾聽、專注＋接納」，請問諮商過程會在哪 2 個階段使用？

(1) 結束階段　　　　　　　　(2) 探索階段

(3) 洞察階段　　　　　　　　(4) 行為改變階段

85　(2、3、4)　探索階段使用諮商技巧 - 專注、接納原則，包括哪 3 個正確原則？

(1) 忽略自己的肢體語言　　　(2) 讓對方自由、自在的表現自己

(3) 避免選擇性傾聽　　　　　(4) 控制自己的情感

86　(1、2、4)　紀君女性、單親、帶著 5 歲小孩共同生活，平日二人相依為命，紀君很難有正職工作，因小孩不能放手。來到就業服務中心求職登記，說出工作與照顧小孩之苦處。下列二人對話，就業服務人員未使用哪 3 個技巧？

紀君：「5 歲小孩仍須我照顧，離不開手，找工作十分為難。」

就業服務人員：「目前你兼顧工作與照顧，於你而言，十分為難你。」

(1) 自我揭露　　　　　　　　(2) 支持

(3) 同理心　　　　　　　　　(4) 澄清

87　(2、3、4)　王君 45 男性、經營 2 年小餐館負責人，裕隆新城開幕，小美食街進駐，消費者絡繹不絕。小餐館生意大受衝擊，業績掉了近50%，令王均說不出的苦。小餐廳掙扎半年仍不起色，王君來到中和就業服務中心求職登記。下列二人對話，就業服務人員未使用哪 3 個技巧？

紀君：「辛苦創業，小餐館經營 2 年，餐館沒有位置或口味優勢，盈餘有限，免強度日子。可能不適合創業，想找工作踏實幹。」

就業服務人員：「小餐館外部環境丕變，業績打幅下降，目前放棄創業而想找工作，生涯更踏實，你了解路不轉山轉。」

(1) 重新框架　　　　　　　　(2) 解釋

(3) 同理心　　　　　　　　　(4) 尊重

88 (1、3、4)　諮商師對於求助者諮商過程及諮商後，應有專業倫理，至少要做到哪 3 項？

　　　　　(1) 保密原則

　　　　　(2) 以諮商師或機構的利益為最高指導原則

　　　　　(3) 不可強加自己的價值觀與選擇於當事人

　　　　　(4) 避免問及不相關的細節

89 (1、3、4)　勞工於工作期間，表現出良好勞動情緒，對服務對象使其感覺顧客滿意，職場上勞工表現出「在工作過程因受個人其他因素影響而出現之不良情緒；但卻能自身妥善處理不良的情緒。」，其表現不屬哪 3 項情緒表現？

　　　　　(1) 表層偽裝　　　　　　　　　(2) **情緒壓抑**

　　　　　(3) 深層偽裝　　　　　　　　　(4) 情緒失調（控）

90 (2、3)　班杜拉 (Albert Bandura)「社會學習理論」2 個的基本觀點（理論指標），請問正確是哪 2 個觀點（指標）？

　　　　　(1) 學習經驗　　　　　　　　　(2) 自我效能

　　　　　(3) 自我調節　　　　　　　　　(4) 特殊能力

91 (1、3、4)　Krumboltz 運用「社會學習理論」在生涯輔導的領域裡，討論影響個人做出決定的 4 項因素；但不包括哪一項？

　　　　　(1) 學習經驗　　　　　　　　　(2) 社經地位

　　　　　(3) 遺傳與特殊能力　　　　　　(4) 環境及重要事件

92 (1、2、4)　心理學家 David Tiedeman & Robert O'Hara 認為，以個體對「自己」及「環境」的瞭解，將決定所職涯，分為下列 4 個類型，請選出哪 3 個不當的決定類型？

　　　　　(1) 猶豫型　　　　　　　　　　(2) 直覺型

　　　　　(3) 邏輯型　　　　　　　　　　(4) 依賴型

93 (1、2、4)　人際溝通的型態分為下列 4 類型，請選出哪 3 個不適當溝通類型？

　　　　　(1) 交錯型溝通　　　　　　　　(2) 自衛型溝通

　　　　　(3) 互補型溝通　　　　　　　　(4) 隱藏型溝通

94 (2、3、4)　周哈理之窗 (JOHARI WINDOW) 理論自我認知與溝通，分為 4 個象限，請選出哪 3 個衝突的象限？

　　　　　(1) 開放象限　　　　　　　　　(2) 盲目象限

　　　　　(3) 隱藏象限　　　　　　　　　(4) 未知象限

95 (1、3、4)　周哈理之窗 (JOHARI WINDOW) 理論自我認知與溝通，分為 4 個象限，請選出哪 3 個非溝通最優的象限？

(1) 未知象限　　　　　　　(2) 開放象限

(3) 盲目象限　　　　　　　(4) 隱藏象限

96 (3、4)　周哈理窗運用溝通方法，其中哪 2 個方法都會增加（開拓）開放象限？

(1) 是故故順　　　　　　　(2) 人際效能

(3) 自我揭露　　　　　　　(4) 他人回饋

97 (1、2、3)　非語言溝通的有 4 項主要功能；但不包括哪一個功能？

(1) 加強語言訊息　　　　　(2) 補充語言訊息

(3) 取代語言訊息　　　　　(4) 中斷調節語言溝通

98 (1、2、3)　4 種「空間距離」均屬於非語言溝通之一，它表示雙方親密關係；但不包括哪一個距離？

(1) 公開距離　　　　　　　(2) 個人距離

(3) 社交距離　　　　　　　(4) 家庭距離

99 (1、2、4)　薩提爾五大溝通模式分別表示職場的溝通習性，依薩提爾溝通型態，請選出哪 3 個非適當的溝通型？

(1) 指責型 (Blamer)　　　　(2) 討好型 (Placater)

(3) 一致型 (Leveler)　　　　(4) 打岔型 (Distractor)

100 (1、3、4)　衝突的處理模式常見的模式有 5 種，請選出哪 3 個非適當的溝通型？

(1) 攻擊　　　　　　　　　(2) 問題解決方式的討論

(3) 投降　　　　　　　　　(4) 退縮

就業服務技術士 PASS V 術科模擬試題

第一章 勞動契約類型、契約特別約定

一、最低服務年限條款 (勞動基準法 §15 之 1)

(一) 勇勇自大學藥劑系畢業，隨即考上藥劑師證照，應徵藥商連鎖店之藥劑師，順利錄取。

該藥商連鎖店，為穩住勇勇持續工作 2 年以上，請問該連鎖店與勇勇簽訂何種約定？

(二) 勇勇在該藥商連鎖藥店服務期間，該連鎖店應給付勇勇哪一種津貼？

(三) 勇勇與該要連鎖藥店簽訂最低服務年 4 年；但是做滿 2 年，勇勇因結婚主動離開。請問勇勇將面臨何種之賠償？

《參考解》

(一) 依題意，連鎖店與勇勇簽訂「最低服務年限條款」。

(二) 依題意，連鎖店應發給勇勇「專業津貼」。

(三) 依題意，勇勇將面臨該連鎖店「最低服務年限條款」違約金之賠償。

二、定期勞動契約種類 (勞基法施行細則∫ 6)

(一) 113 年 1 月 AI 公司財務部女性 F1 勞工預計產假後，打算緊接申請育嬰留職停薪 6 個月，HR 人員於 112 年 12 月初已預先招募已退休高齡財務 F2 勞工，告知僱用期間 6 個月，以替代 F1 勞工職務，並與 F2 簽訂「?? 性定期契約」？

(二) **左營高鐵站**得標營造廠，按興建高鐵站之工程進度 (1. 地基、2. 車站營建工程、3. 儀電工程、4. 裝潢、5. 會計及 HR 各類工作子計畫)，開工前分別於各階段按不同工程、期限與僱用勞工，簽訂不同工 (時) 期「?? 性定期契約」？

(三) 113 年若 ÖÖ 國某半導體業廠房失火，部分產線停工整修，台灣半導體業者突然接獲國際轉單而須加速生產，業者 HR 部門緊急招募臨時勞工 160 名，告知僱用期間 6 個月，並與之簽訂「?? 性定期契約」？

《參考解》

(一) 依題意，與 F2 簽訂「短期性定期契約」。

(二) 依題意，營造廠應針對不同工 (時) 期勞工簽訂「特定性定期契約」。

(三) 依題意，業者應與之簽訂「臨時性定期契約」。

三、調定動勞工工作五原則 (勞動基準法 §10 之 1)

(一) 美美大學所學企業管理系，畢業覓職期間考上證，應徵半導體 A 公司「HR 部門」人資人員，錄取後以人資人員職務簽訂勞動契約。期間美美工作認真，加上反應敏捷，工作 2 年後，A 公司有意將她調升分公司「業務部門」經理職位。請問 A 公司得調動美美之職務 (或職位)？

（二）若 A 公司將她調升「HR 部門」經理職位，則是否符合將她調升「業務部門」經理職位？

（三）因為 A 公司之分公司與美美住家距離 100 公里，新職讓美美無法就近照顧年邁母親時。請問美美以何種最適當理由加以婉拒？

《參考解》

（一）依題意，A 公司不得調動美美之職務（或職位），因違反 A 公司與美美所簽之勞動契約。

（二）依題意，A 公司若將美美調升分公司「HR 部門」經理職位，符合調動後工作為美美 **(1) 體能及 (2) 技術**可勝任。

（三）依題意，美美以考量「勞工及其家庭之**生活利益**」理由加以婉拒。

四、要派公司禁止行為（勞動基準法 §17 之 1）

（一）堅堅是 A 派遣公司之派遣勞工，想透過派遣多多體驗不同工作，曾經應徵 B 飲料連鎖店店員。

今再度進入 B 飲料連鎖連鎖店，請問若堅堅有意跳槽至 B 飲料連鎖店，得在幾日內向其表示簽訂勞動契約意思？

（二）A 派遣公司針對堅堅之行為，不得實施哪 3 種不利處分？

（三）堅堅之行為對 A 派遣公司，不負哪 2 種責任？

《參考解》

（一）依題意，堅堅得在進入 B 飲料連鎖店次日起 90 日內向其表示簽訂勞動契約意思。

（二）依題意，A 派遣公司不得針對堅堅予以 **(1) 解僱、(2) 降調、(3) 減薪**不利之處分。

（三）依題意，堅堅之行為對 A 派遣公司，不負 (1) 違反**最低服務年限**約定或 (2) 返還**訓練費**用之責任。

第二章 勞動契約終止、預告與資遣費

一、終止契約樣態（勞動契約法 §11、12、14）

（一）A 公司符合哪幾項原因，得與其僱用勞工終止契約？

非有下列情形之一者，**雇主不得**預告勞工終止勞動契約：

A **歇業**或**轉讓**時

B 勞工違反**勞動契約**或**工作規則**，情節重大者

C 不可抗力暫停工作在一個月以上時

D 業務性質變更，有減少勞工之必要，又無適當工作可供安置時

（二）A 公司符合哪幾項原因，得不經預告與其僱用勞工終止契約？

勞工有下列情形之一者，雇主得**不經預告**終止契約：

A 訂立勞動契約時為虛偽意思表示，使雇主誤信而有受損害之虞者

B 無正當理由繼續曠工 3 日

C 故意洩漏雇主技術上、營業上之秘密，致雇主受有損害者

D 不可抗力暫停工作在一個月以上時

《參考解》

（一）依題意，A 公司有 A、C、D，**雇主不得**預告勞工終止勞動契約。

（二）依題意，A 公司有 A、B、C，雇主得**不經預告**終止契約。

二、終止契約之資遣費（勞動基準法 §17、勞工退休金條例 §12）

（一）A 公司勞工退休制度適用《勞工退休金條例》，請問 A 公司資遣勞工時，按照其工作年資，最高限制發給幾個月之「平均工資」？

（二）續（一），A 公司按勞工之工作年資，應發給資遣費。請問 A 公司僅能採計勞工幾年之工作年資？

《參考解》

（一）依題意，A 公司資遣勞工時，按其工作年資，最高限制發給 6 個月之「平均工資」。

（二）依題意，A 公司發給資遣費，採計勞工 12 年之工作年資。

三、終止契約不得請求發給資遣費（勞動基準法 §17、勞工退休金條例 §12）

（一）A 公司終止與勞工（不定期）勞動契約時，應發給資遣費；請問 A 公司按哪 2 條規定終止契約，A 公司不發給勞工資遣費？

（二）A 公司僱用勞工，依照勞工從事工作屬性，分別簽訂「不定期勞動契約」、「定期性勞動契約」，請問 A 公司與簽訂哪種勞動契約時，不發給資遣費？

《參考解》

（一）依題意，A 公司依《勞動基準法》第 12 條、第 15 條，終止勞工契約，不發給勞工資遣費。

（二）依題意，A 公司與簽訂「定期性勞動契約」終止契約時，不發給資遣費。

第三章 大量解僱程序與保護措施

一、大量解僱勞工定義（大量解僱勞工保護法 §2）

（一）A 公司事業單位「大量解僱」有哪 2 項指標？

（二）A1 公司員工 400 人，60 日內解僱勞工人數幾人，謂之「大量解僱」？

（三）A1 公司員工 350 人，60 日內某單日解僱勞工人數幾人，謂之「大量解僱」？

《參考解》

（一）依題意，A 公司事業單位「**大量解僱**」有 **2 項**指標：

    (1) 60 日內解僱勞工人數或比率

    (2) 60 日內某單日解僱勞工人數

（二）依題意，A 公司 60 日內解僱勞工人 400 人 ×1/4=100 人，謂之「大量解僱」。

（三）依題意，A 公司 **60 日內某單日解僱勞工** 50 人以上，謂之「大量解僱」。

二、大量解僱勞工違規罰鍰 (大量解僱勞工保護法 §18)

(一) A 公司實施大量解僱，拒絕指派協商代表，主管機關將處以多少元罰鍰？

(二) A 公司大量解僱，協商期間任意將經預告解僱勞工調職或解僱，主管機關將處以多少元罰鍰？

《參考解》

(一) 依題意，A 公司拒絕指派協商代表，主管機關將處以處 10 萬元以上 50 萬元以下罰鍰。

(二) 依題意，A 公司協商期間任意將經預告解僱勞工調職或解僱，主管機關將處以處 10 萬元以上 50 萬元以下罰鍰。

第 四章 工資、工資給付、職災補償

一、工資分類 (勞動基準法 §2)

(一) 請選出「原領工資」、「經常性薪資」意義。

(二) 請選出「平均工資」、「預告工資」意義。

A 用於發給勞工**資遣費**、**退休金**、**職災補償**等計算標準 (金額)。

B 雇主**資遣**勞工應依預告期間加以預告；但雇主未預告或未遵守預告期間日數，應發給之工資。

C 每月給付受僱員工之工作報酬，包括 1「本薪」、2 房租津貼、3 交通費、4 膳食費、5 水電費、6 生產、7 績效、8 業績獎金及 9「全勤獎金」等 9 項。

D 勞工發生職業**災害後**，請**公傷病假治療**期間，用於勞工**工資補償**。

《參考解》

(一) 依題意，D「原領工資」、C「經常性薪資」。

(二) 依題意，A「平均工資」、B「預告工資」。

二、給付方式原則 (勞動基準法 §22、22 之 1)

(一) A 公司工資給付勞工，應遵守哪 2 項**原則**？

(二) 派遣勞工如果遭派遣公司積欠工資，得向**要派單位**請求給付，**要派單位**得向**派遣事業**單位哪 2 種請求？

《參考解》

(一) 依題意，工資應 (1) **全額**、(2) **直接 (原則)** 給付勞工。

(二) 依題意，**派遣勞工**如果遭派遣公司積欠工資，得向**要派單位**請求先給付，**要派單位**得向**派遣事業**單位 (1) **求償**或 (2) **扣抵**要派契約應付費用。

三、給付方式原則 (勞動基準法 §22、22 之 1)

(一) A 公司工資給付勞工，應遵守哪 2 項**原則**？

(二) **派遣勞工**如果遭派遣公司積欠工資，得向**要派單位**請求給付，**要派單位**得向**派遣事業**單位哪 2 種請求？

《參考解》

（一）依題意，工資應 (1) **全額**、(2) **直接（原則）**給付勞工。

（二）依題意，**派遣勞工**如果遭派遣公司積欠工資，得向**要派單位**請求先給付，**要派單位**得向**派遣事業**單位 **(1) 求償**或 **(2) 扣抵**要派契約應付費用。

第五章 工時、假期及運用

一、延長勞工工時間、限制及程序（勞動基準法 §32、36、勞基法施行細則∫ 20-1)

（一）A 公司延長勞工工作之時間（定義），包括哪 **2 種**類型？

（二）A 公司有使勞工在「正常工作時間」以外工作，須經哪 **2 條**件，得將工作時間延長？

《參考解》

（一）依題意，A 公司延長勞工工作之時間（定義），包括以下 2 種類型？

（一）**每日**工作時間**超過 8 小時**或**每週**工作總時數**超過 40 小時**部分。

（二）勞工於「休息日」（稱週六）工作之時間。

（二）依題意，A 公司有使勞工在「正常工作時間」以外工作，須經下列 2 條件，得將工作時間延長：

(1) 經「**工會**」同意、

(2) 如事業單位無工會者，經「**勞資會議**」同意後。

二、延長勞工工時間、限制及程序（勞動基準法 §32、36)

（一）A 公司勞工補休期限得補休；但如有哪 **2 種**情況，應依法計算發給工資？

（二）A 公司勞工之特別休假，因哪 **2 種**情況，應依法計算發給工資？

《參考解》

（一）依題意，A 公司勞工補休期限得補休；但有 (1) **補休期限屆期** (2)**（勞動）契約終止**未補休時數，應依法計算發給工資。

（二）依題意，A 公司勞工之特別休假，因 (1) **年度終結** (2)**（勞動）契約終止**而未休之日數，雇主應發給工資。

超出補休、特別休假應休期限之理由應計發工資表

分類 ＼ 發給工資理由	期限理由	契約理由
延長工時補休	補休期限屆滿	（勞動）契約終止未補休
特別休假	年度終結	（勞動）契約終止而未休

表格製作：自創表

三、緊急情況停止假期之加倍工資 (勞動基準法 §40)

（一）因**天災**，A 公司認有繼續工作之必要時，得停止勞工哪 4 種假期？

（二）（續一），停止勞工假期，A 公司應於事後幾小時內，報請當地主管機關**核備**？

《參考解》

（一）依題意，A 公司得停止勞工 (1) 例假、(2) 休息日、(3) 休假及 (4) 特別休假之假期。

（二）依題意，A 公司應於事後 24 小時內，報請當地主管機關**核備**。

第六章 性別平權之措施及保護

一、產假、全勤獎金 (性別平等工作法 §14)

（一）女性受僱者《性別工作平等法》，妊娠未滿 3 個月流產，得請幾日產假？

（二）續（一），妊娠 2 個月以上未滿 3 個月流產者，女性受雇者不請產假 7 日；而是改請普通病假，不扣「?? 獎金」？

《參考解》

（一）依題意，女性受僱者得請產假 7 日。

（二）依題意，若女性勞工改請普通病假，不扣「全勤獎金」。

二、防治性騷擾之發生 (性別平等工作法 §13)

（一）雇主應採取適當之措施，防治性騷擾之發生，僱用受僱者 10 人以上未達 30 人者，應訂定哪一項措施，並在工作場所公開揭示？

（二）僱用受僱者 30 人以上者，應訂定哪一項措施，並在工作場所公開揭示？

《參考解》

（一）依題意，應訂定「申訴管道」，並在工作場所公開揭示。

（二）依題意，應訂定「性騷擾防治措施、申訴及懲戒規範」，並在工作場所公開揭示。

三、性騷擾調查 (性別平等工作法 §27)

（一）雇主性騷擾被申訴人具權勢地位，且情節重大，申訴案件經地方主管機關調查後，認定為性騷擾，且情節重大者，雇主得於知悉該調查結果之日起幾日內，不經預告終止勞動契約？

（二）行為人因權勢性騷擾，應負損害賠償責任者，法院得因被害人之請求，依侵害情節，酌定損害額幾倍懲罰性賠償金？

《參考解》

（一）依題意，雇主得於知悉該調查結果之日起 30 日內，不經預告終止勞動契約。

（二）依題意，法院得因被害人之請求，依侵害情節，酌定損害額 1 倍至 3 倍之懲罰性賠償金。

四、性騷擾調查違規罰鍰 (性別平等工作法 §38-2、38-3)

（一）公營事業主管被申訴人，無正當理由而拒絕調查或提供資料者，處幾萬元以上幾萬元以下罰鍰，並得按次處罰？

（二）裁處權時效，自受理申訴機關收受申訴人依規定提起申訴之日起算，因幾年期間之經過而消滅；自該行為終了時起，逾幾年者，亦同？

《參考解》

（一）依題意，處 1 萬元以上 5 萬元以下罰鍰，並得按次處罰。

（二）依題意，因 3 年期間之經過而消滅；自該行為終了時起，逾 10 年者，亦同。

第七章 身心障礙者之就業保障

一、申請身心障礙者「職務再設計服務」（「推動職務再設計服務計畫」七）

（一）身心障礙者哪 5 種情形之一者，得向所在地地方政府申請身心障礙者「職務再設計服務」？

（二）「推動職務再設計服務計畫」適用對象包括哪 3 種？

《參考解》

（一）依題意，有下列情形之一者，得向所在地地方政府申請身心障礙者「職務再設計服務」：

(1) 身心障礙者因生理或心理功能之限制，無法達到預期工作績效。

(2) 身心障礙者初進職場，有職務再設計之需要。

(3) 身心障礙者工作上需要輔具。

(4) 身心障礙者工作地點變更或職場遷移。

(5) 身心障礙者因職務調整或工作流程變更，致工作有困難。

（二）依題意，適用對象如下：

1. 身心障礙者、2. 年滿 45 歲至 65 歲之中高齡者、3. 逾 65 歲之高齡者。

二、支持性、庇護性就業服務、同工同酬 (身心障礙者權益保障法 §34、40)

（一）各級勞工主管機關對於具有 (1) 就業意願及 (2) 就業能力，而**不足以獨立在「競爭性就業市場」**工作之身心障礙者，提供個別化「**庇護性**就業服務」或「**支持性**就業服務」？

（二）進用身心障礙者之機關進用身心障礙者，應本同工同酬原則，核發「**正常工作時間**」薪資，不得低於「?? **工資**」？

《參考解》

（一）依題意，提供「**支持性**就業服務」。

（二）依題意，不得低於「**基本工資**」。

三、僱用比就業保障 (身心障礙者權益保障法 §38、38-1)

（一）各級政府機關員工總人數在幾**人以上者**，進用具有就業能力之身心障礙者人數，不得低於員工**總人數幾** %?

(二)民營事業機構員工總人數在幾**人以上者**,進用具有就業能力身心障礙者人數,不得低於員工**總人數幾 %**?

《參考解》

(一)依題意,員工總人數在 **34 人以上者**,進用人數不得低於員工**總人數 3%**。

(二)依題意,員工總人數在 **67 人以上者**,進用人數不得低於員工**總人數 1%**。

第八章 勞資爭議處理

一、爭議事項分類 (勞資爭議處理法 §5)

(一)勞資雙方當事人因哪 3 種之規定所為權利、義務之爭議,謂之「權利事項」之勞資爭議?

(二)勞資雙方當事人對於**勞動條件**主張繼續**維持**或**變更**之爭議,謂之哪一類勞資爭議?

《參考解》

(一)依題意,勞資雙方當事人因 (1) 法令、(2) 團體協約、(3) 勞動契約之規定所為權利、義務之爭議,謂之「權利事項」之勞資爭議。

(二)依題意,謂之「調整事項」之勞資爭議。

二、禁止雇主不當行為、禁止勞方不當行為 (勞資爭議處理法 §8)

(一)勞資爭議在**調解**或**仲裁**期間,資方不得有哪 4 種不當行為?

(二)勞資爭議在**調解**或**仲裁**期間,勞方不得有哪 3 種不當行為?

《參考解》

(一)依題意,資方不得有下列情事之一:

　　(1) 歇業 (2) 停工 (3) 終止勞動契約 (4) 不利勞工行為 (**降職、減薪**)。

(二)依題意,勞方不得有下列情事:

　　(1) 罷工 (2) 怠工 (3) 其他影響工作秩序之行為 (含**集體休假**…)。

三、罷工要件 (勞資爭議處理法 §5、§53)

(一)勞資爭議,非經「??」不成立,不得為**罷工**?

(二)勞工**暫時**拒絕提供勞務之行為,謂之「??」?

《參考解》

(一)依題意,勞資爭議,非經「**調解**」不成立,不得為**罷工**。

(二) 依題意,謂之「**罷工**」。

第九章 退休制度

一、領取條件 (勞工退休金條例 §23、24)

(一)勞工年滿 60 歲、工作年資滿 15 年,得依規定請領 2 種退休金?

（二）勞工 60 歲，工作年資未滿 15 年，得依規定請領哪種退休金？

《參考解》

（一）依題意，得依規定方式請領**月**退休金、**一次**退休金。

（二）依題意，得依規定方式請領**一次**退休金。

二、申領退休金特殊條件（勞工退休金條例 §24-2）

（一）勞工依《勞工退休金條例》未滿 60 歲，工作年資滿 15 年以上者，得請領哪 2 種？

（二）領取身心障礙基本保證年金給付，未滿 60 歲，工作年資未滿 15 年者，得請領月退休金或一次退休金？

《參考解》

（一）依題意，前述勞工，得請領月退休金或一次退休金。

（二）依題意，前述勞工，得請領一次退休金。

三、約定勞工離職繳回者或請求雇主賠償（勞工退休金條例 §30、§31)

（一）雇主應為勞工提繳之金額，不得因勞工離職，要求哪 2 種不利行為？

（二）雇主未依本條例之規定按月提繳勞工退休金，致勞工受有損害者，勞工得於幾年內向雇主請求損害賠償？

《參考解》

（一）依題意，雇主應為勞工提繳之金額，不得因勞工離職，要求賠償或要求勞工繳回。

（二）依題意，勞工請求權，自勞工離職時起，因 5 年間不行使而消滅。

第十章 勞工保險及給付

一、「平均月投保薪資」計算方式及運用（勞工保險條例 §19、33、35)

（一）勞工保險之老年年金「平均月投保薪資」，如何計算？

（二）勞工保險之普通**疾病**補助費給付，如何發給？

《參考解》

（一）依題意，按被保險人加保期間最高 60 個月（任選 5 年投保年資）月投保薪資予以平均計算。

（二）依題意，普通**疾病**補助費，均按：

　　1. 被保險人「平均月投保薪資」50% 發給，以 6 個月為限。

　　2. 傷病事故前參加「保險年資」合計已滿一年者，再給付 6 個月。

二、老年年金給付條件及展延給付（勞工保險條例 §58、58 之 2)

（一）113~114 年勞工保險之被保險人其（年齡、保險年資），應符合哪一個條件者，得請領「老年年金」給付？

（二）勞工保險之被保險人符合請領「老年年金」給付條件而延後請領者，每延後一年，依老年年金增給幾%，最多增給幾%？

《參考解》

（一）依題意，被保險人年滿 64 歲，保險年資合計滿 15 年者，請領「老年年金」給付。

（二）依題意，每延後一年，依老年年金增給 4%，最多增給 20%。

第十一章 就業保險

一、失業給付請領條件 (就業保險法 §11)

失業給付之請領 <u>5 大</u>條件為何？請分別列出。

《參考解》

依題意，失業給付之請領 <u>5 大</u>條件：

（一）被保險人於「**非自願離職**」(含「**視為非自願性離職**」)、

（二）辦理退保當日**前 3 年內**，保險年資合計**滿 1 年以上**、

（三）具有工作能力及繼續工作意願、

（四）向公立就業服務機構辦理求職登記、

（五）求職登記日起 **14 日內** (1) 無法**推介就業**或 (2) 安排**職業訓練**。

二、不同對象及請領期間之失業給付標準 (就業保險法 §16、20)

（一）請分別寫出非中高齡者或身障者、中高齡者之「失業給付」，按其辦理就業保險退保當月起前 6 個月「平均月投保薪資」60% 按月標準，各發給幾個月？

（二）被保險人領滿給付期間者，自領滿之日起幾年內再次請領失業給付，其失業給付以發給原給付期間之 1/2 為限？

《參考解》

（一）依題意，**非中高齡者或身障者**「失業給付」，最長發給 6 個月。**中高齡者**「失業給付」，**最長發給 9 個月**。

（二）依題意，自領滿之日起 2 年內再次請領失業給付，其失業給付以發給原給付期間之 1/2 為限。

不同請領期間之失業給付表

年別 ＼ 身分	中高齡者及身障者	非中高齡者及身障者
3 年內請領	(Win<u>sa</u>×60%，9 月)	(Win<u>sa</u>×60%，6 月)
2 年內請領	(Win<u>sa</u>×60%，9/2 月)	(Win<u>sa</u>×60%，6/2 月)

表格製作：自創表

三、育嬰留職津貼請領條件及補助 (就業保險法 §11、育嬰留職停薪薪資補助要點〔 4、5)

（一）就業保險被保險人請領育嬰留職停薪津貼 3 個條件為何？請分別臚列。

（二）依《**育嬰留職停薪薪資補助要點**》育嬰留職津貼補助標準為何？

《參考解》

(一) 依題意，被保險人請領育嬰留職停薪津貼 3 個條件：

    (1) 其保險年資合計**滿一年以上**

    (2) 子女滿 3 歲前

    (3) 依〈**性別平等工作法**〉辦理「**育嬰留職停薪**」

(二) 依題意，勞保局按「**育嬰留職停薪薪資**」補助 (「**平均月投保薪資**」**20%** 計算發給。
(Winsa×20%)

第十二章 勞工職業災害保險及保護法

一、傷病給付、失能給付 (勞工職業災害保險及保護法 §42、§43)

(一) 傷病給付，前 2 個月按被保險人「平均月投保薪資」幾 % 發給，第 3 個月起按被保險人「平均月投保薪資」幾 % 發給？

(二) 失能年金依被保險人失能程度，評估下列情形之一者，得請領「失能年金」：

    (一) 完全失能：按「平均月投保薪資」幾 % 發給？

    (二) 嚴重失能：按「平均月投保薪資」幾 % 發給？。

    (三) 部分失能：按「平均月投保薪資」幾 % 發給？

《參考解》

(一) 依題意，傷病給付，前 2 個月按被保險人「平均月投保薪資」(100%) 發給，第 3 個月起按被保險人「平均月投保薪資」70% 發給，每半個月給付一次，最長以 2 年為限。

(二) 依題意，雇主應為勞工提繳之金額，

    (一) 完全失能：按「平均月投保薪資」70% 發給。

    (二) 嚴重失能：按「平均月投保薪資」50% 發給。

    (三) 部分失能：按「平均月投保薪資」20% 發給。

二、補助請求權、職業災害未認定前請假 (勞工職業災害保險及保護法 §82、88)

(一) 依職業災害勞工請領津貼或補助之<u>請求權</u>，自得請領之日起，因幾**年間**不行使而消滅？

(二) 職業災害未認定前，勞工得先請哪一種假，假期滿，申請「留職停薪」；經認定結果為職業災害者，再以哪一種假處理？

《參考解》

(一) 依題意，自得請領之日起，因 **5 年間**不行使而消滅。

(二) 依題意，勞工得先請「普通傷病假」，假期滿，申請「留職停薪《；經認定結果為職業災害者，再以「公傷病假」處理。

第十三章 中高齡者及高齡者就業促進法概要

一、繼續僱用屆齡退休者條件及補助（在職中高齡者及高齡者穩定就業辦法∫ 20、22)

（一）雇主繼續僱用屆齡退休者申請補助者，應符合哪 3 條件？

（二）繼續僱用屆齡退休者之補助，按月計酬給付薪資者，其補助標準為何？

《參考解》

（一）依題意，

(1) 繼續僱用符合《勞動基準法》65 歲屆齡退休者，達其所僱用符合屆退總人數之 **30%**。**但情況特殊，經中央主管機關另行公告行業及繼續僱用比率者**，不在此限。

(2) 繼續僱用期間達 **6 個月以上**。

(3) 繼續僱用期間之薪資不低於**原有薪資**。

（二）依題意，依下列標準核發：

(1) 雇主繼續僱用期間滿 6 個月，**每人每月補助 13,000 元**，6 個月僱用補助。

(2) 雇主繼續僱用期間逾 6 月，自第 7-18 月**每人每月補助 15,000 元**，補助 12 個月。

二、雇主之僱用獎助（失業中高齡者及高齡者就業促進辦法∫ 38、∫ 39、∫ 41)

（一）雇主以哪 2 種方式僱用領有獎助推介卡之中高齡者及高齡者連續滿 30 日，發給僱用獎助？

（二）雇主依《本辦法》第 39、40 條規定申請僱用獎助，其補助標準為何？

《參考解》

（一）依題意，雇主以 (1) **不定期契約**或 (2) **一年以上之定期契約**與獎助推介卡之中高齡者及高齡者連續僱用滿 30 日，發給僱用獎助。

（二）依題意，其補助標準為何？

（一）高齡者與雇主約定以按月計酬「全時工作」受僱者：依受僱人數每人每月發給 **15,000 元**。

（二）中高齡者與雇主約定以按月計酬「全時工作」受僱者：依受僱人數每人每月發給 **13,000 元**。

三、高齡者傳承專業技術補助（退休中高齡者及高齡者再就業補助辦法∫ 5)

（一）雇主依本法僱用**高齡者**傳承專業技術及經驗，得申請補助，每位受僱用**高齡者**每年最高補助**雇主幾萬元**，**每位雇主**每年最高補助**幾萬元**？

（二）「職場學習及再適應津貼」，津貼補助期間中高齡者最長幾個月，高齡者得延長至幾個月？

《參考解》

（一）依題意，申請補助，每位受僱用高齡者每年最高補助雇主 10 萬元，每位雇主每年最高補助 50 萬元。

（二）依題意，津貼補助期間中高齡者最長 3 個月，高齡者得延長至 6 個月。

第十四章 雇主招募與僱用禁止規範

一、禁止就業歧視（就業服務法 §5 之 1）

（一）雇主對求職人或僱用員工不得「就業歧視」，請就「團體類」、「外觀類」各舉出 3 個理由。

（二）保全公司招募運鈔車保全人員條件：限男性、原住民優、良民證、血型 O 型、役畢，請問此則招募違反哪幾個就業歧視理由？

《參考解》

（一）依題意，「團體類」、「外觀類」3 個理由如下：

「團體類」：黨派、思想、宗教。

「外觀類」：五官、容貌、身心障礙。

（二）依題意，此則招募違反哪幾個就業歧視理由包括：性別、種族、血型、年齡。

二、雇主招募及僱用禁止情事（就業服務法 §5、§65、67)

（一）雇主招募違規「為**不實之廣告**或揭示」，主管機關將處以多少罰鍰？

（二）雇主招募違規「要求提供非屬就業所需之隱私資料」，主管機關將處以多少罰鍰？

《參考解》

（一）依題意，雇主招募違規主管機關將處以 30 萬元以上 150 萬元以下罰鍰。

（二）依題意，雇主招募違規主管機關將處以 6 萬元以上 30 萬元以下罰鍰。

第十五章 第一類、第四類外國人聘僱與外籍專業人才延攬及僱用（廣義白領外國人）

一、視為工作許可及工作資格條件（雇主聘僱外國人許可及管理辦法∫5「〈白領審查標準〉∫5)

（一）從事《就業服務法》第五十一條技術合作外國法人為履行技術合作等契約，指派外國人從事專門性或技術性工作。外國人停留期間在幾日以下之得採取哪 2 種方式之一「視為工作許可」？

（二）外國人受聘僱從事工作，應符合學士學位而有幾年以上工作經驗者資格；若不符合工作年資條件，則得依「外國留學生、僑生或其他華裔學生評點數制度」計算之累計點數滿幾點者，亦得受聘僱？

《參考解》

（一）依題意，外國人停留期間在 30 日以下之得採取 (1) 入國簽證或 (2) 入國許可「視為工作許可」。

（二）依題意，應符合學士學位而有 2 年以上相關工作經驗者資格；若不符合工作年資條件，則得依「外國留學生、僑生或其他華裔學生評點數制度」計算之累計點數滿 70 點者，亦得受聘僱。

二、各類外國專業人才申請許可 (外國專業人才延攬及僱用法 §5~8)

（一）雇主聘僱從事專業工作之外國特定專業人才，其聘僱許可期間最長為幾年，期滿有繼續聘僱之需要者，得申請延期，每次最長為幾年？

（二）外國特定專業人才擬在我國從事專業工作者，得向內政部移民署申請核發具哪 4 種證合一之「就業金卡」？

（三）「就業金卡」有效期間為幾年，得於有效期間屆滿前重新申請？

《參考解》

（一）依題意，其聘僱許可期間最長為 5 年，期滿有繼續聘僱之需要者，得申請延期，每次最長為 5 年。

（二）依題意，外國特定專業人才擬在我國從事專業工作者，得向內政部移民署申請核發具 (1) **工作許可**、(2) **居留簽證**、(3) **外僑居留證**及 (4) **重入國**許可四證合一之「就業金卡」。

（三）依題意，「就業金卡」有效期間為 1 年至 3 年。

第十六章 第三類外國人工作及資格、聘僱、聘僱許可

一、第二類外國人受聘僱中階技術工作之條件及通知檢查 (〈藍領審查標準〉∫ 62)

第二類外國人（曾）在我國境內受聘僱從事工作，符合下列哪些條件之一，得受聘僱從事中階技術工作？

《參考解》

依題意，符合下列（條件）情形之一，得受聘僱從事中階技術工作：

（一）現受聘僱從事工作，且連續工作期間達 6 年以上者；或受聘僱於同一雇主，累計工作期間達 6 年以上者。(6+0)

（二）曾受聘僱從事工作期間累計達 6 年以上出國後，再次入國工作者，（國內前後）工作期間達 11 年 6 個月以上者。(6+5.5)

（三）曾受聘僱從事工作，（國內之前）累計工作期間達 11 年 6 個月以上，並已出國者。(11.5+0)

（四）在我國大專校院畢業，取得副學士以上學位之外國留學生、僑生或其他華裔學生。

二、第二類外國人受聘僱中階技術工作之通知檢查 (雇主聘僱外國人許可及管理辦法 ∫ 47)

雇主申請聘僱外國人從事中階技術工作，應規劃並執行外國人「生活照顧服務計畫書」，並通知當地主管機關實施檢查：

（一）由國外引進外國人中階技術工，於外國人 (?? 後 3 日內)？

（二）於國內聘僱中階技術外國人，自申請 (?? 許可) 日起 3 日內？

（三）已在我國境內工作第二類外國人，由同一雇主申請聘僱中階技術工作者，是否通知實施檢查？

《參考解》

依題意，雇主申請聘僱外國人從事中階技術工作，應規劃並執行外國人「生活照顧服務計畫書」，並通知當地主管機關實施檢查：

（一）由國外引進外國人中階技術工，於外國人入國後 3 日內。

（二）於國內聘僱中階技術外國人，自申請聘僱許可日起 3 日內。

（三）已在我國境內工作第二類外國人，由同一雇主申請聘僱中階技術工作者，免通知實施檢查。

第十七章 第二類外國人工作及資格、聘僱、聘僱許可

一、第二類外國人聘僱前國內招募（不含外籍看護工）（就業服務法 §47、雇主聘僱外國人許可及管理辦法∫ 17、34、36)

雇主聘僱外國人應先在國內辦理招募，依〈雇主聘僱外國人許可及管理辦法〉，雇主聘僱第二類外國人前辦理國內招募程序有哪 4 大步驟？

《參考解》

依題意，雇主申請聘僱第二類外國人，應以合理勞動條件：

1. 向工作場所之公立就業服務機構辦理求才登記

2. 在台灣就業通網站登載求才廣告

3. 同時於指定國內新聞紙選定一家連續刊登 2 日者

4. 自刊登期滿之次日起至少 3 日辦理招募本國勞工。

二、「移工一站式服務」

（一）外籍家庭看護工在中心入國後，接受幾小時講習課程？

（二）外籍家庭看護工在中心受完訓練，雇主當日即可取得哪 5 項相關許可及保險？

《參考解》

依題意，「移工一站式服務」：

（一）外籍家庭看護工在中心入國後，接受 8 小時講習課程。

（二）外籍家庭看護工在中心受完訓練，雇主當日即可取得：

(1) 完成入國通報、(2) 聘僱許可、(3) 居留許可、(4) 加入職災保險、(5) 全民健保。

第十八章 外國人曠職通報、申請遞補、轉換雇主

一、雇主申請遞補條件（就業服務法 §58、雇主聘僱外國人許可及管理辦法∫ 24)

（一）（不含家庭看護工）外國人於聘僱許可有效期間內，因不可歸責於雇主之原因：滿幾個月仍未查獲者，雇主得向主管機關申請遞補？

（二）外國人於雇主處所發生行蹤不明之情事，通知入出國管理機關及警察機關滿幾個月仍未查獲？

（三）外籍家庭看護工失聯逾 1 個月，或雇主與家庭看護移工雙方合意轉換，經廢止聘僱許可逾幾個月，皆可申請遞補？

《參考解》

（一）依題意，滿 3 個月仍未查獲者，雇主得向主管機關申請遞補。

（二）依題意，通知入出國管理機關及警察機關滿 1 個月仍未查獲。

（三）依題意，外籍家庭看護工失聯逾 1 個月，或雇主與家庭看護移工雙方合意轉換，經廢止聘僱許可逾 1 個月，皆可申請遞補。

二、就業安定費計算及未繳處分（雇主聘僱外國人許可及管理辦法∫ 46 之 2）

（一）就業安定費計算按聘僱外國人哪 3 項指標計算應繳就業安定費？

（二）加徵滯納金 30 日後，雇主仍未繳納者，由中央主管機關 2 項處分？

《參考解》

（一）依題意，就業安定費計算按聘僱外國人從事行業，計算應繳就業安定費：(1) 行業別 (2) 就業安定費之數額 (3) 聘僱人數。

（二）依題意，加徵滯納金 30 日後，雇主仍未繳納者，由中央主管機關 2 項處分：
(1) 就其未繳納之就業安定費及滯納金移送強制執行。
(2) 得廢止其聘僱許可之一部或全部。

第十九章 雇主僱用外國人違規情事及罰鍰

一、雇主僱用外國人違規情事之處分（就業服務法 §57、63、67、68）

A 製造業公司經由外勞仲介公司引進印尼籍製造工，解決缺工的窘境，16 年穩當經營，負責人十分孝順，且人脈廣、樂於襄助同業，負責人經同業連續二屆選為該產業公會理事長。

（一）A 公司為協助同業短暫人力不足，勉強將該公司名義聘僱外國人**為同業工作**，請問主管機關針對該公司處以多少罰鍰？

（二）A 公司負責人母親身體不好；但不符合申請外籍家庭看護工，情急之下，一定期間指派印尼籍製造工在其住處，陪伴籍照顧其母親，經二次被主管機關查獲。請問主管機關將作何種處分？

（三）A 公司聘僱印尼籍勞工，正巧一位本國勞工缺乏敬業精神，3 個月以來，常無預期曠職，無法正常上班，負責人將其資遣。請問主管機關作何處分？

《參考解》

（一）依題意，主管機關針對該公司處以 15 萬元以上 75 萬元以下罰鍰。

（二）依題意，主管機關針對該公司處以 15 萬元以上 75 萬元以下罰鍰，且廢止 A 公司聘僱印尼製造工招募許可及聘僱許可。

（三）依題意，主管機關針對該公司處以 2 萬元以上 10 萬元以下罰鍰；且廢止該公司招募許可及聘僱許可之一部或全部。

二、雇主僱用外國人違規情事之處分 (就業服務法 §45、69、70)

A 雇主覺得直接聘 F 外籍家庭看護，可以省下仲介費及外籍家庭看護國外仲介公司之仲介費，一舉二得，透過直接聘僱方式引進印尼籍家庭看護：

(一) A 雇主直接聘 F 外籍家庭看護；疏忽 F 工作滿 18 個月之健康檢查。請問主管機關對 A 雇主處以多少罰鍰？

(二) 續 (一)，A 雇主後來買新住家，卻不知向主管機關申請許可。請問主管機關對 A 雇主處以多少罰鍰？

(三) A 雇主聽信同事防止 F 逃逸，不久未經 F 同意扣留其護照、居留證件。請問主管機關對 A 雇主處以多少罰鍰？

《參考解》

(一) 依題意，主管機關對 A 雇主處以 6 萬元以上 30 萬元以下罰。

(二) 依題意，主管機關對 A 雇主處以 3 萬元以上 15 萬元以下罰鍰。

(三) 依題意，主管機關對 A 雇主處以 6 萬元以上 30 萬元以下罰鍰。

三、雇主僱用外國人違規情事之處分 (就業服務法 §45、69、70)

A 雇主聘僱籍 F 外籍家庭看護，F 手腳俐落，照顧阿嬤得心應手：

(一) A 雇主兒子住家，就在 A 雇主同棟同層對面，夫妻都上班。A 雇主固定每個月，請 F 到兒子住宅清潔室內，花了一上午，F 都有約 3000 元紅包，F 樂在其中。請問主管機關對 A 雇主兒子違規行為處以多少罰鍰？

(二) A 雇主女兒婚後，夫妻都上班，私下僱用同事父親病逝後，無須再雇用之外籍看護當作家庭幫傭使用，後為主管機關無意間查獲。請問主管機關對 A 雇主女兒處以多少罰鍰？

《參考解》

(一) 依題意，主管機關對 A 雇主兒子處以 15 萬元以上 75 萬元以下罰鍰。

(二) 依題意，主管機關對 A 雇主女兒處以 15 萬元以上 75 萬元以下罰鍰。

四、實施工作檢查 (就業服務法 §62、67)

A 鋼鐵製造業公司僱用越南籍外籍製造工，仍不能彌補 A 公司人力需求，持續國內招募本國勞工。A 公司近期訂單激增，本國勞工及外籍勞工全力投入，仍感人力不足。其主管私下僱用非法外籍勞工，已追趕訂單落後進度：

(一) 當地主管機關執行該地區外籍製造工檢查，當來到 A 公司檢查；A 公司主管因心虛，擔心僱用逃逸外籍勞工被查獲而拒絕主管機關進場外籍製造工工作實況檢查。請問主管機關對 A 公司處以多少罰鍰？

(二) 續 (一)，當地管機關在接獲檢舉，迅雷不及掩耳動作進廠檢查，當場查獲逃逸外籍勞工 1 人。請問主管機關對 A 公司做何處分？

《參考解》

(一) 依題意，主管機關對 A 公司處以 6 萬元以上 30 萬元以下罰。

（二）依題意，主管機關對 A 公司處以 15 萬元以上 75 萬元以下罰鍰；且廢止該公司招募許可及聘僱許可之一部或全部。

五、雇主僱用外國人違規情事之處分 (就業服務法 §45、69、70)

（一）A 雇主在南部鄉村經營肉豬飼養及買賣，員工僱用非常不穩定，幾乎每日人力不足。

其父親符合引進外及家庭看護，於是聘僱一名 F 印尼籍家庭看護，在家照顧其父。因養豬場缺人手，致 A 雇主對所聘僱 F 以脅迫方法，強制 F 在養豬場做雜工，F 表示不願意；A 雇主置若罔聞，F 請同鄉向警察機關檢舉，A 雇主違規當場被查獲。請問警察機關對 A 雇主違規行為做何處分？

（二）續 (一)，A 雇主上述違法情事，請問勞動部對 A 雇主做何處分？

《參考解》

（一）依題意，警察機關對 A 雇主提起「人口販運」違法起訴。

（二）依題意，勞動部廢止 A 雇主招募許可及聘僱許可之全部。

第二十章 私立就業服務機構許可及管理

一、私立就業服務機構 (私立就業服務機構許可及管理辦法∫ 11)

（一）樹樹大學英文應用學系畢業後，曾在移民顧問公司服務，累積多年外語能力。樹樹父親看好仲介外國人來台工作願景，計畫今年年底另設置新外國人仲介公司，建議樹樹剛取得就業服務技術士，申請新外國人仲介公司，自行創業專門引進菲律賓勞工。

請問樹樹打算設立外國人仲介公司，應向哪一 (中央或直轄市) 主管機關提出申請設立？

（二）續 (一)，樹樹打算設立外國人仲介公司，其設立機構應以哪一種組織？

（三）續 (一) 樹樹打算設立外國人仲介公司，應向勞動部繳交多少萬元保證金之保證書？

《參考解》

（一）依題意，樹樹打算設立外國人仲介公司，應向中央主管機關提出申請設立。

（二）依題意，應以法人組織設立機構。

（三）依題意，應向勞動部繳交 300 萬元保證金之保證書。

二、私立就業服務機構籌設許可及設立許可程序 (私立就業服務機構許可及管理辦法∫ 12、13)

（一）花花具有外國人仲業業務實戰實務 10 年，中壯年的花花早已取得就業服務專業人員證照 (就業服務技術士證照)，計畫自行創業。請問花花申請私立就業服務機構過程，分為哪二階段？

（二）續 (一)，申請私立就業服務機構過程，在籌設許可應準備文件？

（三）花花申請**許可籌設**，應自核發**籌設許可**之日起 **3 個月**內，依法登記並應向主管機關申請哪 2 個許可？若需展延期限最長**不得逾幾個月**？

《參考解》

（一）依題意，花花申請私立就業服務機構過程，分為籌設許可及設立許可程序二階段。

（二）依題意，申請私立就業服務機構過程，在籌設許可應準備文件如下：

    (1) 申請書。

    (2) **法人組織章程**或合夥契約書。

    (3) 營業計畫書或執行業務計畫書。

    (4) **收費項目及金額明細表**。

    (5) **實收資本額證明**文件。

（三）依題意，申請許可籌設者，應自核發籌設許可之日起 3 個月內，應向主管機關申請 (1) 設立許可及核發 (2) 許可證。

    展延期限最長**不得逾 2 個月**。

三、就業服務專業人員（就業服務法 §36、私立就業服務機構許可及管理辦法∫6）

（一）滿滿畢業於大學勞工研究所，畢業後即投入人力銀行，隨取得就業服務專業人員證照，進入 A 人力銀行任職。請問滿滿於 A 人力銀行服務期間，滿滿得執行哪 4 項職掌？

（二）滿滿任職期間除遵守該人力銀行之工作規則外，不得違反哪 2 款情事？

（三）假設 A 人力銀行員工 101 人，請問 A 人力銀行應設置就業服務專業人員多少人？

《參考解》

（一）依題意，滿滿任職 A 人力銀行期間，得執行以下 4 項職掌：

    (1) 辦理及分析職業性向。

    (2) 協助釐定生涯發展計畫之就業諮詢。

    (3) **查對**所屬私立就業服**機構**辦理就業服務之各項**申請文件**。

    (4) 簽證**雇主**相關**申請書**。

（二）依題意，滿滿任職 A 人力銀行期間，不得有下列情事：

    (1) 允許他人假藉本人名義從事就業服務業務、

    (2) 違反法令執行業務。。

（三）依題意，A 人力銀行應設置就業服務專業人員 12 人。

    計算 (101 人 =91 人＋ 10 人→ 3 人＋ 9 人 =12 人)

四、私立就業服務機構違規處分（就業服務法 §40）

王王營利外勞仲介公司（王王營利私立就業服務機構），設立以來，歷經 16 年經營，也經歷經營上之衝擊：

（一）王王外勞仲介公司曾有一位員工國內招募實違反**為不實之廣告**，請問主管機關針對該公司處以多少罰鍰？

（二）王王外勞仲介公司曾有 1 位資淺業務人員辦理仲介業務，未依規定與雇主簽訂書面契約，請問主管機關處以多少罰鍰？

（三）王王外勞仲介公司曾有 1 位業務人員**仲介外國人從事違背善良風俗之工作**，請問主管機關作何處分？

《參考解》

（一）依題意，主管機關針對該公司處以 30 萬元以上 150 萬元以下罰鍰。

（二）依題意，主管機關針對該公司處以 6 萬元以上 30 萬元以下罰鍰。

（三）依題意，主管機關針對該公司處以 30 萬元以上 150 萬元以下罰鍰；且廢止該公司許可證。

五、私立就業服務機構違規處分（就業服務法 §45、69、70)

小小營利外勞仲介公司，設立以來，歷經 9 年經營，也經歷不小的經營上之衝擊：

（一）小小外勞仲介公司曾有一位業務員首次基於同情而無償為逃逸外籍勞工仲介至工廠當作業員，經同業檢舉而被查獲。請問主管機關針對該業務員處以多少罰鍰？

（二）續（一），業務員 5 年內第二次基於相同理由及情況，經警方攔查而被查獲。請問主管機關針對該業務員處以多少罰鍰？

（三）假設小小仲介公司內部數位業務員**一年內**受罰鍰處分 **4 次以上**。請問主管機關針對該公司作何處分？

《參考解》

（一）依題意，主管機關針對該業務員處以 10 萬元以上 50 萬元以下罰。

（二）依題意，**5 年內再違反者**，主管機關針對該業務員處以**處 1 年以下有期徒刑**或併科 60 萬元以下罰金。

（三）依題意，主管機關針對該公司分別處以罰鍰之外；且處以該公司停業 1 年以下之處分。

六、私立就業服務機構變更許可（私立就業服務機構許可及管理辦法 ∫ 18、26、35)

（一）棒棒人力仲介公司結合 3 位同業資本共同設立，推舉老羅負責人，前 10 年經營獲利豐碩。但疫情前後，業務大不如前，老羅退出股份，請問該公司除負責人變更外，上有哪其他 3 種理由，應向原許可機關申請變更許可？

（二）棒棒人力仲介公司刊播就業服務**業務廣告 (DM) 時**，應載明項哪 4 項訊息？

（三）棒棒人力仲介公司營運期間應將哪 3 種證明文件，揭示於營業場所內之明顯位置？

《參考解》

（一）依題意，棒棒人力仲介公司除股東異動外，(1) 機構名稱、(2) 地址、(3) 資本額等許可證登記事項前，應向原許可機關申請變更許可。

（二）依題意，刊播就業服務**業務廣告 (DM)，應載明 (1) 機構名稱、(2) 許可證字號、(3) 機構地址及 (4) 電話**。

（三）依題意，該公司營運期間應將 (1) 許可證、(3) 收費項目及金額明細表、(2) 就業服務專業人員證書，揭示於營業場所內之明顯位置。

第二十一章 就業市場結構與分析運用

一、二元制勞動力市場

(一) 學者主張勞動力市場分割成哪 2 種勞動力市場？

(二) 主要勞動力市場，具備那些特徵 (請舉出 4 項)?

(三) **次要勞動力市場**的勞動者而言，接受教育和培訓對於提高其收入有用？且主要勞動力市場和次要勞動力市場之間的流動較少或較多？

《參考解》

(一) 依題意，勞動力市場分割 (1) 主要和 (2) 次要勞動力市場。

(二) 依題意，主要勞動力市場：收入高、工作穩定、工作條件好、培訓機會多。

(三) 依題意，**次要勞動力市場**的勞動者而言，接受教育和培訓對於提高其收入<u>沒有</u>作用；且主要勞動力市場和次要勞動力市場之間的流動<u>較少</u>。

二、就業市場結構各項指標

人力資源 (總人口) 如下表，並計算 **112 年**各項指標：

110-112 年人力資源概況表 (1)　　　　　單位：千人

年度別	總人口	15 歲以上民間人口	勞動力		非勞動力
			就業者	失業者	
110 年 12 月	23,375	20,139	11,480	433	8,225
111 年 12 月	**23,265**	**20,059**	**11,451**	**418**	**8,190**
112 年 10 月	**23,250**	**20,203**	**11,558**	**411**	**8,645**

資料來源：勞動部

(一) 勞動力？

(二) 勞動參與率 (%)?

(三) 失業率 (%)?

《參考解》

(一) 勞動力　　　　　=11,558+411　　　=11,969 千人

(二) 勞動參與率 (%) =11,969÷20,203 =59.24%

(三) 失業率 (%)　　　=411÷11,969　　=3.43%

三、就業市場結構各項指標

(一) 失業者？

(二) 永久性失業 (permanent layoff)?

(三) 長期失業者？

《參考解》

(一) 依題意，在資料標準週及前 3 週內，年滿 15 歲同時具有 1. 無工作 2. 隨時可以工作 3. 正在尋找工作 4. 已找到工作在等待結果，謂之失業者。

（二）依題意，永久性失業按照美國勞工統計局 (BLS) 定義：失去上一份工作不會被召回，正尋找另一份工作，並隨時可以上班。

（三）依題意，長期失業者：連續失業達一年以上，且勞工保險退保當日前 3 年內，保險年資滿 6 個月以上，並於最近一個月內向公立就服機構辦理求職登記者。(就業服務法第 2 條)

四、就業市場結構各項指標

（一）非勞動力？

（二）尼特族 (NEET)?

（三）經濟景氣低迷，影響應屆大學畢業生尋職意願，寧願在家躺平者，有利「失業率」下降或上升？

《參考解》

（一）依題意，非勞動力：在資料標準週及前 3 週內，年滿 15 歲不屬於勞動力之民間人口，包括因：就學、料理家務、高齡、身心障礙、想找工作而未找工作者等。

（二）依題意，尼特族 (NEET) 係年滿 15 歲以上 29 歲以下，1. 未就學 2. 未就業 3. 未接受職業訓練者。

（三）依題意，寧願在家躺平者，有利「失業率」下降。

第二十二章 就業與失業概論

一、各業就業狀況表及各項指標

111-112 就業者之行業表　　　　　　單位：千人 /%

行業別 / 年別	合計	服務業	工業			農林漁牧
			小計	製造業	營造業	
111 年 12 月	**11,451 (100%)**	**6,882 (60.01%)**	**4,046 (35.33%)**	**3,133 (27.36%)**	**913 (7.97%)**	**524 (4.66%)**
112 年 11 月	11,577 (100%)	7,030 (60.72%)	4,049 (34.97%)	**3,118 (26.93%)**	933 (8.06%)	499 (4.31%)

資料來源：勞動統計查詢網 / 統計資料庫查詢 / 就業失業

請依 111 年勞動部統計數據，預估 112 年就業者於各業人數排名順序？

《參考解》

依題意，112 年就業者於各業人數排名順序服務業 > 工業 > 農林漁牧業。

二、依就業服務概況表計算 112 年各項指標：

111-112 求供倍數、求職就業率、求才利用率**概況表 (7)**　　　單位：人 /%

項目\年別	求職人數 (A)	求才人數 (B)	求供倍數 (B/A)	求職推介就業人數 (C)	求才僱用人數 (D)	求職就業率 (C/A)	求才利用率 (D/B)
111 年	719,278	1,192,999	1.66	518,639	699,270	72.11	58.61
112 年	**673,601**	**1,104,133**	**1.64**	**505,813**	**641,321**	**75.09**	**58.08**

資料來源：勞動統計查詢網 / 統計資料庫查詢 / 就業失業

請計算 **112 年**各項指標：

(一) 求供倍數　 (B/A)=?(倍)

(二) 求職就業率 (C/A)=?%

(三) 求才利用率 (D/B)=?%

《參考解》

依題意，計算 **112 年**各項指標：

(一) 求供倍數　 (B/A)=1,104,133÷673,601　=1.64(倍)

(二) 求職就業率 (C/A)=505,813　÷673,601　=75.09%

(三) 求才利用率 (D/B)=641,321　÷1,104,133=58.08%

三、失業型態

失業型態因其發生原因不同，可歸納為 5 種型態，請參「失業型態及改進措施表」，

(一) 就業市場出現「經濟景氣循環處於「**衰退**」及「**蕭條**」**時期**，勞動需求不足，造成失業。」，謂之「?? 性失業」？

(二) 就業市場出現「職缺訊息無法適時傳送給具有工作技能勞動者，致其無法獲得工作。」，謂之「?? 性失業」？

(三) 就業市場出現「經濟結構改變 5 大理由：1. 勞工缺乏新技術 2. 技術新要求 3. 產品喪失市場 4. 勞工法規 5. 地區性就業機會減少，造成之失業。」，謂之「?? 性失業」？

《參考解》

(一) 依題意，「循環性失業」。

(二) 依題意，「摩擦性失業」。

(三) 依題意，「結構性失業」。

四、「人口紅利」、「人口老化指數」、超高齡社會 (hyper-aged society)

(一) 何謂「人口紅利」？

(二) 何謂「人口老化指數」？

(三) 何謂「超高齡社會 (hyper-aged society)」？

《參考解》

（一）依題意，「「人口紅利」係指：

　　1. 國內工作年齡 (15-64 歲) 人口達總人口 66.7%以上、

　　2. 扶養比 (14 歲以下幼年人口及 65 歲以上老年人口占 15-64 歲工作年齡人口之比率) 則在 50%以下的狀態。

（二）依題意，「人口老化指數」：

　　它的計算方式，是以 **65 歲以上**人口數，除以 **14 歲以下**人口數，所得出的比率，即為一個國家的人口老化指數。

　　衡量一個國家 / 地區人口老化程度的指標。

（三）依題意，根據世界衛生組織 (稱 WHO) 的定義，一個國家內 65 歲以上的人口，佔總人口比例達 20%，稱之為超高齡社會。

五、依賴人口指數 (扶養比、扶幼比、扶老比)

（一）何謂「扶養比 (PSR)」？

（二）扶幼比近 10 年逐年下降；扶老比近 10 年逐年上升，2 大原因造成？

《參考解》

（一）依題意，「扶養比」指 15 至 64 歲人口之工作人口所需負擔依賴人口之比率，亦稱為依賴人口指數。

　　計算方式為：扶養比＝ (0~14 歲 +65 歲以上人口／ 15~64 歲人口)×100

（二）依題意，主因 (1) 人口老化快速明顯 (2) 受少子化之累。

第二十三章 招募、就服與求職權益、職業標準分類與分析

一、職能冰山理論

（一）請依史賓森 (Spencer & Spencer) 提出「職能冰山理論」。指出哪些因素屬於「浮出冰山」？哪些因素屬於「潛伏冰山」？

　　描述求職者六個層面：

　　1. 知識：個人在某一特定領域擁有的事實型與經驗型信息

　　2. 自我概念：個人的態度、價值觀和自我印象

　　3. 技能：運用知識完成某項具體工作的能力

　　4. 社會角色：個人基於態度和價值觀的行為方式與風格

　　5. 特質：個性、身體對環境和各種信息所表現出來的持續反應

　　6. 動機：在特定領域持續的想法和偏好 (如成就、影響力)

（二）哪些因素，能完成工作任務的條件？那些因素，與職務勝任及工作績效相關？

《參考解》

（一）依題意，「浮出冰山」與「潛伏冰山」因素，分述如下：

1. 浮出冰山：知識、技能。

2. 潛伏冰山：社會角色、自我概念、特質、動機。

（二）依題意，「浮出冰山」與「潛伏冰山」因素，分述如下：

1. 能完成工作任務的條：知識、技能。

2. 與職務勝任及工作績效相關：社會角色、自我概念、特質、動機。

二、招募方法

A 公司為龍年充實人力計畫而進行招募，分批與求職者進行面試。請從下表所示之招募及面談方法，擇一個最適合每一問題情況之答案：

招募及面談方法

(A) 團體式面談	(B) 資歷查核	(C) 裙帶關係查核
(D) 行為式問題	(E) 壓力式面談	(F) 工作價值問題
(G) 興趣問題	(H) 公文籃技術	(I) 工作抽樣技術

（一）A 公司招募機械製造工廠設計工程師，為深度了解求職者 L 君機些設計專業知識，HR 特別安排邀請工廠總工程師，與 HR 主管共同面試此 L 君，真實掌握 L 君機械製造設計之專知。

《參考解》

依題意，(A) 團體式面試。

（二）A 公司邀請 L 君面試之前，曾依其履歷表經歷公司共事過的主管或同事，對其工作、專業及績效看法，補充面試資料並作為是否錄用的參考。

《參考解》

依題意，(B) 資歷查核。

三、就業服務對求職者之尊重與維護權益

在就業服務過程中，就業服務人員應尊重當事人之下列權益：

(A) 自主權：

就業服務過程，應以求職者最高福祉原則提供服務，不可影響求職者決定權，並應告其服務目標，協助分析，以利其最佳之選擇。

(B) 受益權：就業服務，以聚焦求職者福祉為服務之優先考量。

(C) 免受傷害權：就業服務人員應確實遵守專業倫理，以免傷害當事人。

(D) 保護忠誠權：保守業務秘密，重視當事人之隱私權利。

請針對下列情境，說明就業服務人員之做法顧及求職者哪一項權利及忽略掉哪一項權利？

（一）外籍配偶 V 君前來就業服務中心求職登記，其在該國國立大學會計系畢業，2 個小孩一個上大學、一個上高中，可以尋找會計相關工作。

目前就服中心會計人員職缺僅有具備碩士學歷財務高級人員，因 V 君急著工作以改善家計，故而推介量販店缺工之倉儲工作。當就服人員又說目前只能這樣妥協，並要求 V 君配合；但非 V 君之選擇意願。

《參考解》

依題意，此個案就服人員做法忽略 V 君之 (A) 自主權。

（二）獨立負擔家計婦女 R 君已經在新北市就業服中心求職登記，並推介成功；惟右二吾人找顧影響其工作穩定性，所以，計畫返鄉就業，幼兒可委請母親照顧。

日前 R 君來到就服中心，請幫助影印一份她的履歷表，以便於返鄉到就業服務中心辦理求職登記。就服人員說你不方便寫字，屆時可請當地就服人員協助填寫，你的履歷表個資，不宜外露。

《參考解》

依題意，此個案就服人員做法顧及 R 君之 (D) 保護忠誠權。

第二十四章（職業）心理測驗

一、選用心理測驗指標之實例

公司招募新進員工時，求職者「職業心理測驗」的施測結果，決定僱用員工之重要依據。而影響求職者「職業心理測驗」結果正確性的主要因素，包括：

(A) 受測者的心理狀態、　　　(B) 測驗的效度、

(C) 測驗的信度、　　　　　　(D) 測驗的常模、

(E) 測驗環境的影響、　　　　(F) 受測者的背景經歷、

(G) 解釋分析者的知識與經驗。

請閱讀各情境描述，寫出每題最可能反映的上述之影響因素。

（一）公司招募業務主管，其務必具備關鍵特質，致影響其業務績效，故而公司選用「職業心理測驗」必須注意該測驗之正確性。

（二）求職者面臨測驗，因在意測驗分數將影響面試成績，很難持平常心。

（三）公司挑選測驗，為驗證穩定性，通常安排員工分批先行測試，以檢驗受測員工測驗變化幅度，若差異幅度過鉅，不採用該測驗。

《參考解》

（一）依題意，(B) 測驗的效度。

（二）依題意，(A) 受測者的心理狀態。

（三）依題意，(C) 測驗的信度。

二、「我喜歡做的事」測驗實例

丙君在「台灣就業通」填寫「我喜歡做的事」，得到下表的結果。請選出丙君職業興趣前 3 名為哪幾項？

興趣類別	原始分數	PR 值	職業特性
B 科學	1	22	喜歡發現、蒐集自然界事務，並且將科學研究結果應用解釋生命科學及自然科學的問題。
E 機械	0	27	喜歡使用機器手工具及有關技術，把機械援例應用在日常生活。
F 工業生產	0	25	喜歡在工廠重複、具體而有組織的工作。
G 企業事務	1	14	喜歡做非常具體、很組織化、需要注意細節、精確性的工作。
H 銷售	0	16	喜歡以自己說服的方法及銷售技術讓別人聽從自己的意見。
I 個人服務	0	10	喜歡一別人個別需要及期望，提供照顧性服務。

《參考解》

依題意，丙君職業興趣偏向依序「機械」、「工業生產」、「科學」。

三、「工作氣質測驗」實例

就業服務人員安排求職者甲君、乙君及丙君實施「工作氣質測驗」，並將其測驗得分換算為 PR 值。整理求才職缺中的「工程師」、「作業員」及「便利商店員」3 個職業種類所強調的工作氣質組型如下表。

求職者測驗及職種組合相似氣質做判斷，針對甲君、乙君及丙君 3 人，與「工程師」、「作業員」及「便利商店員」3 種不同職種，選出 3 人適性職種。

工作氣質測驗

工作氣質測驗			該職業種類強調的工作氣質組型			PR 值		
分量表		分量表含意	工程師	作業員	便利商店員	甲	乙	丙
A 人際效能	1. 督導性	擅於做工作規劃督導與分派工作	◆			88	56	30
	2. 說服性	具備良好說服技巧，改變他人的想法、態度。	◆		◆	92	68	32
	3. 親和性	善於與人相處，亦於打成一片，建立良好人際關係。	◆		◆	82	80	88
	4. 表達性	善於表達自己的感受及想法，以創意眼光加以表達。	◆		◆	94	78	55
B	優柔猶豫	**難以**依據主客觀資料，做出決定。				6	45	30
C	審慎精確	做事力求精確，能接受精準的標準。		◆	◆	90	80	92
D	偏好單純	能執行**單調或例行**工作，不覺單調或厭煩。		◆		25	86	90

工作氣質測驗			該職業種類強調的 工作氣質組型			PR 值		
分量表		分量表含意	工程師	作業員	便利商店員	甲	乙	丙
E	堅忍犯難	在危險或惡劣工作環境下,有性執行工作。	◆	◆		90	78	92
F	獨處自為	能獨立工作,不感覺難受。		◆		79	50	93
G	世故順從	依照工作指示,推行工作;守本分,不冒反上司;謹守傳統關係,注重和諧,不得罪人。		◆	◆	63	89	82

參考解

（一）甲君：工作氣質 A、E 類 分數高,適合「工程師」。

乙君：工作氣質 C、G 類 分數高,適合「便利商店員」。

丙君：工作氣質 C、D、E、F 類分數高,適合「作業員」。

四、「工作氣質測驗」7 個量表：

「工作氣質測驗」7 個量表量表內涵（指個人特質）,分列於下：

量表	量表內涵
1. 人際效能	得高分者面對因應人際間的事務,督導他人、說服他人、與人親和都有良好效果。
督導性分量表	得高分者擅於工作規劃,能督導部屬執行工作,並分派及約制部屬。
說服性分量表	得高分者,良好說服技巧,改變他人的想法、態度。
親和性分量表	得高分者,善於與人相處,亦於打成一片,建立良好人際關係。
表達性分量表	得高分者,善於表達自己的感受及想法,以創意眼光加以表達。
※2. 優柔猶豫	得**高分**者,**難以**依據主客觀資料,做出決定。 ※ 得**低分**者,**容易**以依據主客觀資料,做出決定。
3. 審慎精確	得高分者做事力求精確,能接受精準的標準。
※4. 偏好單純	得**高分**者能執行**單調或例行**工作。 ※ 得**低分**者能執行**不同性質**工作,不覺力不從心。
5. 堅忍犯難	得高分者在危險或惡劣工作環境下,執行工作。
6. 獨處自為	得高分者能獨立工作,不感覺難受。
7. 世故順從	得**高分者能**依照工作指示,推行工作;守本分,不冒反上司;謹守傳統關係,注重和諧,不得罪人。 得**低分者不能**依照工作指示,推行工作;不守本分,敢冒反上司;不守傳統關係,不注重和諧,易得罪人。

（一）上表「工作氣質測驗」7 個量表,請選出哪 2 個負面量表？

（二）上述負面量表測驗後,得**高分**者或得低分,足以表達求職者之特質內涵？

《參考解》

（一）依題意，2 個負面量表「優柔猶豫」、「偏好單純」。

（二）依題意，求職者經測驗後，得**高分**者即表達求職者之特質內涵。

第二十五章 職業選擇理論

一、ROE 心理動力及需求論內容

（一）如果兒童早期經驗中，較低或較**高層次**的**心理需求**從未獲得滿足，則該需求很可能消失無蹤？

（二）如果兒童早期經驗中，較低或較高層次的心理需求從未獲得滿足，則該需求很可能成為職業選擇的最大主宰力量？

《參考解》

（一）依題意，較高層次的心理需求（尊重、自我實現）從未獲得滿足，則該需求很可能消失無蹤。

（二）依題意，較低層次的心理需求（生存、安全及愛與歸屬）從未獲得滿足，則該需求很可能成為職業選擇的最大主宰力量。

二、何倫類型理論應用的實例

胡君之何倫碼 (Holland Code) 興趣測驗的結果：

(1) 何倫碼為 EIA

(2) R：25、I：40、A：30、S：20、E：45、C：25。

（一）試問胡君差異性高或低？

（二）試問胡君一致性高或低？

《參考解》

（一）依題意，差異性：胡君之興趣碼最高分 E 為 45 分，最低分 S 為 20 分，二者相差 20 分，其差異性高。

（二）依題意，一致性：胡君之興趣代碼為 EIA，首碼 E 類型與次碼 I 類型成對角線，其**一致性低**。

三、何倫類型理論應用的實例（分析甲～丁君何倫碼之差異性及一致姓）

甲君、乙君、丙君、丁君 4 位求職者在「何倫瑪興趣測驗」的施測結果如下表，請根據測驗分數，回答下列問題。

（一）就人境適配的「差異性」（分化性，differentiation) 而言，4 位求職者中哪 1 位的興趣「差異性」高（分化性明確)？哪 1 位最可能「差異性」低（分化性低)？

（二）就人境適配的一致性 (consistency) 而言，4 位求職者中哪 1 位的一致性最高？(2 分) 哪 1 位的一致性最低？(2 分)

《參考解》

（一）依題意，1. 丁君何倫碼 ISC，差異性（分化性）高（明確）

2. 乙君何倫碼 EAI，差異性（分化性）性低。

（二）依題意，1. 丙君何倫碼 (SAI) 一致性最高

2. 甲君何倫碼 (ACR) 一致性最低。

求職者興趣測驗分數表

何倫碼　　求職者	R	I	A	S	E	C
甲君	5	3	12	3	5	9
乙君	27	26	28	24	30	25
丙君	4	5	7	9	5	3
丁君	15	40	25	30	22	25

第二十六章 諮商程序及諮商技巧

一、就業服務人員於諮商過程中，使用專注與接納技巧，應注意哪些原則？

《參考解》

依題意，使用專注與接納技巧，應注意 5 大原則：

（一）注意自己的肢體語言

（二）讓對方自由、自在的表現自己

（三）避免選擇性傾聽

（四）控制自己的情感

（五）妥善處理沉默

二、各階段使用諮商技巧

（一）就業服務人員於諮商過程中，使用「行為改變、家庭作業、腦力激盪、力場分析、賦能／賦權。」技巧，請問上述技巧屬於諮商哪一階段？

（二）就業服務人員於諮商過程中，使用「分析＋解釋、安慰＋支持、摘述＋面質、自我揭露、立即性、確認、鼓勵。」技巧，請問上述技巧屬於諮商哪一階段？

《參考解》

（一）依題意，上述技巧屬於諮商「行為改變階段」。

（二）依題意，上述技巧屬於諮商「洞察階段」。

三、諮詢（商）技巧實例

一、外籍配偶亞蒂女士來台接婚已經 15 年，一家五口幸福美滿。38 歲亞蒂女士。3 個小孩分別讀高中及國中，家務重負減少，所以，決定重新投入職場，因她印尼國立大學企業管理系學士。

亞蒂女士至就業服務機構求職及接受就業諮詢。請針對下列晤談對話中就業服務人員所使用的諮詢技巧，從 (A)~(L) 項中依序選出最適合的 1 項 (寫出代碼或名詞皆可)：

A 真誠	B 傾聽	C 專注	D 同理心	E 自我揭露
F 分析	G 支持	H 澄清	I 比較	J 面質

下列個案晤談對話：

(一) 亞蒂女士在台生活 15 年；但一直都是家庭主婦，台灣就業市場未曾留意，十分陌生，害怕企業對於她的身分可能有排斥或歧視，因此，她懷著萬分擔心心理前來就業服務中心。

就業服務人員觀察她緊張臉色及害怕的表情，直接笑臉歡迎她，並向她說明就業服務歡迎任何人、也問候她適應台灣生活，亞蒂聆聽就業服務人員每具溫暖每一句話並頻頻點頭。

(二) 亞蒂描述對工作需求，表示凡是管理性質的工作都可以。就業服務人員說：「你具有企業管理專業，你在企業管理範圍內你擅長人力資源、財務管理、物料管理？我請你確定哪方面是你的專業，再往你專業面找適合的職缺給你參考。」

《參考解》

(一) 依題意，(A) 真誠。

(二) 依題意，(H) 澄清。

第二十七章 就業服務會談 (理論)、技巧

一、就業諮詢策略與技巧

請說明就業服務人員在對話中所使用的諮詢技巧。請就每一情況，擇一最適合答案。

(A) 自我揭露	(B) 同理心	(C) 優點轟炸
(D) 支持	(E) 傾聽	(F) 重新框架
(G) 解釋	(H) 澄清	(I) 結構化詢問

(一) 吳君對好同學馬君說：「我服務公司歇業了，我失去 HR 經理職務，家計因 2 年前買房，幾乎沒有儲蓄，我失業焦慮極了。」。所幸，任職國營事業之馬君勸導我，中年失業不可怕，何況你成績優。好同學說：「失業，讓你給重新檢視職涯，民營大企業工作不錯，換個觀點國營事業也歡迎優質的你。」，馬君提醒因失業而焦慮吳君，使用何種諮詢技巧？

(二) 就業服務人員邀請甲君閉上眼睛，想像自己處在一個心情清幽靜謐的森林，並告知自己慢慢步入此一情境，於自己已能放鬆的感覺時，方能張開眼睛。此鬆解壓力、緩和焦慮。」，諮商師使用何種諮詢技巧？

《參考解》

(一) 依題意，使用 (F)「重新框架」技巧。

(二) 依題意，使用 (M)「引導式心像」技巧。

二、情緒勞動 (企業、雇主、勞工)

勞工面對職場諸多情境時，妥善處理當時之勞動情緒且表現得宜，職涯必須。勞動情緒相關 6 種勞動情緒專有名詞：

(A) 感知情緒　　　(B) 情緒失調　　　(C) 情緒壓抑

(D) 表層偽裝　　　(E) 顯示情緒　　　(F) 深層偽裝

(一) 勞動情緒描述「為了符合雇主要求表現出的工作的情緒，而隱藏勞工之內心感受，放棄內心真實感受的 (情緒) 表達。」，所指哪一個勞動情緒專有名詞？

(二) 勞動情緒描述「雇主要求勞工表現出的工作的情緒，上述 (情緒) 視為與工作相符之情緒。」，所指哪一個勞動情緒專有名詞？

(三) 勞動情緒描述「勞工在工作過程因受個人其他因素影響而顯現之情緒；通常不符合雇主要求表現出的工作的情緒。」，所指哪一個勞動情緒專有名詞？

《參考解》

(一) 依題意，使用 (D)「表層偽裝」名詞。

(二) 依題意，使用 (E)「顯示情緒」名詞。

(三) 依題意，使用 (B)「情緒失調」名詞。

三、勞動情緒於職場之運用實務

職場勞工面對職場諸多情境時，因自己對工作認知不同而出現不同之勞動情緒；但職場勞動情緒表現得宜，對其個人在職場處事稱心、未來職涯發展，預料不到之非常發展。

勞動情緒相關 6 種勞動情緒專有名詞，請就下列情況，選出正確名詞：

(A) 感知情緒　　　(B) 情緒失調　　　(C) 情緒壓抑

(D) 表層偽裝　　　(E) 顯示情緒　　　(F) 深層偽裝

(一) 江君新進人員昨天完成一份主管交代「櫃檯服務改善企劃書」，耗盡學校所學專業並參考企業內部資料，如期完稿後，呈交主管閱覽。

江君完成「櫃檯服務改善企劃書」，心存絲絲竊喜能如期完成第一份任務。當沉醉小小成就時，接到主管電話來辦公室一趟。

開門之際，剛坐下。主管迫不及待脫口而出：「浪費 2 天時間，這份計畫能用嗎？編撰時為甚麼不向資深人員討論及請益？你的建議，簡直幼稚、不可行，回去重新撰寫。」。

被主管大潑冷水後，當下我很委屈，離職念頭一時興起。回到辦公前，走向茶水間碰見學長，經其安慰一番後，我離職衝動決定熄滅了。

(二) 韓君內向，不喜歡複雜公司人際關係。所以，應徵「五福村」遊樂公司小丑角色，他以為這份工作，可以自由發揮；唯一懷疑的是演出滑稽動作，製造笑料自己個性適合？

韓君喜歡閱讀動物世界新知報導，將它與小丑表演相連結，當他帶領參觀動物園顧客，解說加上合宜演出，每次獲得顧客激賞及鼓掌聲滿滿，內心深覺得 3 年來「我愛上小丑」。

昔日「懷疑演出滑稽動作，製造笑料自己個性適合？」，如今一掃而空，新的感觸「不論演任何角色，能帶給顧客歡樂，我就是傑出勞工。」。韓君其待自己一職扮演歡樂角色，讓歡樂與工作結合，我真正融入小丑（角色）了。

《參考解》

（一）依題意，(C)**「情緒壓抑」**。

（二）依題意，(F)**「深層虛偽（深層演出」**。

第二十八章 生涯發展理論概要

一、Super 職業生涯發展階段理論

（一）Super 研究個人的職業生涯（指職涯）劃，將職業生涯分為哪 5 個階段？

（二）劉君職涯處於「接受自身條件的限制，且專注於自己的工作。2. 面對職涯等挑戰。3. 維持領域中地位和成就。」，請問劉君職業生涯處於哪一個階段？

《參考解》

（一）依題意，分為 5 個主要階段：(1) 成長階段、(2) 探索階段、(3) 確（建）立階段、(4) 維持階段和 (5) 衰退階段。

（二）依題意，劉君職業生涯處於「維持階段」。

二、生涯渾沌理論簡介 (Chaos Theory of Careers, CTC)

（一）Bright 與 Pryor 2003 年提出「生涯渾沌理論」，強調「生涯不確定性」，請簡略介紹「生涯渾沌理論」。（約 100 個字以內）

（二）請簡略「生涯渾沌理論」生涯選擇運用，諮商師對求職者應具備之生涯心理組合為哪 4 大項？

《參考解》

（一）依題意，Bright 與 Pryor 2003 年提出「生涯渾沌理論，主要論述有二點：

1. 協助個人藉由「封閉系統」走入**「開放系統」**，並將無法預測的可能，視為生涯的機會而非威脅。

2. 主張求職者應預料與因應「生涯不確定性」，使其未來面對生涯轉換更能符合實際（或現實）的狀況。

（二）依題意，「生涯渾沌理論之生涯選擇運用，求職者應具備之生涯心理組合為 4 大項：

（一）建構「開放心態」，不排斥所認知的一切（可能）。

（二）鼓勵做好「預備」，而非做好「計畫」。

（三）提醒「適應能力」比做「決定」更重要。

（四）增進「覺察能力」，建立可轉換與使用的技能。

第二十九章 生涯決定理論概要

一、班杜拉 (Albert Bandura)「社會學習理論」，探討個人哪 3 因素及其交互作用對人類行為的影響？

二、社會學習理論的基本觀點 (理論指標) 有二，請分辨下列描述 A、B 各屬於：

（一）自我效能理論或 (二) 自我調節理論

描述 A：對自己能否在一定水平上完成某一活動所具有的能力判斷、信念。

描述 B：認為個人的內在強化過程，個人通過將自己對行為的預期與行為的現實成果加以對比和評價，調節自己行為的過程。

《參考解》

（一）依題意，杜拉探討個人的 (1) 認知、(2) 行為、(3) 環境因素三者及其交互作用對人類行為的影響。

（二）依題意，描述 A、B 各屬於：

（一）描述 A 屬於「自我效能」。

（二）描述 B 屬於「自我調節」。

二、Krumboltz 運用「社會學習理論」在生涯輔導的領域裡，討論影響個人做出決定的因素。影響個人生涯發展的因素，主要有哪 4 大類因素？

《參考解》

依題意，影響個人生涯發展的因素，主要有 4 大類：

（一）遺傳與特殊能力：

個人與生俱來的特點，含性別、種族、智力、外貌、特殊才能等。

（二）環境及重要事件：

教育或職業的選擇依個人計畫而行；但，更多無法掌握的特殊情況：如天災、社會經濟變化、政府政策等，衝擊職業決定。

（三）學習經驗：

學習經驗分為 (1) 直接學習經驗 (2) 連結性學習經驗。

1. 直接學習經驗：個人對於行為後果的認識與解讀。(認真學習考好成績的科目)

2. 連結性的經驗：個人對職業的偏好，因其他刺激連結而形成對職業的偏好或厭惡。(醫院看病聯想打點滴)

（四）任務取向的技能：

1. 遺傳、2. 環境及 3. 學習經驗三項因素的交互作用，使得個人會以獨特的價值、認知及情緒來處理問題，影響其職業決定。

三、心理學家 David Tiedeman & Robert O'Hara 認為，以個體對自己及環境的正確瞭解，進而決定所選定之職涯。

選定之職涯方式，以 (個人，工作環境) 二類因素，分為「自己—環境」、「瞭解—不瞭解」兩個向度考慮，將生涯決定者的類型分為 4 大類，如下 (圖)：

(一)猶豫型(二)直覺型(三)依賴型(四)邏輯型

(一)宋君職涯決定傾向：「對自己瞭解，對環境不瞭解，做決定時常憑對自己的感覺下注，很少的時間去收集資料或理智思考，會受到個人偏見的影響。」，請問宋君職涯決定偏向於哪一種型？

(二)趙君職涯決定傾向：「對自己不瞭解，對環境瞭解，容易受到親朋好友或「意義他人」等外在意見的影響而做決定。」，請問趙君職涯決定偏向於哪一種型？

《參考解》

(一)依題意，宋君職涯決定偏向於「直覺型」。

(二)依題意，趙君職涯決定偏向於「依賴型」。

David Tiedeman & Robert O'Hara 生涯決定的類型

環境之情況		自己之條件	
		不了解	了解
	不了解	猶豫型	直覺型
	了解	依賴型	邏輯型

表格製作：自創表

四、明尼蘇達工作適應理論為羅圭斯特(Lofquist)與戴維斯(Dawis)提出強調人境符合的適應論。

理論將個人工作(或職業)適應，分為4個要素：

(一)**個人能力**：能力、學歷、專長或人際資源。

(二)**職業要求**：任務、績效、目標。

(三)**個人需求**：經濟、專業成長、成就感。

(四)**職業回饋**：薪資、福利、晉升、聲譽。

(一)依羅氏、戴氏二人理論林君能在K公司招募而能獲得錄用，K公司應選出哪2個因素？它們應具備何關係(指大小關係)?

(二)依羅氏、戴氏二人理論林君能在K公司招募而能獲得錄用後，林君在K公司能有工作適應需選出哪2個因素？它們應具備何關係(指大小關係)?

《參考解》

(一)依題意，

1.K公司若要錄用林君應選出2個因素：「職業要求」、「個人能力」。

2.它們應具備關係：林君「個人能力」應超越K公司「職業要求」

(二)依題意，趙君職涯決定偏向於「依賴型」。

1.K公司應選出2個因素：「職業回饋」、「個人需求」。

2.它們應具備何關係：K公司「職業回饋」應超越林君「個人需求」。

羅圭斯特與戴維斯之人境適應論表

ITEM 相關	個人	職業
個人**能力**≧職業要求	個人能力、學歷、專長或人際資源。	職業任務、績效、目標。
個人**需求**≦職業回饋	個人需求：經濟、專業成長、成就感。	職業薪資、福利、晉升、聲譽。

表格製作：自創表

第三十章 溝通模式、情緒、壓力概要

一、人際溝通的型態

人際溝通的型態約分為 4 種，請明辨下列描述個屬於哪一式溝通？

A **互補式**溝通 B **交錯式**溝通 C **交錯式**溝通 D **交錯式**溝通

（一）溝通描述：「溝通雙方「自我狀態」成交叉的，溝通過程對方沒有表現出適當的或應有的反應（即回話、答覆）。」

（二）溝通描述：「當（事件、訊息的）刺激和反應（答覆對方）在 P-A-C 成平行，即是平行溝通，溝通可以持續互動。」

《參考解》

（一）依題意，溝通描述屬於「交錯式溝通」。

（二）依題意，溝通描述屬於「互補式溝通」。

二、人際溝通的型態舉例

（一）互動溝通對話

　　　表妹：「今年春節我要返鄉過年；可是，高鐵車票很難訂，你是資訊高手，可以幫忙訂票？」。

　　　表哥：「高鐵票訂購包在我身上。你真好運，找到屬害的高手。」。

（二）互動溝通對話

　　　小芬：「曉華恭喜你，這次英文期中考班上第一名，你一定特別花很多時間準備了。」。

　　　小傑：「好運了，你知道我愛玩（找一個藉口），不會有太多時間可以準備」。

《參考解》

（一）依題意，溝通描述屬於「互補式溝通」。

（二）依題意，溝通描述屬於「隱藏式溝通」。

三、周哈理之窗 (JOHARI WINDOW) 溝通理論

自我認知與溝通：包括 (1) 開放的象限、(2) 盲目的象限、(3) 隱藏的象限、(4) 未知的象限等 4 個象限。

（一）魯夫特：「?? 象限最小的人，最少溝通或溝通最差。」，魯夫特指哪一象限？

（二）依各象限顯示雙方衝突之情況：哪一象限雙方皆不可溝通，最易引發際衝突？

《參考解》

（一）依題意，魯夫特所指「開放象限」。

（二）依題意，**最易引發際衝突**「未知象限」。

四、周哈理窗運用方法：自我揭露 (self-disclosure)、他人回饋 (feedback solicitation)

（一）周君運用周哈理窗「自我揭露」方法，主要使哪 2 個象限發生變化？

（二）周君之部門同事運用周哈理窗「(他人) 回饋」方法，主要使哪 2 個象限發生變化？

《參考解》

（一）依題意，周君使用「自我揭露」方法：縮小「隱藏象限」及擴大「開放象限」。

（二）依題意，周君之部門同事使用「(他人) 回饋」方法：縮小「盲目象限」及擴大「開放象限」。

五、非語言溝通的功能及管道

（一）非語言溝通：「臉部表情，可表達情緒感受。」，請問屬於哪一種非語言溝通？

（二）非語言溝通：「見面時熱烈擁抱時，表示相見歡…。」，請問屬於哪一種非語言溝通？

《參考解》

（一）依題意，屬於「臉部表情」非語言溝通。

（二）依題意，屬於「肢體語言」非語言溝通。

六、薩提爾溝通型態 (薩提爾五大溝通模式)

Virginia Satir 認為大部分人長年在無效的溝通方式中載浮載沉，改善人際關係，應先了解與人之間是否存有溝通缺點：

A 指責型 (Blamer) B 討好型 (Placater) C 超理智型 (Computer)

D 打岔型 (Distractor E 一致型 (Leveler)

（一）溝通描述：「不容易被外界影響自尊自信，他們情緒穩定，同時兼顧自我、他人與整體情境，容易與各式各樣的人形成連結。」，上述描述屬於 A~E 溝通型式？

（二）溝通描述：「眼中只有自己，並會透過支配征服他人來鞏固自我價值感。他們習慣把所有責任往外推，無論什麼事情第一反應總是先指責他人。」，上述描述屬於 A~E 溝通型式？

《參考解》

（一）依題意，屬於「一致型」溝通。

（二）依題意，屬於「指責型」溝通。

七、壓力的主要來源及防治

壓力的主要來有 3 大類：生理類、心理類、社會類

（一）姚君描述其壓力來自：「生活擔子應付、職場面對競爭、突發的社會事件…」，請問姚君壓力來自哪一類壓力來源？

（二）司馬君描述其壓力來自：「人格的特質、責任感、使命感、自我期許…」，請問司馬君壓力來自哪一類壓力來源？

（三）減輕情緒管理有關理論描述：「根據該理論，在某一程度之下，個人「喚醒水平」（如情緒、壓力、期待等）越高，其表現越好。但超過某程度之後，「喚醒水平」越高，其表現就會越差。「倒 U」理論適用教育考試、職涯規劃等。」，就情緒管理理論而言，請問此描述是哪一理論？

（四）「倒 U」理論適用哪 2 方面？

《參考解》

（一）依題意，屬於「社會類」壓力來源。

（二）依題意，屬於「心理類」壓力來源。

（三）依題意，「情緒倒 U」理論。

（四）依題意，「情緒倒 U」理論適用 (1) 教育考試、(2) 職涯規劃等。

參考書目

諮商與心理治療的理論與實務 1994 初版
CERALD COREY 著 李茂興譯 揚智文化事業股份有限公司公司

諮商與心理治療的理論與實務 2007.8 初版
GERALD COREY 著鄭玄藏等譯 雙葉書廊有限公司

諮商理論與技術精要 2008.9 初版
魏麗敏黃德祥編著 考用出版股份有限公司

生涯輔導與諮商─理論與實務 2000 版
吳芝儀著 濤石文化事業有限公司

輔導原理與實務（二版）2004 版
張德聰等編著 國立空中大學

人際溝通新論─原理與技巧 2007.6 初版
李茂政編著 風雲論壇有限公司

人際溝通與協商 2004 初版
江復明等編著 國立空中大學

就業市場資訊作業基準手冊 1994.1 版
勞工委員會職訓練局編印

編 撰 者：許朝茂

出 版 者：灃禾管理顧問股份有限公司 X 紅人學院

總 經 銷：灃禾管理顧問股份有限公司

出版地址：桃園市桃園區經國一路 67 號 2 樓

統一編號：28741814

聯絡傳真：03-357-7258

連絡電話：03-357-7009 紅人學院 - 潘小姐

官方網站：紅人學院 https://www.tcta.tw/

E m a i l：紅人學院 service@tcta.tw

匯款銀行：台新銀行 812/ 桃園分行 0067

匯款帳號：2006-01-0000872-3

代理經銷：白象文化事業有限公司

地　　　址：台中市東區和平街 228 巷 44 號

電　　　話：04-2220-8589

傳　　　真：04-2220-8505

出版日期：2024 年 5 月初版一刷

定　　　價：600 元

國家圖書館出版品預行編目 (CIP) 資料

就業服務乙級技術士檢定 PASS V / 許朝茂作 . -- 桃園
市：灃禾管理顧問股份有限公司紅人學院，2024.05
　面；　公分
ISBN 978-626-98556-0-5(平裝)

1.CST: 就業 2.CST: 勞動法規 3.CST: 考試指南

542.77　　　　　　　　　　　　　　　113005074